马克思主义中国化时代化系列教材

上海高等学校一流本科课程
上海高校思想政治理论课"金课"配套教材

Special Topic Tutorial on the Basic Principles of Marxism

马克思主义基本原理专题教程

张桂芳 ◎ 主编

上海财经大学出版社
上海学术·经济学出版中心

图书在版编目(CIP)数据

马克思主义基本原理专题教程 / 张桂芳主编. --
上海：上海财经大学出版社,2025.7. -- (马克思主义
中国化时代化系列教材). --ISBN 978-7-5642-4657-0

Ⅰ.A81

中国国家版本馆 CIP 数据核字第 20254JJ588 号

本书由上海财经大学本科课程与教材建设项目资助出版

□ 责任编辑　徐贝贝
□ 封面设计　张克瑶

马克思主义基本原理专题教程

张桂芳　主编

上海财经大学出版社出版发行
(上海市中山北一路 369 号　邮编 200083)
网　　址:http://www.sufep.com
电子邮箱:webmaster@sufep.com
全国新华书店经销
上海叶大印务发展有限公司印刷装订
2025 年 7 月第 1 版　2025 年 7 月第 1 次印刷

787mm×1092mm　1/16　15.5 印张　312 千字
定价:76.00 元

主 编

张桂芳

编写人员

（以姓氏笔画为序）

刘　洋　李昊晟　张孟雯　周　冏

姜国敏　夏碧英　戴媛媛

目　录

专题一　马克思主义观 / 001

　一、学习目标 / 001

　二、教师导航 / 001

　　第一讲　马克思主义的创立与发展 / 002

　　第二讲　学好用好马克思主义 / 011

　三、教学案例 / 017

　四、题海游弋 / 024

　五、参考资料 / 027

专题二　辩证唯物主义世界观 / 028

　一、学习目标 / 028

　二、教师导航 / 028

　　第一讲　马克思主义的哲学观 / 029

　　第二讲　世界的多样性与物质统一性 / 031

　　第三讲　唯物辩证法的总特征 / 041

　　第四讲　唯物辩证法的三大规律 / 045

　　第五讲　唯物辩证法与思维能力的增强 / 050

　三、教学案例 / 054

　四、题海游弋 / 060

　五、参考资料 / 063

专题三　辩证唯物主义认识论 / 064

　一、学习目标 / 064

　二、教师导航 / 064

　　第一讲　科学实践观 / 065

第二讲　马克思主义认识论 / 068
　　第三讲　马克思主义真理观与价值论 / 075
　　第四讲　认识世界和改造世界的辩证统一 / 083
三、教学案例 / 087
四、题海游弋 / 091
五、参考资料 / 094

专题四 马克思主义唯物史观 / 096

一、学习目标 / 096
二、教师导航 / 096
　　第一讲　人类社会的存在与发展 / 096
　　第二讲　社会基本矛盾为社会历史发展提供了根本动力 / 108
　　第三讲　社会历史发展的主体力量 / 114
三、教学案例 / 118
四、题海游弋 / 123
五、参考资料 / 127

专题五 资本主义论（上）/ 128

一、学习目标 / 128
二、教师导航 / 128
　　第一讲　马克思劳动价值论及其当代价值 / 128
　　第二讲　马克思的剩余价值理论与经济危机 / 140
　　第三讲　资本主义的政治制度和意识形态 / 149
三、教学案例 / 151
四、题海游弋 / 154
五、参考资料 / 158

专题六 资本主义论（下）/ 159

一、学习目标 / 159
二、教师导航 / 159
　　第一讲　垄断资本主义的形成及发展 / 159
　　第二讲　正确认识当代资本主义的新变化 / 167
　　第三讲　资本主义的历史地位及其为社会主义所代替的历史必然性 / 171
三、教学案例 / 174

四、题海游弋 / 181
　　五、参考资料 / 185

专题七 社会主义论 / 186
　　一、学习目标 / 186
　　二、教师导航 / 186
　　　第一讲　社会主义五百年的历史进程 / 186
　　　第二讲　科学社会主义基本原则 / 194
　　　第三讲　在实践中探索社会主义的发展规律 / 199
　　三、教学案例 / 206
　　四、题海游弋 / 212
　　五、参考资料 / 216

专题八 共产主义论 / 217
　　一、学习目标 / 217
　　二、教师导航 / 217
　　　第一讲　马克思主义如何展望未来社会？/ 218
　　　第二讲　共产主义究竟是什么样的？/ 220
　　　第三讲　共产主义离我们有多远？/ 222
　　　第四讲　共产主义信仰究竟魅力几何？/ 227
　　三、教学案例 / 231
　　四、题海游弋 / 235
　　五、参考资料 / 239

专题一　马克思主义观

一、学习目标

本部分内容主要在于从整体上理解和把握什么是马克思主义，了解马克思主义产生的历史过程和发展阶段，掌握马克思主义的基本特征，深刻认识马克思主义的当代价值，树立科学的马克思主义观，增强学习和运用马克思主义的自觉性。

1. 知识目标：从总体上了解什么是马克思主义，了解马克思主义产生的历史过程和发展阶段，了解为什么要学习马克思主义，怎样坚持和发展马克思主义。

2. 能力目标：提升马克思主义理论素养。

3. 世界观目标：树立理论联系实际的学风，用科学的态度对待马克思主义，把马克思主义作为行动的指南。

二、教师导航

马克思主义观这部分内容主要在于对马克思主义基本原理有个概要性的把握。正确理解马克思主义的内涵，了解马克思主义的产生和发展过程，把握马克思主义的鲜明特征和当代价值，帮助大学生学会在实践中运用马克思主义，使大学生树立科学的马克思主义信仰以及正确的世界观、价值观和人生观。

 课程导入：播放视频——千年思想家

千年思想家

1818年5月5日，在德国小城特里尔，一个我们既熟悉又陌生的一代伟人诞生了，这个人就是卡尔·马克思。200年后，在世界的东方——中国北京，召开第二届世界马克思主义大会，来自全球30多个国家的千余名中外学者汇聚一堂，高擎马克思的精神火炬，隆重纪念马克思诞辰200周年。同时，在马克思的故乡举办了一系列主题展、音乐会、读书会、研讨会来纪念伟人诞辰200周年。中国赠送的一尊高5.5米、重约2.3吨的青铜材质马克思雕像矗立在特里尔市中心的西蒙教堂广场。

由于马克思主义代表无产阶级劳动群众的根本利益,从马克思主义诞生之日起,反对之声就没有停止过,特别是东欧剧变、苏联解体之后,断言"马克思主义死了""社会主义终结了"的观点更是甚嚣尘上。但是不到10年,马克思就被西方一些学者、媒体先后评为"千年风云人物""古今最伟大的哲学家"等。这些评选不是由社会主义国家传媒,而是由资本主义国家传媒举办的,这些活动的开展和报道,总的来说,还是相对客观、公允的。面对这样的结果,不得不引发我们的思考,这样的结果既彰显了马克思主义真理的力量,又表征了当今时代仍然需要马克思主义。习近平新时代中国特色社会主义思想的高度概括和明确提出,把我们党对共产党执政规律、社会主义建设规律、人类社会发展规律的认识提高到新的水平,开辟了当代中国马克思主义发展新境界。

教师提问引发学生思考问题:

马克思为什么会被评选为千年伟人呢?两个世纪过去了,人类社会发生了巨大而深刻的变化,但马克思的名字为什么依然在世界各地受到人们的尊敬?以他的名字命名的马克思主义学说到底是怎样的一种学说?这种学说为什么能够穿越时空而影响至今呢?作为当代大学生为什么要学习马克思主义呢?

第一讲 马克思主义的创立与发展

(一)什么是马克思主义

在人类思想史上,就科学性和影响力而言,没有一种思想理论能达到马克思主义的高度,也没有一种学说能像马克思主义那样对世界产生如此广泛而深远的影响。马克思的名字可以说是家喻户晓,"马克思主义"这一概念为人们所熟知。但是,"熟知并非真知",你对马克思主义真的了解吗?

1. 马克思主义的创始人

马克思、恩格斯是马克思主义的创始人,没有马克思、恩格斯就没有马克思主义。19世纪40—60年代,马克思、恩格斯共同创立了马克思主义。

马克思出生在一个律师家庭,他的父亲亨利希·马克思担任特里尔城律师协会主席,其祖上都是犹太教的拉比,他的母亲罕丽达是荷兰人,其祖上也有着悠远的拉比传统。马克思在这里度过了无忧无虑的童年和少年时光,并且在离家不远处结识了本城枢密顾问路德维希·冯·威斯特华伦一家,邂逅了自己年少时的玩伴以及一生的妻子燕妮。燕妮的父亲虽是当地贵族,但思想开放,把马克思这个犹太人视作忘年交,领着这位未来的《资本论》的作者走进社会主义学说的大门。

早在中学时代,他就树立了为人类幸福而工作的志向。马克思的大学时光是在波恩大学和柏林大学度过的。1835年10月,马克思进入波恩大学法律系学习,在这里,马克思纵情享受着青春的快乐,他创作诗歌,常常打架,甚至参加决斗。马克思的严父怕波恩大学自由自在的风气把他惯坏了,遂让他转学到了学风严谨的柏林大学。此时的德国正是黑格尔哲学的天下,马克思到了柏林大学,无视父亲让他考公务员的劝告,放弃了自己原本的法学学习生涯,完全沉入了哲学的海洋。马克思在柏林大学学习期间,开始系统学习黑格尔哲学思想,加入青年黑格尔派俱乐部,成为青年黑格尔分子。他不仅读了黑格尔的全部著作,还写了大量的批注和摘要。之后,马克思把主要的精力放在了研究哲学和哲学史上。1841 年 4 月,马克思向耶拿大学提交了博士论文《德谟克利特的自然哲学和伊壁鸠鲁的自然哲学的差别》,并很快被授予哲学博士学位,年仅 23 岁就拿到了博士学位。他与青年黑格尔派的重要成员布鲁·诺鲍威尔合作,计划编写一本小册子以向基督教发起进攻,掀起了一场猛烈的无神论运动。1841—1842 年接连的变故让他的人生轨迹发生了极大的偏移,他的父亲和精神导师老威斯特华伦先后去世,加之普鲁士教育部长开始动用行政力量制裁青年黑格尔派俱乐部的成员,刚刚申请下来的教职被剥夺,大学的大门向他关闭。1842 年 4 月—1843 年 3 月,马克思开始在《莱茵报》工作,并很快就成为主编。在《莱茵报》工作期间,通过对林木盗窃法和摩泽尔河地区农民处境的研究,马克思渐渐感到黑格尔唯心主义并不能解释现实中的问题,开始对黑格尔政治学进行反思和批判,因此,他接连发表言辞激烈的长篇檄文,这些文章让报纸在全国的销量暴增,但《莱茵报》很快被查封,马克思再次失业。不过这段经历将他从自己的教条主义中唤醒。1843 年 5 月,马克思与卢格决定共同出版一份新的刊物《德法年鉴》。1843 年 10 月底,马克思与燕妮来到巴黎。次年 2 月,《德法年鉴》在巴黎出版。马克思在其中发表了两篇著名的文章:《论犹太人问题》和《〈黑格尔法哲学批判〉导言》。在《〈黑格尔法哲学批判〉导言》中,马克思首次提出以无产阶级为革命的物质力量,并明确提出"向德国制度开火"。因此,《德法年鉴》刚一出版就遭到普鲁士政府的查禁。同时,当局下达了对马克思、卢格的逮捕令。马克思在其一生中首次成了政治避难者。自此以后,马克思一家在大部分时间里过着颠沛流离、贫穷困苦的生活。马克思在反动统治者的迫害下,不得不离开自己的祖国,终生漂泊国外。马克思一生四次被驱逐:第一次是 1845 年被法国政府驱逐,第二次是 1848 年被比利时政府驱逐,第三次是 1849 年被普鲁士当局驱逐,第四次是 1849 年被法国当局再次驱逐。从此,马克思客居英国直至去世。"我是世界公民",这是马克思的名言,也是马克思革命流亡生涯的真实写照。

马克思的一生在物质上是极其贫困的,但在精神上又是极其富有的。马克思一生没有固定的工作,他一家人的生活总是处于拮据状态,经常要靠恩格斯的接济度日。在 1845—1870 年的 25 年中,除了两年多的时间里经济状况较好,其余的时间里都很贫穷。他的 4 个孩子在贫困中死去,马克思一家经常把所有的衣服拿去典当来维持生计,整天过着没有灯火、没有食物的生活,但是生活的窘迫丝毫没有动摇马克思的信念。到英国后,马克思日复一日地忍受着饥饿和疾病的折磨,在大英博物馆进行理论研究工作。马克思经过 15 年的艰苦写作,1867 年 9 月,《资本论》第一卷终于在德国汉堡公开出版,《资本论》成了一部集经济理论、历史学、社会学于一体的跨时代著作,创立了马克思主义政治经济学。马克思在长年累月的工作中饱受病魔的折磨,在 1870 年后,医生命令他每天只能工作 4 小时,以至于他不得不在1872年下定决心退出第一国际,好腾出精力抓紧时间完成《资本论》的后两卷,可惜还是没能如愿,1883年3月14日下午,一代思想巨匠躺在自家的安乐椅上悄然而去,终年65岁。恩格斯这个平生最懂他的人,停下了自己手中的研究工作,接过了《资本论》的接力棒,用8年的时间,将《资本论》后两卷的丰碑铸成。1894年12月,《资本论》第三卷问世,8个月后恩格斯也与世长辞。

当然,马克思与燕妮的爱情,也成为马克思转变的巨大动力。1843年6月,马克思和燕妮登记结婚。马克思能够与燕妮结婚,在当时是相当不容易的。马克思追求燕妮要跨越三大障碍:一是家庭出身背景的障碍。马克思出身于中产阶级家庭,而燕妮则是出身于名门望族,父亲是声名显赫的男爵。他们之间的爱情,最初遭到燕妮家族的反对,马克思的父亲也对两个家庭的差距感到担忧,这样的有情人能够终成眷属在那个时代是非常困难的。二是姐弟恋的障碍。三是相貌差异的障碍。马克思年轻的时候又黑又矮,其貌不扬;燕妮则是特里尔第一美人,公认的舞会皇后,不少富家子弟倾慕于她。面对众多的追求者,马克思凭借他的才华与激情赢得了燕妮的芳心。马克思给燕妮写了大量的爱情诗。这些诗作后来被汇编为三部诗集《爱之书(第一部)》《爱之书(第二部)》《歌之书》,燕妮终身把这三部诗集保留在身边。燕妮不仅聪明美丽、善解人意,在生活上照顾马克思,在事业上也成为马克思的得力助手。马克思与燕妮既是志同道合的情侣,又是患难与共的战友,他们忠贞不渝的爱情成为世代相传的佳话。

马克思为社会主义事业贡献了一生。对此,习近平总书记在纪念马克思诞辰200周年大会上的讲话中指出:"马克思的一生,是胸怀崇高理想、为人类解放不懈奋斗的一生;马克思的一生,是不畏艰难险阻、为追求真理而勇攀思想高峰的一生;马克思的一生,是为推翻旧世界、建立新世界而不息战斗的一生。"

1820年11月28日,恩格斯出生在普鲁士王国巴门市一个工厂主家庭。恩格斯少年时就学于巴门市立学校,1834年转入爱北斐特理科中学。父亲老弗里德里希是工厂主,虔诚的基督徒,带有普鲁士贵族血统。母亲心地善良,遵守礼教,喜爱文学和历史。1837年9月,其父坚持要他辍学经商(恩格斯当时正在读中学)。恩格斯一年后到不来梅一家商行当办事员。当时普鲁士(德国前身)正面临民族统一和民主革命的任务,恩格斯被民主主义的政治思想所吸引,同青年德意志运动发生联系。1839年春,恩格斯在《德意志电讯》上发表了《乌培河谷来信》,揭露了封建专制制度和宗教虔诚主义的黑暗,倾注了对劳动人民的同情。1841年9月—1842年10月,他在柏林炮兵部队服兵役,旁听柏林大学的哲学讲座,参加青年黑格尔派的活动。在此期间,他先后发表了《谢林论黑格尔》《谢林和启示》以及《谢林——基督教的哲学家》等册子,尖锐批判了宣扬"天启哲学"的唯心主义哲学家谢林,他还著文揭露以德皇威廉四世为代表的德国封建专制制度,成为一个坚定的革命民主主义者。1841年,费尔巴哈的《基督教的本质》一书发表后,恩格斯接受了费尔巴哈的唯物主义思想。

1844年8月,恩格斯拜访侨居巴黎的马克思,两人建立了深厚的友谊。同年9月,他与马克思合写《神圣家族》一书,批判黑格尔哲学中的唯心主义,阐述辩证唯物主义和历史唯物主义的一些重要原理。1845—1846年,两人合著《德意志意识形态》一书,这部著作是对历史唯物主义第一次系统的阐述。1845年,恩格斯完成《英国工人阶级状况》一书,第一次明确指出无产阶级所处的政治经济地位必然推动它去争取自身的解放,而社会主义只有成为工人阶级的政治斗争目标时才会成为一种政治力量。1847年,恩格斯和马克思一起加入正义者同盟,出席在伦敦举行的共产主义者同盟第一次代表大会,创立了第一个无产阶级革命政党,并受委托起草同盟的纲领草案(即《共产主义原理问答》),初步阐明了科学共产主义的基本原理。

1848年2月中旬,在《共产主义原理》基础上,马克思和恩格斯起草的《共产党宣言》在伦敦出版。同年2—3月,欧洲资产阶级革命相继在巴黎、柏林、维也纳等城市爆发;3月,恩格斯当选为共产主义者同盟中央委员会委员,在巴黎与马克思共同拟订了《共产党在德国的要求》。1848年4月,他们到达德国科伦。恩格斯担任《新莱茵报》编辑,协助马克思主持该报编辑部工作,他还曾去巴门和莱茵省的其他城市活动。1848年秋至1849年初,为了躲避官方的追捕,恩格斯流亡到比利时和瑞士,在瑞士协助组织工人协会。

1849年5月,恩格斯在爱北斐特参加武装起义。6月,在巴登-普法尔茨任维利希志愿军团副官,亲临前线参加战斗,起义失败后流亡到瑞士。11月抵伦敦,当选为同盟中央委员会委员,负责改组同盟工作。

1850年3月和6月,恩格斯先后两次与马克思合作起草《中央委员会告共产主义者同盟书》。为了支援陷于极端贫困的马克思一家,恩格斯不得不于该年迁居曼彻斯特,在"欧门—恩格斯公司"再度经商。在曼彻斯特居住期间,恩格斯同马克思保持了频繁的通信联系,共同研讨国际工人运动的理论和策略,探讨各个领域的学术问题,并互相交换意见。恩格斯进行了广泛的理论研究,尤其是对军事学、语言学和自然辩证法做了深入探讨。

1851年11月至1852年11月,恩格斯为《纽约每日论坛报》撰写了一组题为《德国的革命与反革命》的文章,深刻总结了1848—1849年德国革命的经验,提出了武装起义是一种艺术的著名论断。

1857—1859年,恩格斯为《美国新百科全书》撰写了许多军事条目。1861—1865年,恩格斯撰写了关于美国内战的许多文章。1864年,第一国际成立后,恩格斯同马克思一起参加了国际的领导工作,与蒲鲁东派、巴枯宁派、工联派、拉萨尔派进行了路线的斗争,为马克思主义在国际工人运动中的主导地位奠定了基础。

1869年7月,恩格斯终于从商人生涯中摆脱。1870年9月,恩格斯结束了20年"埃及幽囚式"的经商生活,从曼彻斯特迁居伦敦,与马克思一起参加国际工人协会的领导工作。1870年10月,经马克思提议,恩格斯当选为国际总委员会委员,任比利时、意大利、西班牙、葡萄牙和丹麦的通信书记和总委员会财务委员。巴黎公社期间,恩格斯和马克思一起组织声援公社的活动。

1871年3月巴黎公社建立后,恩格斯同马克思一起支持公社,在演说和信件中高度评价巴黎工人的革命精神和英雄气概,阐明公社的历史意义。1871年9月,在举行的国际伦敦代表会议上,恩格斯根据巴黎公社的经验,提出工人阶级必须参加阶级斗争并建立同一切旧政党相对立的无产阶级独立政党。

巴黎公社失败以后,马克思把主要精力用在写作《资本论》的第二、三卷上。但是,长期的穷困、劳累和疾病,损害了他的健康。到1883年初,马克思的病情加重,恩格斯每天都来看望他,请医生为他看病,可是病情仍不见好转。3月14日下午,马克思在书桌前的安乐椅上与世长辞。

恩格斯失去了亲密的战友,独力担负起指导各国工人运动的重任。他还花费极大的精力整理马克思的遗稿,这是一件非常艰巨的工作。因为原稿除个别地方比较清楚以外,几乎都是用缩写字和速写符号写成的,中间留下了无数的空白。恩格斯必须首先辨认和抄写手稿,然后在各种原稿本中选择最成熟的一种,并填补所有的空白,而且要写得和马克思的手笔一样。恩格斯怀着对亡友的思念,夜以继日地整理这些遗稿。后来,由于健康状况恶化,恩格斯已经不能坐着写字,医生禁止他晚上看书,他就请了一位秘书做记录,自己口述马克思的原稿。为了整理出一份"完全符合作者本意"的原稿,恩格斯一丝不苟地推敲每一个字,并且增补了许多新材料来说明马克思的每一个论点。1885年,《资本论》第二卷的整理工作终于完成了。整理第三卷的工作更加艰巨,差不多又用了10年时间。《资本论》的作者是马克思,最后完成者却是恩格斯。这两位亲密无间的朋友都为这部不朽的著作倾注了心血。除此以外,恩格斯还写了《家庭、私有制和国家的起源》《路德维希·费尔巴哈和德国古典哲学的终结》等重要著作,丰富了马克思主义的理论宝库。恩格斯在同马克思一起创立马克思主义的哲学、政治经济学和科学社会主义理论方面做出了贡献,同时在军事理论领域造诣很深、建树卓著。恩格斯同马克思一起,在批判继承以往军事理论遗产和总结革命实践的基础上,提出了有关战争、军队、军事学术和军事史的学说,为无产阶级军事科学奠定了基础。此外,他还就宗教、妇女、文学、美学、史学等方面的问题发表了见解,不愧为一个"百科全书式"的思想家。

弗·梅林曾做出这样的评价:"马克思和恩格斯的一个完全不能低估的功绩是他们把我们从哲学行话中解放出来,这种哲学行话曾盛极一时,但在(一些)马克思主义者(指教条主义者)的著作中就显得是完全陈腐的东西了——那就会完全像海涅在歌德之后用高特舍特的语言写诗一样。"[①]

1895年,恩格斯因患癌症医治无效,在8月5日逝世了。根据遗嘱,他的骨灰盒被葬入大海。

2. 马克思主义的科学内涵

[①] 弗·梅林:《保卫马克思主义》,人民出版社1982年版。

关于什么是马克思主义,这个概念比较复杂,因为马克思主义的内容太博大精深,《马克思主义基本原理》教材的几个版本都不完全一样。作为马克思主义理论研究和建设工程重点教材,从2007年到2015年的六个版本中,对马克思主义的定义从不同的角度去理解可以做出不同的回答。例如,从它的创造者、继承者的认识成果来讲,马克思主义是由马克思、恩格斯创立的,而由其后各个时代、各个民族的马克思主义者不断丰富和发展的观点和学说的体系。从它的阶级属性来讲,马克思主义是无产阶级争取自身解放和整个人类解放的科学理论,是关于无产阶级斗争的性质、目的和解放条件的学说。从它的研究对象和主要内容来讲,马克思主义是无产阶级的科学世界观和方法论,是关于自然、社会和人类思维发展一般规律的学说,是关于资本主义发展及其转变为社会主义以及社会主义和共产主义发展规律的学说。它是一个完整的体系。其中,马克思主义哲学、马克思主义政治经济学和科学社会主义,是马克思主义理论体系不可分割的三个主要组成部分。从狭义上说,马克思主义即马克思、恩格斯创立的基本理论、基本观点和学说的体系。从广义上说,不仅指马克思、恩格斯创立的基本理论、基本观点和学说的体系,也包括继承者对它的发展,即在实践中不断发展着的马克思主义。然后再概括地说,马克思主义是由马克思、恩格斯创立的,为他们的后继者所发展的,以批判资本主义、建设社会主义和实现共产主义为目标的科学理论体系,是关于无产阶级和人类解放的科学。马克思主义既包括由马克思、恩格斯创立和列宁等发展了的马克思主义,也包括由中国共产党人将其与中国具体实际相结合,不断推进马克思主义中国化的理论成果。2018年修订的《马克思主义基本原理》教材中,将马克思主义直接定义为:"马克思主义是由马克思和恩格斯创立并为后继者所不断发展的科学理论体系,是关于自然、社会和人类思维发展一般规律的学说,是关于社会主义必然代替资本主义、最终实现共产主义的学说,是关于无产阶级解放、全人类解放和每个人自由而全面发展的学说,是指引人民创造美好生活的行动指南。"这里增加了"是关于无产阶级解放、全人类解放和每个人自由而全面发展的学说,是指引人民创造美好生活的行动指南"这句话。2021年修订的《马克思主义基本原理》教材中,将马克思主义定义为:"马克思主义是由马克思和恩格斯创立并为后继者所不断发展的科学理论体系,是关于自然、社会和人类思维发展一般规律的学说,是关于社会主义必然代替资本主义、最终实现共产主义的学说,是关于无产阶级解放、全人类解放和每个人自由而全面发展的学说,是无产阶级政党和社会主义国家的指导思想,是指引人民创造美好生活的行动指南。"这里增加了"是无产阶级政党和社会主义国家的指导思想"这句话。

可见,马克思主义是一个博大精深的理论体系,是在思想领域和现实政治生活中最具有真理性和最具有影响力的学说。马克思主义作为人类思想史上革命性的变革,其在哲学、政治经济学和科学社会主义思想方面的贡献是无与伦比的。马克思主义为人们的理论思维提供逻辑力量,为人们观察和分析问题提供方法,为人们认识和改造人类社会发展提供世界观、方法论,马克思主义对人类的最大贡献就在于它给予人类最宝贵的精神财富。

3. 马克思主义基本原理

马克思主义基本原理是对马克思主义立场、观点、方法的集中概括,是马克思主义在其形成、发展和运用过程中经过实践反复检验而确立起来的具有普遍真理性的理论,体现了马克思主义的根本性质和整体特征。相对于特定历史条件下所作的个别理论判断和具体结论,马克思主义基本原理具有普遍的、根本的和长远的指导意义。

马克思主义基本立场是马克思主义观察、分析和解决问题的根本立足点和出发点。马克思主义基本观点是关于自然、社会和人类思维发展一般规律的科学认识,是对人类思想成果和社会实践经验的科学总结。马克思主义基本方法是建立在辩证唯物主义和历史唯物主义世界观、方法论基础上,指导我们正确认识世界、改造世界的思想方法和工作方法。我们应从基本立场、基本观点、基本方法的有机统一中把握马克思主义基本原理。

(二)为什么马克思主义创立于19世纪的欧洲?

任何思想都是时代的产物,马克思主义源于马克思、恩格斯生活的时代又超越了那个时代。马克思和恩格斯在19世纪中叶的欧洲遇到了什么时代问题?马克思、恩格斯如何通过解答时代问题创立了马克思主义?后继者又是在什么样的背景下,通过解答新的时代课题发展了马克思主义?

1. 马克思主义创立的社会根源

马克思、恩格斯生活的19世纪,在西方欧洲资本主义生产方式已经有了相当的发展。工业革命和科技进步极大地提高了劳动生产率,促进了生产力的发展。资本主义生产方式一方面带来了社会化大生产的迅猛发展,另一方面又造成了深重的社会灾难。第一,社会两极分化,工人极端困苦。机器大工业的发展,不仅没有改善工人的劳动和生活条件,而且工人还成为大机器的附庸。资本家想尽一切办法,通过延长劳动时间、降低工人工资、廉价雇用女工和童工等手段,拼命压榨工人,使得无产阶级与资产阶级的矛盾不断激化。面对贫困的扩大与加深,工人的出路在哪里?第二,不断爆发周期性经济危机。英国工业革命后,曾多次发生局部性经济危机,1825年爆发了第一次全国性经济危机,1836年和1847年又相继爆发了波及欧洲各主要资本主义国家的经济危机。每一次经济危机都对社会造成了巨大的破坏。生产的发展却引起经济危机,如何看待资本主义这个"怪物"?无产阶级同资产阶级的斗争,逐步从捣毁资本家的机器到开展经济斗争,直到与资产阶级进行政治斗争。无产阶级作为独立的政治力量登上历史舞台,但为什么19世纪欧洲三大工人运动最后都失败了?工人运动失败的教训又是什么?尽管无产阶级反抗资产阶级的斗争逐步从自发走向自觉,但其行动缺乏科学理论的指导,更没有一个无产阶级的政党领导。面对"资本主义向何处去、人类向何处去"的时代课题,马克思和恩格斯以自觉的历史担当,创立了马克思主义理论。

2. 马克思主义创立的思想渊源

马克思主义创立的思想来源包括三个方面,即直接的理论来源、自然科学的前提和其他思想来源。

德国古典哲学、英国古典政治经济学、英法空想社会主义是马克思主义创立的直接理论来源。德国古典哲学是指18—19世纪前半期由康德开始,在黑格尔那里达到顶峰,到费尔巴哈那里宣告终结的学说。马克思、恩格斯在创立马克思主义的过程中,吸收了黑格尔辩证法中的一些合理因素,同时也批判了黑格尔辩证法中的唯心主义观点。对于费尔巴哈的哲学观点,马克思、恩格斯高度评价了他对黑格尔唯心主义观点的批判,吸收了费尔巴哈关于人的客观实在性、人与自然统一的唯物主义观念,批判了他的形而上学唯物主义的直观性和历史唯心主义。马克思、恩格斯把辩证法建立在唯物主义基础上,创立了马克思主义哲学。

英国古典政治经济学是指从17世纪后半期到19世纪初期,从威廉·配第开始,经过亚当·斯密的发展,到李嘉图结束的学说。古典政治经济学家以科学的态度,批判封建经济制度,揭示资本主义生产和分配规律,取得了有科学价值的成果,构筑了包括一系列重要经济范畴、理论、规律在内的资本主义经济理论体系。马克思、恩格斯吸收了英国古典政治经济学有价值的成果,创立了劳动价值论和剩余价值学说。

空想社会主义是指从16世纪初到19世纪中期,以圣西门、傅立叶、欧文为代表的关于改造人类社会的思想体系,它是一种不现实的关于改造人类社会的思想体系。空想社会主义也称"乌托邦"社会主义。空想社会主义者在对资本主义的尖锐批判中提出了许多有价值的见解,但是他们不能从世界历史发展的高度科学地阐明资本主义内在矛盾产生的历史必然性,无法理解资本主义社会向未来社会过渡的现实基础和实现这一社会变革的物质力量。马克思、恩格斯批判地继承和发展了空想社会主义理论,在唯物史观和剩余价值学说的基础上,创立了科学社会主义理论。

另外,19世纪的三大科学发现,即细胞学说、能量守恒与转化定律、生物进化论,为马克思主义的产生提供了自然科学前提。马克思主义的思想来源还有古希腊罗马哲学、文艺复兴运动的思想成果、法国复辟时期历史学家的进步思想等。

(三)马克思主义发展的历史阶段

马克思主义这么一个博大精深的理论体系,它是如何发展的呢?作为一个成熟的理论体系,马克思主义的产生和发展大致分为以下四个时期:

马克思主义发展的第一个时期,从它问世的19世纪40年代到19世纪末,大约50年。这一时期是马克思、恩格斯为创立马克思主义不懈战斗、奠定基础的时期,是科学论证人类解放的伟大意义及实现途径的时期。马克思、恩格斯在近半个世纪的岁月里参加了许多活动,写了大量的文章和著作,所有这些基本上是围绕着研究、批判和推翻资本主义展开的。他们也谈论未来,并指出了未来社会的基本特征,但是对未来社会的设想表现得十分谨慎,体现了他们尊重规律、尊重实践和与时俱进的品格。作为马克思主义诞生标志的《共产党宣言》,第一次揭露了资本主义内在的不可调和的矛盾以及必然灭亡的历史命运,在全世界树立起了消灭私有制、消灭剥削、实现人类解放的旗帜。

马克思主义发展的第二个时期,从 19 世纪末到 20 世纪初的 20 年是列宁活动的时期。这一时期是把马克思主义理论变成社会主义实践的时期,是世界上第一个社会主义国家诞生的时期,是理论向新的实践领域开拓的时期。列宁对马克思主义的贡献主要表现在,他以一个真正马克思主义者的态度,深刻分析了当时世界历史条件发生的变化,认为资本主义发达国家已经发展到了帝国主义阶段,出现了马克思、恩格斯生前所不曾有的新变化、新特点,政治经济发展不平衡已成为资本主义发展的绝对规律。除无产阶级和资产阶级的矛盾外,帝国主义与殖民地半殖民地国家的民族矛盾成为资本主义世界的又一重大矛盾。据此,他提出了社会主义革命可能在一国或数国首先发生并取得胜利的论断。第一个社会主义国家建立后,列宁根据当时的实际情况,实事求是地提出了从战时共产主义到新经济政策的巨大变化。这一切为后来苏联社会主义建设开辟了一条新思路、新途径。

马克思主义发展的第三个时期,从 20 世纪 20 年代到 50 年代,大约 30 年,是马克思主义和社会主义大发展时期。这一时期社会主义国家从一到多,形成了社会主义阵营。在此阶段,斯大林既有重大贡献,又有严重错误。他维护了社会主义制度,坚持了社会主义的基本原则,抗击了法西斯的侵略;对于国内的社会主义建设,特别是国防建设、科技的发展和社会主义文化的发展做出了巨大的贡献,使综合国力大大提高。他的错误主要表现在政治上搞肃反扩大化,政治生活僵化;经济上片面发展重工业,使人们的生活水平得不到相应的提高;思想理论上大搞个人崇拜、个人迷信等。十月革命一声炮响,给中国送来了马克思列宁主义。中国共产党成立之初就把马克思列宁主义确立为自己的指导思想,并把马克思主义基本原理同中国具体实际相结合。毛泽东思想是马克思列宁主义在中国的运用和发展,它系统回答了在一个半封建半殖民地的东方大国,如何实现新民主主义革命和社会主义革命的问题,并对社会主义建设道路进行了探索性回答,丰富和发展了马克思列宁主义。

马克思主义发展的第四个时期,从 20 世纪 50 年代中期到 21 世纪中期。这是社会主义经历曲折发展,马克思主义又有伟大创新的时期。在这一时期,中国共产党人坚持和发展马克思列宁主义、毛泽东思想,创立了中国特色社会主义理论体系。这一体系包括邓小平理论、"三个代表"重要思想、科学发展观、习近平新时代中国特色社会主义思想在内的科学理论。习近平新时代中国特色社会主义思想是当代中国马克思主义、21 世纪马克思主义,是系统科学的理论体系。它是当代中国最亮丽的精神旗帜,是新时代的时代精华和精神标识,以崭新的思想内容丰富和发展了马克思主义,由此而开辟出 21 世纪马克思主义发展的新境界。

(四)马克思主义中国化时代化的过程

马克思主义在中国的发展过程就是马克思主义基本原理同中国具体实际相结合、同中华优秀传统文化相结合的马克思主义中国化时代化的过程。在这个过程中,先后实现了三次历史性的飞跃,即在新民主主义革命时期、社会主义革命和建设时期,经由第一次历史性飞跃创立了毛泽东思想;在改革开放和社会主义现代化建设新时期,经由新的飞跃形成了中国特色社会主义理论体系；在中国特色社会主义新时代，再次经由新的飞跃创立了习近平新时代中国特色社会主义思想。

毛泽东思想是马克思列宁主义在中国的创造性运用和发展，是被实践证明了的关于中国革命和建设的正确的理论原则和经验总结。毛泽东思想实现了马克思主义中国化时代化的第一次历史性飞跃。

从党的十五大到党的十八大，我们党逐步形成了以邓小平理论、"三个代表"重要思想、科学发展观为代表的中国特色社会主义理论体系。中国特色社会主义理论体系实现了马克思主义中国化时代化的又一次飞跃。

自党的十八大以来，以习近平同志为主要代表的中国共产党人，坚持把马克思主义基本原理同中国具体实际相结合、同中华优秀传统文化相结合，就新时代坚持和发展什么样的中国特色社会主义、怎样坚持和发展中国特色社会主义，建设什么样的社会主义现代化强国、怎样建设社会主义现代化强国，建设什么样的长期执政的马克思主义政党、怎样建设长期执政的马克思主义政党等重大时代课题，提出了一系列原创性的治国理政新理念、新思想、新战略，创立了习近平新时代中国特色社会主义思想。习近平新时代中国特色社会主义思想是马克思主义中国化时代化的最新理论成果，是21世纪的马克思主义。

第二讲 学好用好马克思主义

（一）马克思主义有哪些独特的魅力

1999年，英国剑桥大学文理学院教授评选"千年第一思想家"，马克思位居第一；2002年，英国路透社邀请政界、商界、艺术等领域名人评选"千年伟人"，马克思位居第二；2005年，英国广播公司以"古今最伟大的哲学家"为题，调查了3万名听众，马克思票数第一。

马克思在多次评选中备受推崇，名列前茅，这足以说明，马克思不仅对中国意义非凡，对全世界也影响深远。

2008年《资本论》在德国的销量飙升到前一年的近3倍，甚至脱销了6个星期。有媒体报道说，如果马克思还活着，《资本论》的版税就足以让他成为富翁。

马克思主义及其创始人马克思的魅力，超越了时空，始终影响着各个时代的人们。

（二）马克思主义的鲜明特征

马克思主义具有鲜明的科学性、人民性、实践性和发展性，这些鲜明特征体现了马克思主义的本质和使命，也展现出马克思主义的理论形象。

马克思主义的科学性。马克思主义是科学的理论，创造性地揭示了人类社会发展规律。马克思主义是对自然、社会和人类思维发展本质和规律的正确反映。它是在社会实践和科学发展的基础上产生的，并在自身发展过程中不断总结实践经验，吸取自然科学和社会科学发展的最新成就。马克思主义具有科学的世界观和方法论基础，即辩证唯物主义和历史唯物主义，这是马克思主义的一个突出特征和理论优势，也是马克思主义科学性的重要体现。

马克思主义理论具有整体性，是一个逻辑严密的有机整体。它以事实为依据、以规律为对象，并以实践为检验标准。马克思主义的发展具有科学探索性，是一个不断探索和掌握客观规律的过程。

马克思主义的人民性。马克思主义是人民的理论，第一次创立了人民实现自身解放的思想体系。人民性是马克思主义的本质属性，人民至上是马克思主义的政治立场。马克思主义根植于人民之中，指明了依靠人民推动历史前进的人间正道，是来自人民、为了人民、造福人民的理论。马克思主义的人民性是以阶级性为深刻基础的，是无产阶级先进性的体现。马克思主义是无产阶级的世界观，是关于无产阶级解放的学说。无产阶级解放和全人类解放是完全一致的。只有无产阶级这样的先进阶级，才能领导全人类解放的伟大事业；而无产阶级也只有解放全人类，才能彻底解放自己。反对私有制社会特别是资本主义社会的经济剥削和政治压迫，建立社会主义社会，最终实现共产主义，这既是无产阶级解放的事业，也是广大人民群众和全人类解放的事业。马克思主义政党把人民放在心中最高位置，始终站稳人民立场、把握人民愿望、尊重人民创造、集中人民智慧，一切奋斗都致力于实现最广大人民的根本利益。

马克思主义的实践性。马克思主义是实践的理论，指引着人民改造世界的行动。马克思主义是从实践中来、到实践中去、在实践中接受检验，并随实践而不断发展的学说。从马克思主义的使命和作用来说，它不是书斋中的学问，也不是一种纯粹解释世界的学说，而是直接服务于无产阶级和人民群众改造世界的实践活动的科学理论。

马克思主义的发展性。马克思主义是不断发展的开放的理论，始终站在时代前沿。马克思主义是不断发展的开放的学说，具有与时俱进的理论品质。马克思主义是时代的产物，并随着时代、实践和科学的发展而不断发展。马克思主义理论体系是开放的，它不断吸取人类最新的文明成果来充实和发展自己。马克思主义在指导人们认识世界和改造世界的过程中，在指导社会主义事业发展的过程中，不断与时代特征和各国具体实际相结合，得到丰富和发展，并形成新的理论成果。马克思主义在指导中国革命、建设、改革的过程中，形成了一系列马克思主义中国化时代化的理论成果，鲜明地体现了马克思主义创新发展的品格。当今世界和我们所处的新时代，同过去相比发生了深刻的变化。无论是从国际还是从国内来看，我们都面临着许多新情况、新问题，需要从理论和实践上作出回答并加以解决，为此必须坚持与时俱进，继续丰富和发展马克思主义。我们既要坚持马克思主义基本原理，又要谱写新的理论篇章；既要发扬优良传统，又要创造新鲜经验，善于在解放思想中统一思想，用发展的马克思主义指导新的实践。

马克思主义的基本特征，如果用一句话来概括，就是科学性与革命性的统一。马克思主义科学理论在指导无产阶级和人民群众进行伟大社会革命的过程中，其人民性、实践性和发展性集中地体现为革命性。革命性是马克思主义的内在品质，是马克思主义的人民性、实践性和发展性的应有之义和必然要求。在无产阶级解放斗争和社会主义事业发展的任何时期都必须始终坚持马克思主义的革命性,发扬马克思主义的革命精神。同时要牢记,马克思主义的革命性是建立在科学性基础上的,是与科学性高度统一的。

(三)马克思主义为什么行

习近平在中国共产党第二十次全国代表大会上的报告中指出:"实践告诉我们,中国共产党为什么能,中国特色社会主义为什么好,归根到底是马克思主义行,是中国化时代化的马克思主义行。"

1. 马克思主义行

在近代中国最危急的时刻,中国共产党人找到了马克思主义,给苦苦探寻救亡图存出路的中国人民指明了前进方向、提供了全新选择。100多年来,在马克思主义的指引下,中国共产党人找到了新民主主义革命、社会主义革命和建设的正确道路,在改革开放新时期成功开创和拓展了中国特色社会主义道路。在中国,马克思主义的科学性和真理性得到充分检验,人民性和实践性得到充分贯彻,开放性和时代性得到充分彰显。

实践雄辩地证明:马克思主义是强大的思想武器,是我们立党立国、兴党兴国的根本指导思想。拥有马克思主义科学理论指导是我们党坚定信仰信念、把握历史主动的根本所在。正如习近平总书记在省部级主要领导干部学习贯彻党的十九届六中全会精神专题研讨班开班式上的讲话中指出的:"马克思主义能不能在实践中发挥作用,关键在于能否把马克思主义基本原理同中国实际和时代特征结合起来。面对快速变化的世界和中国,如果墨守成规、思想僵化,没有理论创新的勇气,不能科学回答中国之问、世界之问、人民之问、时代之问,不仅党和国家事业无法继续前进,马克思主义也会失去生命力、说服力。"

2. 中国化时代化的马克思主义行

正因为中国有中国共产党这样的信奉者和践行者,带领中国人民坚持了马克思主义基本原理和马克思主义立场、观点、方法,实现了马克思主义同中国具体实际相结合、同中华优秀传统文化相结合,从而实现了马克思主义中国化;实现了马克思主义与时代特征相结合,进而实现了马克思主义时代化。

100多年来,我们党坚持把马克思主义写在自己的旗帜上,不断推进马克思主义中国化时代化,用博大胸怀吸收人类创造的一切优秀文明成果,用马克思主义中国化时代化的科学理论引领伟大实践。我们党把不断谱写马克思主义中国化时代化新篇章当作当代中国共产党人庄严的历史责任。

3. "马克思主义行"与"中国化时代化的马克思主义行"具有辩证统一关系

"马克思主义行"与"中国化时代化的马克思主义行"的辩证统一关系表现为,马克思主义行是中国化时代化的马克思主义行的逻辑前提与理论基础,中国化时代化的马克思主义行是马克思主义行的理论创新与实践赓续。

(四)马克思主义的当代价值

在社会主义运动的低潮时期,马克思主义受到很多质疑和攻击。有人说,马克思主义

"过时"了,那是170多年前的理论;有人说,马克思主义"无用"了,因为资本主义的基本矛盾已经缓和;有人说,马克思主义"失灵"了,无法应对信息革命的新挑战。

从前文我们讲的马克思主义的魅力及其显著特征可以看出,马克思主义不但没有过时、没有失灵,而且还保持着青春。在纪念马克思诞辰200周年之际,中国之声推出特别节目《提问马克思》,一个网友问道:马克思主义诞生已经170年了,但是马克思所预言的资本主义的丧钟至今没有敲响,这是不是意味着马克思主义过时了呢?答案是否定的,马克思主义在当今世界不但没有过时,而且日益焕发出旺盛的生命力。为什么这样说呢?

在20世纪80—90年代,社会主义在世界上受到严重挫折。东欧剧变、苏联解体,让许多西方人士兴高采烈,断言马克思主义过时了,马克思主义终结了,社会主义终结了。日裔美籍学者福山认为,苏联解体、东欧剧变和冷战的结束,标志着共产主义的终结,历史的发展只有一条路,即西方的市场经济和民主政治。而今天我们可以看得很清楚,苏联解体、东欧剧变并不是马克思主义的失败,而恰恰是因为他们放弃了马克思主义才导致的失败。事实上,如果一个理论或思想已经被时代淘汰,就不会为世人所关注,也没有必要拿出来反复宣判它是否过时;而今天马克思主义过时论依然存在,只能从一个侧面说明,马克思主义依然展示着它强大的生命力。马克思主义所揭示的人类社会发展规律,所揭示的社会主义代替资本主义的历史趋势,依然存在并发生作用。自2008年以来,西方的金融危机和社会危机中呈现出某种激化的趋势。资本主义国家一些有识之士重新到马克思主义中寻求答案,马克思的《资本论》等著作在一些西方发达国家出现热销,人们再一次把目光投向了马克思,关于马克思主义的研究和讨论也出现热潮。2017年,一批外籍的在华留学生选出了中国的新四大发明,并希望把中国的新四大发明带回自己的国家。中国为什么会有新四大发明?中国的发展奇迹说明了什么?世界上许多政治家、学者希望通过中国的发展奇迹,找到一些世界可以借鉴的法宝。终于,他们发现了一本秘籍,即《习近平谈治国理政》,这本书自发行以来,短短几年间,就在世界各地160多个国家和地区畅销。中国改革开放40多年取得的伟大成就令世人瞩目,我们靠的就是马克思主义这面精神旗帜的指引。当今世界科技发展日新月异,人类文明加速进步,但同时社会面临着贫困、生态恶化、恐怖主义等尖锐复杂的问题。人类社会怎样面对和处理这些问题,怎样才能走向更加美好的明天?回答和解决这样的根本性问题,还是需要到马克思主义中寻找智慧。今天的世界,仍然存在着资本主义制度和社会主义制度的差异,仍然存在着不同的意识形态,但是可以肯定地说,马克思主义并没有过时,马克思主义的科学社会主义在中国焕发出强大的生机和活力,并绽放出璀璨的时代光芒。

一方面,马克思主义是时代精神与人类精神的精华。马克思的思想理论源于那个时代又超越了那个时代,既是那个时代精神的精华又是整个人类精神的精华。另一方面,马克思主义深刻改变了世界与中国。马克思主义为中国革命、建设、改革提供了强大思想武器,使中国这个古老的东方大国创造了人类历史上前所未有的发展奇迹,这是有目共睹、毋庸置疑的。

习近平总书记在2018年5月4日纪念马克思诞辰200周年大会上强调,马克思主义不仅深刻改变了世界,也深刻改变了中国。有同学不禁要问:马克思主义为什么能深刻改变中国?它通过什么路径去改变中国?难道中国真的没有发展资本主义的可能吗?是否一定只有马克思主义才能拯救中国?近代中国为何最终选择了马克思主义?这是人民的选择,是中国特色社会主义建设和个人成才的需要,是由马克思主义强大的生命力决定的。

鸦片战争以后,中国沦为半殖民地半封建社会,无数仁人志士前仆后继、上下求索,寻找救国救民的真理。各种思潮,如改良主义、社会达尔文主义、唯意志论、无政府主义、实用主义、民粹主义、工团主义、民主社会主义等,都先后在我国流行过、尝试过,但它们都失败了,成了历史上来去匆匆的过客。只有马克思主义在我国深深扎根,引领中华民族走上了光明之路。

包括毛泽东、邓小平在内的我们党的许多早期革命家,最初并不是马克思主义者,而是真诚的爱国主义者。目睹国难当头、民不聊生的惨状,在他们头脑中首先产生的是救国救民的意识。他们接触、研究过各种各样的主义,经历了许多困惑和艰难的求索,最后认定只有马克思主义才能够救中国。新中国的建立、改革开放以来的成就充分说明了马克思主义的指导地位是历史的选择、是人民的选择、是正确的选择。

此外,马克思主义指引新时代青年成长成才。新时代,中国青年学习马克思,学习和实践马克思主义,不断从中汲取科学智慧和理论力量,让马克思、恩格斯设想的人类社会美好前景不断在中国大地上生动展现出来!

1. 马克思主义是我们观察当代世界变化的认识工具

一方面,马克思主义给予我们观察当代世界的宏大视野。马克思主义是科学的世界观和方法论,是无产阶级和全人类解放的科学指南,它能够站在科学和时代的制高点上观察事物和现象,具有宏大的视野。另一方面,马克思主义给予我们透视时代风云的锐利目光。马克思主义掌握了人类社会发展的规律,具有唯物辩证的科学方法,善于透过现象看本质,能够从扑朔迷离的复杂现象中把握问题的实质,从局部的变幻中把握总体和大局。另外,马克思主义给予我们展望未来世界的长远眼光和战略定力。从运动中看到变化,从变化中看到发展,这是马克思主义辩证思想的深邃目光,用这样的目光来观察当今世界,从中发现其运行和演化的趋势和方向。面对纷繁复杂的当代世界情势,我们必须冷静观察、保持定力,不为流言所惑、不为现象所迷,始终以处理好中国问题为立足点,坚定走我们自己的道路。

2. 马克思主义是指引当代中国发展的行动指南

一方面,马克思主义是指引当代中国发展的精神旗帜。马克思主义指引中国人民实现了从站起来、富起来到强起来的伟大飞跃,中华民族伟大复兴进入了不可逆转的历史进程。它指引我们高举马克思主义旗帜,高举中国特色社会主义旗帜。另一方面,马克思主义是推动当代中国发展的精神动力。对马克思主义的信仰是中国革命、建设、改革的强大精神动力,正如习近平总书记所说,人民有信仰,民族有希望,国家有力量。另外,马克思主义是引领当代中国实践的行动指南。马克思主义是我们的"看家本领",掌握了这一本领就能应对重大挑战、抵御重大风险、克服重大阻力、解决重大矛盾。

3. 马克思主义是引领人类社会进步的科学真理

科技发展日新月异,人类文明全面进步。但与此同时,国际社会的贫富差距加剧,全球生态恶化,国际恐怖主义盛行。人类社会怎样面对和处理这些问题,怎样才能走向更加美好的明天? 因此,人类的未来仍然需要马克思主义的指引,因为马克思主义致力于探寻人类社会的奥秘,揭示人类历史的规律,指明人类前进的方向。我们依然处在马克思主义所指明的历史时代,要坚持和运用马克思主义的立场、观点、方法观察时代、把握时代、引领时代,回答好"世界怎么了""人类向何处去"的时代之问,推动人类文明发展进步,引领人类走向更加美好的明天。

(五)马克思主义对青年成长的指导意义

1. 马克思主义为青年铸就科学的理想信念

共产主义是一项伟大而充满艰难险阻的事业,是由一个个阶段性目标逐步达成的历史过程。青年要把共产主义远大理想与中国特色社会主义共同理想统一起来,坚守理想信念,为共产主义奋斗终身。马克思主义犹如壮丽的日出,照亮了人类探索历史规律和寻求自身解放的道路,是人们树立正确理想信念的精神源泉。

100多年前,一群新青年高举马克思主义思想火炬,在风雨如晦的中国苦苦探寻民族复兴的前途。100多年来,在中国共产党的旗帜下,一代代中国青年厚植马克思主义信仰,把青春奋斗融入党和人民事业,成为实现中华民族伟大复兴的先锋力量。

2. 马克思主义为青年提供科学的思维方法

习近平总书记在中央外事工作会议上的讲话中指出:"我们看世界,不能被乱花迷眼,也不能被浮云遮眼,而要端起历史规律的望远镜去细心观望。"我们只有端起马克思主义的望远镜,才能高瞻远瞩、把握未来;只有使用马克思主义的显微镜,才能观照现实、把握本质。我们要运用马克思主义的立场、观点和方法分析问题和解决问题。

3. 马克思主义为青年提供科学的实践方法

习近平总书记在庆祝中国共产主义青年团成立100周年大会上的讲话中指出:"新时代的中国青年,更加自信自强、富于思辨精神,同时也面临各种社会思潮的现实影响,不可避免会在理想和现实、主义和问题、利己和利他、小我和大我、民族和世界等方面遇到思想困惑,更加需要深入细致的教育和引导,用敏锐的眼光观察社会,用清醒的头脑思考人生,用智慧的力量创造未来。"马克思主义不仅是一种世界观,更是一种方法论。它从根本上揭示了客观世界发展的一般规律,更重要的是为人们提供了认识世界和改造世界的武器。青年的成长不应仅仅是学习理论知识、训练思维方法,更应提升实践能力。

（六）当代青年如何学习和运用马克思主义

1. 学习和掌握马克思主义的基本立场、观点和方法

学习马克思主义，最根本的是要掌握马克思主义的基本立场、观点和方法，领会马克思主义的精髓要义，形成正确的世界观和方法论，培养科学的思维方式，提高分析问题和解决问题的能力。

2. 学习和掌握马克思主义中国化时代化的理论成果

学习马克思主义中国化时代化的理论成果，特别是学习习近平新时代中国特色社会主义思想。着重把握好习近平新时代中国特色社会主义思想的世界观和方法论，坚持好、运用好贯穿其中的立场、观点、方法，核心就是"六个必须坚持"，即必须坚持人民至上、必须坚持自信自立、必须坚持守正创新、必须坚持问题导向、必须坚持系统观念、必须坚持胸怀天下。

3. 坚持理论联系实际的马克思主义学风

紧密联系我国社会的客观实际，特别是联系新时代的新实际，了解党和国家大政方针。紧密联系自身的实际，努力改造自己的主观世界，进一步端正认识，提高自身的素质。

4. 自觉将马克思主义内化于心、外化于行

读原著、悟原理，坚定对马克思主义的信仰、对中国特色社会主义的信念、对实现中华民族伟大复兴中国梦的信心，涵养正气。用马克思主义及其中国化理论成果武装头脑、丰富心灵、锤炼品格，不断改造自己的主观世界，淬炼思想。以马克思主义为指导，高举中国特色社会主义伟大旗帜，让听党话、跟党走的信念成为自觉的人生追求，升华境界。坚持理论联系实际，把科学思想理论转化为认识世界、改造世界的强大物质力量，用于指导实践。

新时代青年，一方面，要密切结合新时代新实践，通过学习打牢理论的基础，通过思考把握理论的真谛，通过运用确证理论的力量，做到学、思、用贯通；另一方面，要形成对马克思主义的科学认知，筑牢马克思主义的坚定信仰，遵循马克思主义的行动指南，为实现中华民族伟大复兴贡献智慧和力量，做到知、信、行统一。学好用好马克思主义，在学思践悟中坚定理想信念，在奋发有为中践行初心使命！

三、教学案例

 教学案例1：世纪伟人的评选

【案例呈现】

1999年，英国剑桥大学文理学院教授评选"千年第一思想家"，评选的前三名分别是马克思、爱因斯坦和牛顿。紧随其后，1999年9月，英国广播公司又以同一命题评选"千年第一思想家"，在全球互联网上公开征询，投票一个月。他们汇集全球投票的结果，仍然是马克思

位居第一,爱因斯坦第二。2002年,英国路透社邀请政界、商界、艺术和学术领域的名人评选"千年伟人",结果是马克思以1分之差略逊于爱因斯坦,位列第二。2005年7月,英国广播公司以"古今最伟大的哲学家"为题,调查了3万名听众,结果是马克思票数第一、休谟第二。

【案例点评】

本案例讲述的是世纪之交,西方学者、媒体发起的"千年第一思想家""千年伟人""古今最伟大的哲学家"等评选活动。由于马克思主义代表无产阶级劳动群众的根本利益,从马克思主义诞生之日起,反对之声就没有停止过,特别是苏联解体、东欧剧变之后,断言"马克思主义死了""社会主义终结了"的观点更是甚嚣尘上。但是不到10年,马克思就被西方一些学者、媒体先后评为"千年第一思想家""古今最伟大的哲学家"等。这些评选不是由社会主义国家传媒,而是由资本主义国家传媒举办的,这些活动的开展和报道,总的来说,还是相对客观、公允的。面对这样的结果,不得不引发我们的思考,这样的结果既彰显了马克思主义真理的力量,又表征了当今时代仍然需要马克思主义。习近平新时代中国特色社会主义思想的高度概括和明确提出,把我们党对共产党执政规律、社会主义建设规律、人类社会发展规律的认识提高到新的水平,开辟了当代中国马克思主义发展新境界。

【教学建议】

在时间允许的情况下,最好课上让学生回答以下问题:
(1)面对这样的评选结果,你想到了什么?结合调查问卷来思考。
(2)建议学生自己去查世纪伟人的评选,可以组织学生首先就"马克思为什么会被评选为千年伟人"进行讨论。

教学案例2:青年马克思对人生理想的思考

【案例呈现】

青年马克思对理想的思考主要体现在高中时代的三篇习作中,分别为《根据〈约翰福音〉第15章第1至14节论信徒同基督结合为一体,这种结合的原因和实质,它的绝对必要性和作用》《青年在选择职业时的考虑》和《奥古斯都的元首政治应不应当算是罗马国家较幸福的时代?》。其中流传最广的是,"选择职业时,遵循的主要指针是人类的幸福和我们自身的完美",要抛弃个人"可怜的、有限的、自私的乐趣",为全人类而工作,不惜牺牲个人的利益甚至生命,为千百万人的幸福而奋斗牺牲的人是最幸福的。有了这样崇高而伟大的理想,任何重担都"不能把我们压倒","我们所享受的就不是可怜的、有限的、自私的乐趣,我们的幸福将属于千百万人,我们的事业将悄然无声地存在下去,但是它会永远发挥作用,而面对我们的骨灰,高尚的人们将洒下热泪"。

【案例点评】

此案例摘选了青年马克思对理想以及体现理想的职业选择的看法。这些话值得学生细细品味,用心领悟。人要有理想,而职业的选择能体现你对人生理想的追求,同时还是你的立场特别是价值观的外化。理想有高尚与庸俗之分,只考虑个人的选择,起码不是高尚的。选择没有尊严的职业会贬低自己,沦落为"奴隶般的工具"。一旦确定好目标,就要对所选择的职业怀有真正的热情,不能"被名利迷住了心窍"。要知道那些能四处炫耀、满足个人虚荣心的职业只是表面的繁荣、一时的光鲜,短暂的风光过后换来的是空虚的现实,既蒙蔽了人的心灵,使自己成为趣味低级的人,同时也损害了所从事职业的进步与发展。高尚的理想可以帮助人们克服难以想象的艰难困苦,创造人间奇迹,这方面马克思是我们效仿的楷模。

【教学建议】

本案例作为资料引导学生课后思考。

(1)青年马克思对理想的思考对我们有什么启发?引导学生思考,个人人生理想(职业的选择)与中国特色社会主义共同理想和共产主义崇高理想的关系。

(2)请学生谈谈自己的人生设计以及设计的理由。

 教学案例3:第二小提琴手——恩格斯

【案例呈现】

1820年11月28日,弗里德里希·恩格斯诞生在德国莱茵省的巴门市,一个工厂主家庭。童年时代,恩格斯受到严格的基督教的普鲁士教育并受到文学和音乐的熏陶。中学时代,他学习勤奋努力,成绩优异,关注工人的劳动和生活,萌生了"帮助劳动人民"的信念。青年时代,他被迫弃学从商,后服兵役。服役期间,他坚持学习,并且写出了几篇批判唯心主义理论的哲学论文。1842年,他前往曼彻斯特工作,研究英国社会情况,逐步树立了生产力决定生产关系、经济基础决定上层建筑的历史唯物主义世界观。1844年开写、1845年完成的《英国工人阶级状况》,对无产阶级与资产阶级的对立与斗争进行了唯物主义的科学论述,标志着恩格斯完成由革命民主主义者到共产主义者的转变。

1842年,马克思和恩格斯第一次会晤,40年间,他们共同研究学问,共同领导国际工人运动,共同办报、编杂志,共同起草文件。1844年,恩格斯与马克思合写了《神圣家族》《德意志意识形态》。1846年,两人在比利时创立了"共产主义通讯委员会",在工人中传播科学社会主义理论。1847—1848年,两人参加"正义者同盟",并将其改组为"共产主义者同盟"。两人共同出席了共产主义者同盟代表大会,受大会委托起草同盟纲领,即1848年2月发表的《共产党宣言》,标志着马克思主义的诞生。两人参与1848年欧洲革命,创办了《新莱茵报》。

马克思逝世后,恩格斯放下自己对自然辩证法的研究,整理马克思《资本论》的第二卷和第三卷,使其分别于1885年和1894年出版。这期间,恩格斯还独自担负指导国际工人运动的任务。1889年,在他的指导和推动下,第二国际在巴黎成立,推动了19世纪末国际工人运动的发展。在理论上,《家庭、私有制和国家的起源》丰富和发展了马克思主义,第一次系统探讨了人类社会史前史。

恩格斯的伟大与高尚不仅在于创建马克思主义、指导和参加工人运动,还在于他对马克思的无私援助。恩格斯为了资助马克思的生活和研究,放下了自己手头心爱的著述工作,到曼彻斯特的证券交易所里服"苦役"。1864年,恩格斯成为曼彻斯特欧门—恩格斯公司的合伙人,开始对马克思在经济上给予大力援助。每个月,有时甚至是每个星期,都有一张张1英镑、2英镑、5英镑或10英镑的汇票从曼彻斯特寄往伦敦。几年后,他把公司合伙股权卖出以后,每年赠给马克思350英镑。恩格斯除了在经济上的无私援助,还把自己的理论成果署在了马克思的名下。1852年8月,《纽约每日论坛报》编辑查理·德纳邀请马克思担任该报在英国的评论员,经常给该报写稿。为了使自己的家庭有一个稳定的收入,马克思答应了这个邀请,但马克思当时掌握英语的程度还不足以写政论文章。马克思于是给恩格斯写信说,如果你能用英语写一篇关于德国局势的文章,在星期五的早晨以前寄给我,那将是一个良好的开端。为了保住马克思的这份工作,让他有一个稳定的经济收入,十分繁忙的恩格斯很快寄出了第一篇论文《德国的革命与反革命》。之后,由马克思署名的文章在该报陆续发表,在以后的9年内,以马克思的名义在这家报纸上发表的论文中,有120篇是由恩格斯撰写的。当然,稿酬由报社直接寄给了马克思。恩格斯对马克思的支持是无私的。

在马克思逝世后,有人出于善意不止一次地提到恩格斯参加了制定这一理论的工作,建议把马克思主义改称为马克思恩格斯主义或者直接称为恩格斯主义。对此种建议,恩格斯说:"我一生所做的是我注定要做的事,就是拉第二小提琴,而且我想我做得还不错。我很高兴我有像马克思这样出色的第一小提琴手。当现在突然要我在理论问题上代替马克思的地位并且去拉第一小提琴时,就不免要出漏洞,这一点没有人比我自己更强烈地感觉到。而且只有在时局变得更动荡一些的时候,我们才会真正感受到失去马克思是失去了什么。"[①]

【案例点评】

马克思主义是马克思、恩格斯共同创立的,用马克思的名字命名的,关于无产阶级和人

---

① 《马克思恩格斯选集》(第4卷),人民出版社2012年版,第272页。

类解放的科学。正如列宁所说,欧洲无产阶级的科学是由两位学者和战士创造的,他们的关系超过了古人关于人类友谊的一切最动人的传说。关于恩格斯对马克思主义创立所做的工作,恩格斯说:"我不能否认,我和马克思共同工作40余年,在这以前和这个期间,我在一定程度上独立地参加了这一理论的创立,特别是对这一理论的阐发。但是,绝大部分基本指导思想(特别是在经济和历史领域),尤其是对这些指导思想最后的明确表述,都是属于马克思的。我所提供的,马克思没有我也能够做到,至多有几个专门的领域除外。至于马克思所做到的,我却做不到。马克思比我们大家都站得高些,看得远些,观察得多些和快些。马克思是天才,我们至多是能手。没有马克思,我们的理论远不会是现在这个样子。所以,这个理论用他的名字命名是理所当然的。"

【教学建议】

欧阳修在《朋党论》中指出,君子喻于义,小人喻于利。大凡君子与君子,以同道为朋;小人与小人,以同利为朋。结合恩格斯与马克思的伟大友谊,思考朋友的实质内容是什么,并结合案例谈谈对恩格斯作为的看法。

教学案例4:世界公民——马克思

【案例呈现】

"我是世界公民",这是马克思的名言,也是马克思流亡生涯的真实写照。

马克思在巴黎时,住在百合花大街45号。一天,几个警察奉命向他宣读了驱逐令,他成了巴黎"不受欢迎的人"。这对于当时的马克思来说无异于雪上加霜。他家的所有积蓄已全部用作革命经费,连家具也早已变卖,仅有的一套银质餐具也送进了当铺。而且,妻子燕妮又即将分娩。

后来,转到比利时的布鲁塞尔,马克思就是在布鲁塞尔写下的《共产党宣言》。《共产党宣言》刚出版一个月,反动警察便以从事政治活动的罪名将马克思和他的妻子燕妮拘捕、关押起来,随后又将马克思驱逐出比利时。

为生活所迫,马克思不得不携带全家,变卖掉所有的日常用品,来到了著名的雾都伦敦。从1849年到1883年,他在伦敦生活和工作了34年,一直过着贫穷的日子。他们一次又一次地因为付不起房租而被迫举家迁移。为了省钱,不断搬到更加阴暗窄小的房子去住。一开始,他们住在伦敦安德森大街4号,每周房租6英镑,这对马克思一家来说,简直是不让他们吃饭了!因拖欠房租,房东叫来了警察,收走了马克思一家的全部东西,甚至连婴儿的摇篮、女儿的玩具也没留下。后来,他们搬进了累斯顿大街的一个旅馆,租金每周5英镑,不久,他们又被主人赶走。1850年5月,马克思搬进迪安大街45号,不久,又因房租迁到了这条街的28号,一家七口住在两个狭窄的小房间里。

19世纪50年代是马克思一生中最困难的时期。贫困的生活把他压得喘不过气来,几乎所有的报刊都对他关上了大门,但他没有退缩。这年的12月,幸运的是,他得到了大英博物馆阅览室的借阅证。从此,阅览室成了他的半个家,他每天从上午9点一直工作到晚上8点左右,回到家里还要整理阅读材料时所做的笔记,他一般都是到深夜两三点钟才休息。他曾对别人说,我为了工人争得每日8小时的工作时间,我自己就得工作16小时。马克思在大英博物馆里都做了些什么呢?原来,他在大英博物馆埋头苦读数年,是在认真撰写揭露资本主义罪恶的皇皇巨著——《资本论》。据有人统计,在世界一流的大英博物馆所藏图书中,马克思阅读过的书籍有1 500多种,他所摘录的内容和整理的笔记有100余本!据说,他每天固定坐在一个位置,以至于座位下面的地板都被他磨出了脚印。

【案例点评】

马克思出生在一个既富又贵且文明的家庭。马克思23岁就在本人未到场的情况下,获得耶拿大学哲学博士学位。凭借马克思的门第和个人才华,他过上世俗所说的幸福生活是非常容易的,然而,马克思却选择了当世界公民,为无产阶级和人类的解放奋斗终生。这样的选择使得他必然长期忍受着反动政府的迫害,过着颠沛流离的生活,饱尝了人间几乎所有的不幸,即便如此,他依然夜以继日地钻研和创作革命理论,实际参与革命运动。正如英国《焦点》月刊载文所说,马克思是一位杰出的经济学家,却债务缠身,大半生穷困潦倒;他出身于中产阶级上层,却热情捍卫工人的权益。他一生清苦,颠沛流离,从来没有一个人像他那样,活着的时候受到各国政府——无论是专制政府还是共和政府——的驱逐。他忍受着一般人难以想象的贫困、疾病、丧子、亡妻、嫉恨、诽谤的折磨。尽管如此,他一生义无反顾地追求真理。他说,不管遇到什么障碍,我都要朝着我的目标前进。这个目标,不是贪图个人的安乐享受、成名成家、荣华富贵,而是为了无产阶级和全人类的解放事业。

【教学建议】

通过本案例培养学生对马克思的敬仰之情,为学习马克思主义创造情感因素。引导学生思考以下三个问题:

(1)谈谈你对马克思选择的看法。

(2)立场的转变与目标确立之间的关系如何?

(3)梦想与人生的关系怎样?

教学案例 5：马克思的"内科疗法"和"外科手术法"

【案例呈现】

早在 19 世纪 40—50 年代，马克思就针对资本主义社会致命病根（生产的不断社会化，而资本却不断高度私人垄断化）提出了"内科疗法"和"外科手术法"。

20 世纪 30 年代，美国爆发空前的经济危机，马克思的预言成了西方社会的现实。在一片惊恐绝望中，美国总统罗斯福实行了所谓新政。在新政中，影响最深、最远、最有效的干预对策，就是把马克思的"三大良方"变成可操作、可运行的法律法规。事实证明，"内科疗法"是有效的。因此，一时间罗斯福被称为"赤色总统"和"共产主义代理人"，受到大垄断家族财团的强烈反抗和攻击。当今资本主义社会，不仅北美，北欧、西欧、大洋洲等资本主义社会也纷纷推行马克思的"三大良方"。

"外科手术法"的成效是"二战"后诞生了许多社会主义国家。在欧洲有波兰、罗马尼亚、保加利亚、阿尔巴尼亚、匈牙利、捷克斯洛伐克、南斯拉夫和民主德国 8 个国家；在亚洲有越南、朝鲜、中国和老挝 4 个国家，还有拉丁美洲的古巴总共 13 个国家走向社会主义，加上"二战"前建立的苏联和蒙古人民共和国，总共为 15 个社会主义国家。即使在苏联解体、东欧剧变之后，坚持共产主义和社会主义的共产党人也没有消沉，而是迅速开展了恢复和重建共产党组织的斗争。当今，在日本、法国、葡萄牙、印度、尼泊尔、以色列、英国等世界大多数国家有共产党和共产党领导的活动。在俄罗斯进行的调查表明，对社会主义有好感的比例 2000 年是 59.5%，2002 年是 70.5%。我国社会主义建设的巨大成就充分显示出社会主义的巨大优越性。

【案例点评】

马克思主义诞生在 160 年前，而且代表的是无产阶级劳动群众的根本利益。因此，从它诞生之时起，就受到了资产阶级的批判甚至诅咒；随着时间的推移，它的科学性也受到了一些所谓无产阶级理论家们的怀疑，至今它还有无生命力是许多人关心的问题。然而，真金不怕火炼，事实胜于雄辩。马克思主义的生命力不是靠恐吓、许诺和说教来征服人的，而是靠历史的演化、客观的事实让人信服的。当今社会发展的主流正在趋近马克思的理想目标（经济全球化为全世界无产者联合起来提供条件），建设中国特色社会主义伟大事业成就辉煌、举世公认。事实证明：马克思主义对人类社会特别是资本主义社会的剖析具有全面性、深刻性；他的预言具有科学性和准确性；他对理想目标的阐述具有据实性、概括性；他的理论对社会主义革命和建设具有不可或缺性和指导性，对个人找准自己的社会位置具有基础性。

【教学建议】

此案例主要用于批驳马克思主义过时论和无用论。结合案例请学生课后思考下列问题：
(1)结合案例谈谈对事实胜于雄辩、是金子就会发光的看法。
(2)试分析苏联解体、东欧剧变的原因。
(3)查一查中国特色社会主义建设取得的伟大成就并找出主要原因。

四、题海游弋

(一)单项选择题

1. 英国广播公司在全球范围内进行"千年思想家"网评,名列榜首的是(　　)。
   A. 马克思　　　　B. 爱因斯坦　　　　C. 达尔文　　　　D. 牛顿

2. 马克思主义的鲜明特征是(　　)。
   A. 人民性　发展性　创新性　革命性　　B. 人民性　发展性　历史性　开放性
   C. 科学性　人民性　实践性　发展性　　D. 科学性　人民性　创新性　发展性

3. 马克思主义具有实践性,从马克思主义的使命和作用来说,它是(　　)。
   A. 直接服务于无产阶级和人民群众改造世界的实践活动的科学理论
   B. 纯粹解释世界的学说
   C. 书斋中的学问
   D. 反映自然、社会和人类思维发展本质和规律的学说

4. 黑格尔哲学的"合理内核"是指它的(　　)。
   A. 唯物主义因素　　　　　　　　B. 哲学体系
   C. 资产阶级革命的要求　　　　　D. 辩证法

5. 资产阶级古典政治经济学的主要贡献是(　　)。
   A. 初步探讨了阶级斗争的经济根源
   B. 初步探讨了劳动价值论
   C. 初步探讨了未来社会的经济规律
   D. 初步探讨了资本主义社会经济危机的必然性

6. 马克思主义的产生对于无产阶级的重大意义之一是(　　)。
   A. 使无产阶级革命成为必然　　　　B. 使无产阶级开始登上历史舞台
   C. 使无产阶级成为自为的阶级　　　D. 使无产阶级成为资产阶级的掘墓人

7. 马克思的两大发现使社会主义由空想变成了科学,这两大发现是(　　)。
   A. 唯物史观和剩余价值学说　　　　B. 唯物论和辩证法
   C. 劳动价值论和科学社会主义　　　D. 唯物辩证法和科学社会主义

8. 在马克思主义的组成部分中,构成整个马克思主义思想体系的核心是(   )。
   A. 马克思主义哲学   B. 马克思主义政治经济学
   C. 科学社会主义   D. 马克思主义历史学

9. 马克思主义的概念在(   )。
   A. 马克思逝世前出现   B. 马克思逝世后才出现
   C. 恩格斯逝世后才出现   D. 十月革命前才出现

10. 马克思主义产生的阶级基础和实践基础是(   )。
    A. 资产阶级对无产阶级的剥削和压迫
    B. 无产阶级作为一支独立的政治力量登上了历史舞台
    C. 工人阶级的罢工和起义
    D. 工人运动的规模不断扩大

11. 马克思主义的内在品质在于(   )。
    A. 人民性   B. 发展性   C. 科学性   D. 革命性

12. 科学社会主义的直接理论来源是(   )。
    A. 空想社会主义的学说
    B. 19世纪初期以圣西门、傅立叶、欧文为代表的空想社会主义
    C. 空想平均共产主义
    D. 唯物史观和剩余价值学说

13. 中国化时代化的马克思主义是指(   )。
    A. 马克思、恩格斯创立的马克思主义
    B. 列宁发展的马克思主义
    C. 中国特色社会主义理论
    D. 马克思主义同中国具体实际相结合、同中华优秀传统文化相结合的产物

14. 从马克思主义的内容来看,马克思主义首要的和基本的观点是(   )。
    A. 科学观点   B. 革命观点   C. 实践观点   D. 理论观点

15. 社会主义实现由空想到科学发展的标志是(   )。
    A.《共产党宣言》的发表   B. "共产主义者同盟"的建立
    C. 空想社会主义理想的破灭   D. 无产阶级革命的胜利

(二)多项选择题

1. 空想社会主义不是一个科学的思想体系,是因为(   )。
   A. 它只是对资本主义罪恶进行了天才的诅咒
   B. 它没有揭示出资本主义必然灭亡的经济原因
   C. 它没有找到建设新社会所依靠的阶级力量
   D. 它没有找到通往理想社会的现实道路

2.作为一个完整的科学体系,马克思主义理论体系的三个主要组成部分是( )。
　　A. 马克思主义人文学　　　　　　B. 马克思主义政治经济学
　　C. 科学社会主义　　　　　　　　D. 马克思主义哲学

3.马克思主义基本原理包括( )。
　　A. 马克思主义的基本立场　　　　B. 马克思主义的基本观点
　　C. 马克思主义的基本方法　　　　D. 马克思主义的个别语句

4.马克思主义产生的直接理论来源是( )。
　　A. 德国古典哲学　　　　　　　　B. 英国古典政治经济学
　　C. 19世纪三大空想社会主义学说　D. 英法启蒙思想

5.德国古典哲学的代表性人物是( )。
　　A. 休谟　　　　B. 黑格尔　　　　C. 费尔巴哈　　　　D. 笛卡尔

6.学习马克思主义理论,必须分清( )。
　　A. 哪些是必须长期坚持的马克思主义基本原理
　　B. 哪些是需要结合新的实际加以丰富发展的理论判断
　　C. 哪些是必须破除的对马克思主义错误的、教条式的理解
　　D. 哪些是必须澄清的附加在马克思主义名下的错误观点

7.马克思的两大科学发现是( )。
　　A. 辩证法　　　B. 阶级斗争学说　　　C. 唯物史观　　　D. 剩余价值学说

8.马克思主义的当代价值在于,马克思主义是( )。
　　A. 观察当代世界变化的认识工具　　B. 指引当代中国发展的行动指南
　　C. 引领人类社会进步的科学真理　　D. 一成不变的理论体系

9.习近平新时代中国特色社会主义思想是( )。
　　A. 当代中国马克思主义
　　B. 21世纪马克思主义
　　C. 中华文化和中国精神的时代精华
　　D. 党和人民实践经验和集体智慧的结晶

10.马克思主义的基本立场包括( )。
　　A. 以无产阶级的解放和全人类的解放为己任
　　B. 以人的自由而全面发展为美好目标
　　C. 以人民为中心,坚持一切为了人民,一切依靠人民
　　D. 全心全意为人民谋幸福

专题一 题海游弋答案

五、参考资料

1. 马克思、恩格斯:《共产党宣言》,《马克思恩格斯选集》(第1卷),人民出版社2012年版。

2. 恩格斯:《在马克思墓前的讲话》,《马克思恩格斯选集》(第3卷),人民出版社2012年版。

3. 列宁:《马克思主义的三个来源和三个组成部分》,《列宁选集》(第2卷),人民出版社2012年版。

4. 毛泽东:《改造我们的学习》,《毛泽东选集》(第三卷),人民出版社1991年版。

5. 习近平:《在纪念马克思诞辰200周年大会上的讲话》,人民出版社2018年版。

6. 习近平:《学习马克思主义基本理论是共产党人的必修课》,《求是》2019年第22期。

7. 习近平:《在庆祝中国共产党成立100周年大会上的讲话》,人民出版社2021年版。

8. 习近平:《高举中国特色社会主义伟大旗帜 为全面建设社会主义现代化国家而团结奋斗——在中国共产党第二十次全国代表大会上的报告》,人民出版社2022年版。

9.《马克思主义基本原理》编写组:《马克思主义基本原理》,高等教育出版社2023年版。

专题二　辩证唯物主义世界观

一、学习目标

本部分内容主要在于学习和掌握辩证唯物主义基本原理，着重把握与理解马克思主义物质观、世界的物质统一性、物质世界的二重化、物质与意识的辩证关系、事物联系和发展的基本规律与基本环节，从而能够坚持科学的世界观和方法论，运用唯物辩证法分析和解决问题，不断增强思维能力。

1. 知识目标：理解世界观、哲学及其关系；掌握哲学基本问题及其内容；把握哲学的基本派别及辩证法和形而上学之间的本质区别；理解辩证唯物主义的物质观、运动观和时空观；理解辩证唯物主义的意识观；掌握辩证唯物主义的世界物质统一性原理；理解物质世界的总特征，即联系和发展；厘清唯物辩证法与形而上学的发展观以及两者的根本分歧；掌握物质世界联系和发展的五个基本环节；理解对立统一规律是唯物辩证法的实质和核心以及具体问题具体分析是马克思主义活的灵魂；理解质量互变规律和否定之否定规律的内容及其方法论意义；在唯物辩证法的基础上，理解五大思维能力。

2. 能力目标：学习与掌握辩证法的方法论；运用唯物辩证法分析、解决问题；在唯物辩证法的指导下，建立与增强五大思维能力。

3. 世界观目标：正确认识宇宙世界和人类社会的本质，树立辩证唯物主义的世界观和方法论。

二、教师导航

我们在前文学习了什么是马克思主义、马克思主义产生和发展的历程、马克思主义的基本内容、马克思主义的鲜明特征、马克思主义的当代价值，从整体上理解和把握了马克思主义，从而增强了学习和运用马克思主义的能力，树立与明确了学习本课程应有的态度与方法。

现在，我们要学习专题二辩证唯物主义世界观，本专题的内容在整个"马克思主义基本原理概论"课程中具有基础性地位和作用。大家正确理解和把握本专题的内容，对于整个课程的学习具有重要的意义。通过本专题的学习,要求大家基本掌握辩证唯物主义世界观,着重把握与理解马克思主义物质观、世界的物质统一性、物质世界的二重化、物质与意识的辩证关系、事物联系和发展的基本规律与基本环节、唯物辩证法的三大规律,从而能够坚持科学的世界观和方法论,运用唯物辩证法分析和解决问题,不断增强思维能力。

第一讲 马克思主义的哲学观

 课程导入:播放视频——吕秀才智斗姬无命

提出问题:"我是谁?""人活着为什么?""万物的本原是什么?"

通过视频和提问,引导学生思考:"什么是哲学?""哲学主要研究什么问题?"

从古至今,人们不断地思考和追问:"世界是什么?""世界从哪里来?""世界与人是什么关系?""我们生命的意义和价值又是什么?"询问学生是否曾想过这些问题,又是否尝试回答过这些问题,在课程开始之前,可以让学生进行讨论。

1. 世界观和哲学

其实,"世界是什么?""世界从哪里来?""世界与人是什么关系?"都是关于世界观的问题,人类在社会发展过程中,也曾用经验和尝试或者某个具体的学科来回答这些问题,而哲学就是致力于要把世界观的各种问题、观点用一定的原则组织起来,做出系统的理论概括和总结,通过一系列特有的概念、范畴和系统的逻辑论证而形成的理论体系。基于此,我们认为,哲学是世界观的理论形态,是系统化、理论化的世界观,是对自然知识、社会知识和思维知识的概括和总结,是以总体的方式把握人与世界现实关系的一门学问。这就是哲学与世界观之间的联系。

2. 哲学的基本问题

哲学研究的问题很多,贯穿始终的最重要的、最基本的问题是思维和存在的关系问题。因为自人类产生以后,纷繁复杂的世界万物,归结起来无非就是两大类:一类是物质现象,另一类是精神现象。人的活动也无非就是两大类活动:认识世界和改造世界。这两大类现象和两大类活动都离不开对思维和存在、精神和物质之间关系的解答。因此,思维和存在的关系问题或者物质和精神的关系问题成为我们认识世界和改造世界不可回避的问题,也成为哲学不可回避的问题。

恩格斯在总结和概括哲学发展史特别是近代哲学发展史的基础上,在《路德维希·费尔巴哈和德国古典哲学的终结》中第一次明确指出:"全部哲学,特别是近代哲学的重大的基本问题,是思维和存在的关系问题。……哲学家依照他们如何回答这个问题而分成了两大阵营。凡是断定精神对自然界来说是本原的,从而归根到底承认某种创世说的人……组成唯心主义阵营,凡是认为自然界是本原的,则属于唯物主义的各种学派。"

也就是说,哲学的基本问题在内容上包括两个方面:意识和物质或者思维和存在究竟谁是世界的本原,这是哲学基本问题第一个方面的内容,即物质和精神何者是第一性、何者是第二性的问题。恩格斯把对这个问题的回答作为划分唯物主义和唯心主义两大基本哲学派别的唯一标准。凡是主张世界的本原是精神,精神第一性,物质第二性,精神决定物质的,即唯心主义阵营;凡是主张世界的本原是物质,物质第一性,精神第二性,物质决定精神的,属于唯物主义阵营。

一方面,唯物主义在其发展的过程中,经历了古代朴素唯物主义、近代形而上学唯物主义或机械唯物主义、辩证唯物主义和历史唯物主义三种形态。关于这三种唯物主义形态,我们在后文会详细介绍。

另一方面,唯心主义则主要有主观唯心主义和客观唯心主义两种理论形态。主观唯心主义把个人的某种主观精神如感觉、经验、心灵、意识、观念、意志等看作世界上一切事物产生和存在的根源与基础,而世界上的一切事物则是由这些主观精神所派生的,世界是这些主观精神的显现。

【案例分析】

中国宋明时期的心学所谓的"心即理""吾心即是宇宙""心外无物""心外无理"等观点;英国贝克莱所谓的"存在就是被感知""物是观念的集合"等观点。

以上观点都是以主观精神作为根据与基础的,因此,都是有代表性的、典型的主观唯心主义观点。

客观唯心主义是把客观精神(如上帝、理念、绝对精神等)看作世界的主宰和本原,认为现实的物质世界只是这些客观精神的外化和表现。

【案例分析】

中国宋代程朱理学的"理"、古希腊柏拉图的"理念"、德国黑格尔的"绝对观念",都是这种作为世界本体的客观精神或原则。

客观唯心主义的所谓客观精神或原则,实际上是把人的思维或一般概念加以绝对化的结果。

哲学基本问题的第二个方面是思维和存在的同一性问题,主要表现为思维能否认识存在的问题,即世界可不可以认识的问题,这在哲学史上属于认识论范畴,对这个问题的不同回答,可以区分为可知论和不可知论。

可知论者认为,思维与存在具有同一性,世界是可以认识的。

【案例分析】

中国古代的荀子说:"凡以知,人之性也,可以知,物之理也。"这里说的是,人的本性就是对事物进行探索,事物可以被探索和了解则是事物的本性和规律。

荀子认为,用求知的本性来探索可以被了解的事物的本质和规律,这是非常典型的可知论的观点。

不可知论者则认为,思维与存在不具有同一性,即思维无法正确地认识存在。

【案例分析】

休谟断言,人所知道的只是自己的感觉,至于在感觉之外是否还有客观事物存在,这是不可知的。

康德虽然承认外部世界的存在,承认人的感觉是外部世界引起的,但是他把客观世界看作不可捉摸的"自在之物",认为人们只能认识事物的现象,而不能认识"自在之物"的本质。

休谟与康德的这些观点都是典型的不可知论的观点。

为了便于深入探讨作为哲学基本问题的思维和存在的关系问题,我们绘制了图2.1。

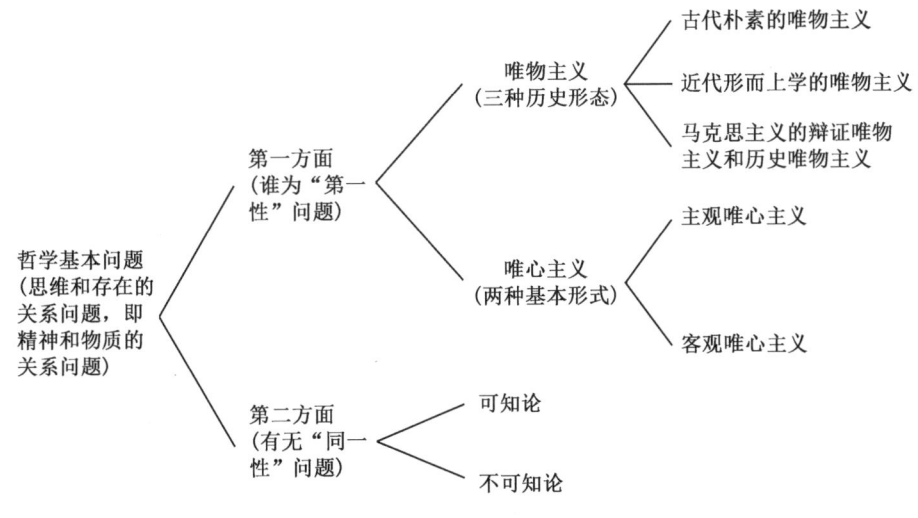

图 2.1 思维和存在的关系问题

我们厘清了哲学与世界观之间的联系,就能明白,只有在科学解决存在和思维之间关系问题的基础上,才能正确理解世界的本质、把握世界的联系和发展、认识整个世界的规律。

第二讲 世界的多样性与物质统一性

前文我们已经学习过哲学与世界观之间的关系以及哲学的基本问题,从哲学的基本问题来看,马克思主义哲学是辩证唯物主义,并且承认我们能够认识世界,甚至改造世界。我们继续学习马克思主义哲学是如何看待世界的。

课程导入：播放视频——宇宙的起源

宇宙的起源

提出问题：世界的本原是什么？如何理解物质？

可以请学生讨论与发言，并对学生的发言进行总结。

1. 物质及其存在方式

唯物主义认为，物质是世界的本原，意识是派生的，先有物质后有意识，物质决定意识。物质范畴是唯物主义哲学关于世界本原和统一性的最高抽象，是唯物主义的基石，也是我们要掌握的一个最基本的概念。

(1) 如何理解物质范畴？

从哲学史来看，唯物主义随着时代发展，经历古代朴素唯物主义、近代形而上学唯物主义和辩证唯物主义。这三种不同形态的唯物主义物质观代表了人类对"物质"的哲学认识由低级到高级、由片面到全面、由简单到复杂的三个发展阶段。

古代朴素唯物主义认为，作为世界本原或本质的是某一种或几种具体的物质形态。

【案例分析】

古希腊哲学家泰勒士认为，"水"是万物的始基，万物都是由水演化而成的，"水"也成为西方哲学史上第一个物质概念；赫拉克利特认为："火"是万物的本原。

中国古代出现了"五行说""阴阳说"和元气说，把金木水火土、阴阳、元气等作为世界最原初的物质。

古代朴素唯物主义在原则上符合唯物主义的根本方向，立足世界自身解释世界，但它基于直观经验来认识物质以及世界，将物质世界的本原归结为一种或数种有形的具体物质形态，这是难以说明纷繁复杂的大千世界的。

近代形而上学唯物主义则把哲学的物质概念同自然科学的物质概念混为一谈，把物质等同于原子。随着近代自然科学的发展，原子在当时是人类所能进行科学认识的最深层次的物质结构，原子就是最小的物质单位，近代哲学家以此为根据，把当时自然科学对物质的认识照搬到哲学中，认为原子是世界的本原，物质就是原子，原子的特性就是物质的特性，形成了形而上学唯物主义的物质观。

近代形而上学唯物主义虽然力图运用、概括自然科学的最新成果，这是其超越古代朴素唯物主义之处，但近代形而上学唯物主义将无限复杂多样的物质世界仅仅归结为某种特殊的、简单的粒子（原子）在量上的、组成上的不同，而看不到原子本身的质的多样性、复杂性。近代形而上学唯物主义未能正确理解特殊和一般、个性和共性的辩证统一关系，把某种特殊的物质形态误认为物质的一般特征，把原子的个性错看成物质的共性，从而把特定历史条件下的关于物质结构的自然科学理论同哲学上的物质范畴混为一谈。也因此，近代形而上学唯物主义割裂了自然界和人类社会的物质统一性，只能是一种抽象的、不彻底的唯物主义，从而在社会历史领域陷入了唯心主义。

辩证唯物主义是首先抽象出物质的哲学概念,并用辩证眼光看待物质世界及其变化。马克思批判地继承了以往唯物主义的传统,在总结现代自然科学重大成就的基础上,创立了辩证唯物主义的物质观,立足于一种既不同于唯心主义又不同于旧唯物主义的立场,把哲学物质观推向现代阶段。

早在19世纪80年代,恩格斯就对物质观作了科学的说明。他指出:"物、物质无非是各种物的总和,而这个概念就是从这一总和中抽象出来的。"①马克思主义经典作家列宁进一步总结道:"物质是标志客观实在的哲学范畴,这种客观实在是人通过感觉感知的,它不依赖于我们的感觉而存在,为我们的感觉所复写、摄影、反映。"②也就是说,物质是不依赖于意识而又能为意识所反映的客观实在,物质的唯一特性就是客观实在性。不管物质的具体形态、结构和属性如何变化,物质的客观实在性不会变。

基于此,马克思主义的物质观使得辩证唯物主义具有丰富而深刻的理论意义。第一,坚持了物质的客观实在性原则,坚持了唯物主义一元论,同唯心主义一元论和二元论划清了界限;第二,坚持了能动的反映论和可知论,有力地批判了不可知论;第三,体现了唯物论和辩证法的统一,辩证唯物主义主张客观实在性是一切物质的共性,既肯定了哲学物质范畴同自然科学物质结构理论的联系,又把它们区别开来,从而克服了形而上学唯物主义的缺陷;第四,体现了唯物主义自然观与唯物主义历史观的统一,为彻底的唯物主义奠定了理论基础。

(2)物质的存在方式

我们要正确地认识物质世界,还需要进一步把握物质的根本属性和基本存在方式。恩格斯说:"运动,就它被理解为物质的存在方式、物质的固有属性这一最一般的意义来说,涵盖宇宙中发生的一切变化和过程,从单纯的位置变动直到思维。"③运动是标志一切事物和现象的变化及其过程的哲学范畴。

唯物辩证法认为,物质和运动是不可分割的。这种理解包括以下两层含义:

第一,物质是运动着的物质,脱离运动的物质是不存在的。在现实生活中,运动是无处不在、无时不有的,有些事物的运动变化十分显著,人们容易直接觉察到。可是,有的事物由于变化比较缓慢,人们就不易觉察了,很多人反倒认为它是固定不变的。设想不运动的物质是形而上学的错误观点。形而上学要么否定运动的存在,要么把运动仅仅归结为机械运动,即位置的移动和数量的增减,否认事物有质的变化。

第二,物质是一切运动变化和发展过程的实在基础和承担者。世界上没有离开物质的运动,任何形式的运动,都有它的物质主体,设想无物质的运动,必然陷入唯心主义。从简单的机械运动到复杂的社会运动和思维运动,都离不开物质主体。机械运动的主体是宏观物

---

① 《马克思恩格斯选集》(第3卷),人民出版社2012年版,第939页。
② 列宁:《列宁选集》(第2卷),人民出版社2012年版,第89页。
③ 《马克思恩格斯选集》(第3卷),人民出版社2012年版,第951页。

体；物理运动的主体是分子、原子、基本粒子和场；化学运动的主体是原子、离子、原子团；生物运动的主体是蛋白质、核酸、生物个体以及生物种群；思维运动的主体是人的大脑；等等。总之，各种运动形式的承担者都是物质，世界上不存在没有物质的运动。

唯物辩证法在肯定物质运动的绝对性的同时，并不否认物质也具有某种静止的状态和稳定的形式。所谓静止，是物质运动在一定条件下的稳定状态，包括空间位置和根本性质暂时未变这样两种运动的特殊状态。可见，静止包括两种基本情形：其一，指没有发生相对位置的移动；其二，指没有发生质变。由于静止是暂时的、有条件的和相对的，所以我们称静止为相对静止。当然，承认并肯定相对静止是极其必要的。因为静止是运动的量度，不了解静止，也就无法了解运动；静止是事物分化的条件，不了解相对静止，就不可能理解物质的多样性。只有承认事物的相对静止，才能认识和利用事物；只有事物保持自己的稳定性，具有确定的形态、性质、结构和功能，我们才能对事物进行比较、分析和研究。

绝对运动和相对静止的关系是辩证的。绝对运动和相对静止之间相互依赖、相互渗透、相互包含，"动中有静，静中有动"。无条件的绝对运动和有条件的相对静止构成了对立统一的关系。

【案例分析】 阿基里斯追不上乌龟

古希腊哲学家芝诺认为，运动变化是不可能的，为了论证他的观点，芝诺提出了四个悖论，其中最为著名的是"阿基里斯追不上乌龟"。

阿基里斯是古希腊神话中的英雄，他健步如飞，能日行千里。芝诺却断言：阿基里斯永远追不上跑得很慢的乌龟。芝诺说：如果乌龟在前，阿基里斯在后，同时起跑，阿基里斯要追上乌龟，必须首先到达乌龟的起点处，但当他到达乌龟的起点处时，乌龟已向前跑到另一个地点，而当阿基里斯到达这一个地点时，乌龟又到达另一个新地点。如此类推下去，以至无穷。所以，阿基里斯永远追不上乌龟。

【案例分析】 飞矢不动

古希腊哲学家芝诺还提出"飞矢不动"的论断。芝诺认为，既然任何事物在刹那间都只能占有和自身相等的空间，那么，飞矢也是如此。飞矢在飞行的过程中，这一刹那间在这一点，那一刹那间在另一点。这样，飞矢实际上经过的只不过是无数个静止的点。把无数个静止的点加起来的总和，仍然是静止，而不会形成运动。所以，飞矢实际上是不动的。由此，芝诺得出结论说：运动变化是不可能的，甚至连位置移动都是不可能的。

(3) 物质运动的存在形式

运动是物质的存在方式，而时间和空间是物质运动的基本存在形式。时间是物质运动的持续性、顺序性。所谓持续性，是指任何一个物体的运动都要经历一个或长或短的过程；所谓顺序性，是指不同事物之间运动过程的出现有一个先后顺序关系。时间的特性是一维性,即一去不复返。

空间就是物质运动的广延性、伸张性,是指物体的位置、规模和体积。空间的特点是三维性。任何一个物体都具有一定的长度、宽度和高度,并且它同周围物体也总是存在着前后、左右和上下的关系。因此,要说明某一物体的空间位置,需要用三个量来表示。

作为物质运动的基本存在形式,时间和空间与物质运动是不可分离的。物质运动离不开时间和空间,物质运动总是在一定的时间和空间中进行;同时,时间和空间离不开物质运动,离开物质运动的时间和空间是不存在的,这是时间与空间客观性的外在表现。

(4)物质世界的二重化

物质世界是运动变化着的,并从中分化出多样化的特别是更高级的事物和运动形式。人类的出现,特别是人类改造世界的实践活动,极大地改变了世界的面貌,使世界发生了二重分化,即从自然界中分化出人类社会,从客观世界中分化出主观世界。在这种分化中,世界得到进一步发展,变得更加丰富多彩。

一方面,世界分化为自然界与人类社会。自然界是亘古存在且不断演化的,人类的出现是自然史上的一个巨大飞跃。这个飞跃的关键在于人的劳动,它在从猿到人的转变中起到了决定性作用,从一定意义上说,"劳动创造了人本身"。一旦动物的活动演变为人的劳动,人类社会便从自然界分化出来,从而形成一个特殊的领域。基于此,我们认为,人类社会是最高级的物质存在形态。

另一方面,世界分化为客观世界和主观世界。客观世界是不依赖于人的思想意识而存在的现实世界,包括自然界和人类社会。主观世界是指人的意识、观念世界,是人的头脑反映和把握物质世界的精神活动的总和。主观世界是人的认知、情感、意志的统一体,主体的观念、愿望、情感、意志、目的、信念等都是主观世界的不同表现形式。诚然,主观世界具有相对独立性,但主观世界并非独立存在的实体,也不是一个超然于客观世界而孤立存在的世界,主观世界是从客观世界中分化出来并从属于客观世界的。

总之,通过马克思主义哲学的物质观、运动观、时空观,我们可以得知物质、运动、时间、空间具有内在的统一性,世界上除了运动的物质,什么也没有。物质世界也是在人类实践活动中不断运动着并进而分化为复杂丰富的世界的。

2.物质与意识的辩证关系

物质是现实世界统一的基础,物质世界运动与发展到一定阶段,便产生了与自己既对立又统一的意识现象。意识的产生既是一个自然历史过程,又是一个社会历史过程。接下来,我们学习意识的起源、意识的本质,以及意识与物质之间的辩证关系。

(1)意识的起源

一方面,意识是自然界长期发展的产物。意识的产生经历了长期的、复杂的发展过程,大致经历了以下几个发展阶段:

第一,从无生命物质的反应特性到低等生物的刺激感应性。

自然界的一切物体都具有某种能以一定状态回答环境影响的固有属性或功能,即物质的反应特性,比如滴水穿石。无生命物质的长期发展产生了生命,与此同时,物质的反应特性也发生了质的飞跃,出现了生物的特殊的反应形式。

生物反应形式在植物和原生动物那里表现为刺激感应性。所谓刺激感应性,是指生物对外界环境的变化和作用的应答能力。

【案例分析】

含羞草只要受到轻微的触动,就会使它的叶子低垂,触动它的力量大一些,连枝干都会下垂,就像一位含羞的少女。在我国云南的密林中,生长着一种树干笔直的树,高约3米到6米,直径最大的也不过碗口粗。这种树有一个奇异的特征,当人们用手轻轻抚摸它时,树顶端的枝梢马上会左右摆动甚至摇动起来,好像发痒难忍似的,所以人们称它为"痒痒树"。

低等生物这种刺激感应性已不是简单的、机械的、物理的和化学的反应,而是包含了感觉的萌芽,感觉是在刺激感应性的基础上发展起来的。

第二,从低等生物的刺激感应性到动物的感觉和心理。

生物从简单到复杂、由低级向高级不断发展,生物的反映形式也越来越高级、越来越复杂。在哺乳动物那里,出现了感觉,在感觉基础上出现了动物心理。动物心理不仅包括感觉和简单的动机,而且包括知觉、表象和情绪,已具有初步综合和分析的能力。如一个汪汪咬人的狗,看见人弯腰摸它会调头逃跑。

动物发展越高级,所处的环境越复杂,其大脑也就越发达,而且动物心理和行为对大脑的依赖性也越大。科学文化实践证明,生活在丰富多彩环境中的老鼠比生活在单调环境中的老鼠大脑重量增加、脑皮质加厚,化学结构也不同。随着动物的发展,大脑越来越发达,大脑的作用也越来越重要。实验证明,切除大脑两半球后,青蛙的正常行为看不出有什么变化,而狗则完全变成了废物。

第三,从动物心理到人的意识。

动物心理还不是人的意识。意识是与人和人类社会一同出现的。由猿进化到人,产生了更为复杂的人脑,人脑比动物脑构造更加复杂、大脑皮层更厚、皱褶更多更深,皮层中的区域定位也更加精细,出现了动物所没有的"语言中枢"和"前额叶"等。人脑的出现是自然物质发展史上的伟大飞跃,从此出现了人所具有的高级反映形式——人类意识。

当然,人的意识与动物心理有质的区别。首先是物质基础不同。动物心理是动物脑的属性、机能,人的意识是人脑的属性、机能。其次是反映形式不同。动物只是通过感觉、知觉以具体形象的感性形式反映外部世界,人的意识主要是以抽象的、理性的形式反映外部世界。前者是直接的,后者是间接的;前者不需要语言,后者则离不开语言。最后是反映的内容不同。动物反映外部世界是出自本能,是适应周围环境的结果,它的感性直观形式只反映事物的表面现象,贫乏、肤浅、没有预见性;而人类反映客观世界是出自改造世界的实践需要,其理性反映形式能深入事物的内在规律和本质,丰富、深刻、有预见性。

总之,意识不是从来就有的,它是随着人类大脑的出现而出现的,人类是自然界长期发展的结果,因而意识也是自然界长期发展的结果。

另一方面,意识也是社会历史发展的产物。社会实践,特别是劳动,在意识的产生和发展中起着决定性作用。

首先,劳动为意识的产生和发展提供了客观的需要和可能。人的劳动同动物活动的根本区别在于制造和使用工具。制造和使用工具改造外部世界的劳动不仅要求人们认识事物的现象,而且要求人们把握事物的本质和规律。这是动物的感觉和心理所不能胜任的。正是在劳动这一客观需要的推动下,才产生出人的抽象思维能力和人类意识这种高级的反映形式。

其次,作为思维外壳的语言也是在劳动过程中产生和发展的。在劳动中由于协同动作和交往的迫切需要,由于表达胜利的喜悦和危机时的求援的需要而产生了语言。语言的产生,使大脑能够用词来概括各种感觉材料进行抽象思维活动,并使人类获得了交流思想的工具,从而推动了意识的发展。

在劳动和语言的推动下,猿脑变成了人脑,并随着劳动的进步而日益完善,其容量日益增大、结构日益复杂,为意识的产生和发展提供了物质基础。

(2)意识的本质

意识是人脑的机能和属性,是客观世界的主观映像。意识就其反映的形式来说是主观的,就其反映的对象和内容来说则是客观的,因而意识是客观内容与主观形式的统一。马克思指出:"观念的东西不外是移入人的头脑并在人的头脑中改造过的物质的东西而已。"[1]

意识的主观性表现在三个方面:第一,意识形式的主观性。意识是由各种反映形式共同组成的完整体系,包括感觉、知觉、表象等感性认识和概念、判断、推理等理性认识。感性认识和理性认识都是人的主观世界所特有的。第二,个体意识之间的差别性。意识要受到人的主观状态(感情、兴趣、知识结构、价值观念、思想方法等)的影响,因此对于同一对象或同一客观过程,不同的人、不同的主体会有不同的反映,存在着反映速度的快慢、数量的多少、程度的深浅等区别,这表现了意识是因人而异的,具有主观性。第三,意识的创造性。意识可以是对客观对象近似真实的摹写,而且可以创造性地深入事物的本质中。

意识的主观性并不能否定意识的源泉和内容的客观性,任何意识都是客观内容和主观形式的统一。首先,尽管意识的形式是主观的,但感性认识和理性认识所反映的对象,都是客观存在的。其次,尽管个体意识之间有着差别性,但这种差别性的原因,无非是先天素质和后天实践的差异所形成的。而无论是哪一种原因,或者是两种原因兼而有之,归根到底都可以从物质生活过程中得到说明,产生的根源是客观的。最后,意识的任何创造性的反映,

---

[1] 《马克思恩格斯选集》(第2卷),人民出版社2012年版,第93页。

即使是虚假的主观映像,归根到底是对客观对象的反映。

(3)物质决定意识,意识对物质具有反作用

辩证唯物主义认为,物质与意识的关系是:物质决定意识,物质第一性,意识第二性;意识对物质又具有能动的反作用。坚持物质决定意识,就坚持了唯物论;同时又承认意识的能动作用,就坚持了辩证法。割裂这种统一,会导致唯心主义和形而上学唯物主义的错误。唯心主义片面夸大意识的能动作用,否认物质对意识的决定作用。形而上学唯物主义肯定物质对意识的决定作用,但它缺乏实践的观点,把意识仅仅看成对物质世界被动的反映,忽视了意识的能动作用。

意识的能动作用是人的意识所特有的积极反映世界与改造世界的能力和活动。这种作用主要表现在:

第一,意识活动具有目的性和计划性。我们每一个人从事的每一项活动都是有目的的,很少是无目的的,意识活动也不例外。这个世界如此纷繁复杂,人们不可能反映所有的客体。人们总是根据一定的目的去决定反映什么、不反映什么以及怎样反映,其中包含着主体的选择性,人类整个意识活动过程都是围绕着这种既定的目标进行的。人们有了这个目的之后,为了实现这一目的,还要预先制订意识活动的计划、方式和步骤。

第二,意识具有创造性。意识的创造性表现在人的意识不仅采取感觉、知觉、表象等形式反映事物的外部现象,而且能够运用概念、判断、推理等形式对感性认识材料进行去粗取精、去伪存真、由此及彼、由表及里加工制作,从而使感性认识上升到理性认识,把握事物的本质与规律。所以意识的对象不只是一般的模仿,而是能动的创造过程。

第三,意识具有指导实践改造客观世界的作用。人类的活动无非就是认识世界和改造世界,意识的能动作用不仅表现在人们能够认识世界,形成一定的思想,而且表现在人类能用这些思想指导人们的实践活动,把"观念地存在着"的模型、蓝图变为客观现实,创造出很多世界上原来没有的东西,使世界能够满足人的需求。

第四,意识还具有指导、控制人的行为和生理活动的作用。灵魂和肉体、意识和身体的关联最为密切。身体好坏会影响人的情绪、思维、态度,反过来,人的情绪、思维、态度也会影响和控制人的身体及其生理活动。负面的情绪、心态会对人体的生理过程产生消极影响,而乐观的心态则会对人体的生理过程产生积极影响。

【课堂讨论】 如何发挥意识的能动作用?大学生如何发挥主观能动性?

归纳学生的观点,做出以下总结:

诚然,意识具有能动作用,但是这种能动作用不是万能的,意识还有受动性。那么,怎样正确发挥主观能动作用呢?首先,从实际出发,努力认识和把握事物的发展规律。我们的主观能动作用不是无限制的,它要受到客观规律的制约。其次,必须明确发挥主观能动作用的基本途径是实践。实践是将精神变成物质、把理想变成现实的中介、途径,因此不能坐而论

道。最后,还要明确主观能动作用的发挥依赖于一定的物质条件和手段。"巧妇难为无米之炊",没有现实的原材料,人的意识再"巧"也创造不出任何物质的东西来。

(4)意识与人工智能

所谓人工智能,就是把人的部分智能活动机器化,让机器具有完成某种复杂目标的能力,它实质上是对人脑组织结构与思维运行机制的模仿,是人类智能的物化。

【案例分析】

2016年3月9—15日,世界围棋冠军李世石与谷歌计算机围棋程序AlphaGo(阿尔法围棋)进行围棋人机大战,以总比分1∶4落败;2020年12月,谷歌旗下的"阿尔法折叠2"(AlphaFold 2)系统在国际蛋白质结构预测赛中以92.4分摘得桂冠,实现人工智能预测蛋白质结构的新突破。

现代人工智能在大数据与不断升级的各种算法技术的基础上高速发展,甚至在计算速度和准确度、程序化任务的执行能力等方面的表现超出人类所能,引起了人们的许多思考,以及人类智能会被人工智能替代的担忧。人工智能是人的意识能动性的一种特殊表现,是人的本质力量的对象化、现实化。人工智能的出现表明,人类意识已经发展到能够把意识活动部分地从人脑中分离出来,物化为机器的物理运动从而延伸意识器官功能的新阶段,但这并不意味着能够取代或超越人类智能。

第一,人类意识是知、情、意的统一体,而人工智能只是对人类的理性智能的模拟和扩展,不具备情感、信念、意志等人类意识形态。人类的情感、信念、意志、创造性思维等,包含着丰富的智慧,这些至少在相当长时期内还无法被还原为数据信息及其基本算法。

第二,社会性是人的意识所固有的本质属性,而人工智能不可能真正具备人类的社会属性。人工智能在一定程度上可以承担某种社会功能,但是人工智能实体化的本质依然是机器人而不是人类,它不可能真正具备自立、自主、自觉的社会活动,难以成为独立的具有行为后果意识、自律意识和社会责任感的社会主体。

第三,人类的自然语言是思维的物质外壳和意识的现实形式,而人工智能难以完全具备理解自然语言真实意义的能力。自然语言总是与一定的情境有关,很难被彻底形式化并被计算机所完全掌握。人工智能无法自主地感知语境的变化并随着语境的变化而自动融入新的语境。机器语言的本质是单调地处理数字或规则性地操作符号,既缺乏自然语言的意义向度,也不具有自然语言以言行事的实践功能。

第四,人工智能能够获得人类意识中可以化约为数字信号的内容,但人脑中总有许多东西是无法被化约的。比如潜意识,它是人类意识的特有结构,是未被意识到的心理活动,它真实地发挥着作用,但人不能清晰地意识到它,更不能用言语来表达它。其中,直觉思维是瞬间完成的对事物本质特征的直接领悟,由于它绕开了逻辑推理,所以人们往往只能描述其心理状态,而无法化约为数字信号。

当前，人工智能还在发展中，可以预见它在未来会得到更大的发展。我们要以开放、客观的态度观察、思考和把握人工智能的未来发展及其对社会的影响。我们在充分利用人工智能带来的便利的同时，还需要加强对人工智能潜在风险的研判和防范，引导和规范人工智能走向更有利于人类生存和发展的方向。

3. 世界的物质统一性原理

在理解了物质和意识之间辩证关系的基础上，就不难理解多样性的世界为何具有物质统一性。

(1) 世界统一于物质

世界的统一性问题，是回答世界上的万事万物有没有共同的本质或本原，这个共同的本质或本原是什么的问题。以往的哲学家都对第一个问题做了肯定的回答，而对第二个问题产生了分歧，有的把物质当作世界的本原，有的把意识当作世界的本原。那么，世界的本原到底是什么？马克思主义哲学的世界物质统一性原理包括三点：第一，世界有统一性，世界只有一个本原；第二，世界的本原是物质，世界的统一性是物质统一性；第三，世界的统一性是多样性的统一，不是单一的统一。马克思主义哲学认为，不仅自然界是物质的，人类社会也具有物质性。人类社会的物质性主要表现在以下三个方面：

第一个方面，人类社会是物质世界的组成部分。人是物质世界发展到一定阶段的产物，人从自然界分化出来，并不意味着脱离了物质世界。人的生命形态和生命活动仍然是物质的，比如，我们的肉身是物质的，我们现在在上课，这种活动本身也是物质的。人赖以生存的全部生活资料也只能取之于物质世界，离开了一定的物质自然环境，人类社会就不可能存在和发展，比如人类要生存，就离不开空气、水等自然环境。自然界带有的客观实在性决定了人类社会的客观实在性。同时，人类社会的发展还会受到自然条件的制约。在与自然界相互作用中，人类社会体现出鲜明的物质性特征。

第二个方面，人类获取生活资料的活动是物质性的活动。人类获取物质生活资料的实践活动虽然有意识做指导，但仍然是以物质力量改造物质力量的活动，如果仅仅停留在意识或思想的范围内，人类是无法获取物质生活资料的。比如，人类使用太空探测器探索太空的实践活动，就是以物质力量改造物质力量的活动，如果仅仅停留在人类对宇宙的认识层面而不去从事探索太空的活动，那么人类对太空的认知可能会永远停留在神秘甚至幼稚的层面。

第三个方面，人类社会存在和发展的基础是物质资料的生产方式。生产方式是生产力和生产关系的总和。生产力是人类改造自然的物质力量，生产关系是在物质生产过程中形成的不以人的意志为转移的物质关系。物质资料的生产方式构成了人类社会存在和发展的基础，集中体现着人类社会的物质性。

(2) 世界的物质统一性原理的重大理论意义和实践意义

辩证唯物主义关于世界物质统一性的原理，已为人类实践和科学的发展所证明，并随着社会实践和科学的发展而不断得到新的证实、丰富、深化和发展。

马克思主义哲学关于世界的物质统一性原理具有重大理论意义和实践意义。其理论意义在于,它是马克思主义哲学的理论基石。世界的物质统一性原理是马克思主义的基石,有助于我们树立唯物主义科学世界观,为我们进一步确立正确的人生观和价值观奠定坚实的基础;同时,也有助于我们确立正确的思想路线和思想方法,在认识世界和改造世界的过程中,坚持实事求是,一切从实际出发。一切从实际出发,是世界的物质统一性原理在现实生活中和实际工作中的生动体现,是在坚持和发展中国特色社会主义伟大实践中想问题、办事情的根本立足点。特别是在推进新时代中国特色社会主义事业的过程中,我们要从我国社会主义初级阶段的最大国情出发,既要看到我国仍处于并将长期处于社会主义初级阶段的基本国情没有变,也要看到我国社会的主要矛盾发生了变化,已经转化为人民日益增长的美好生活需要和不平衡不充分的发展之间的矛盾,从而在社会主义初级阶段的长历史过程中又呈现出更加具体的阶段性特征。

第三讲 唯物辩证法的总特征

 课程导入:播放视频——亚洲金融危机

亚洲金融危机

通过视频,向学生提问:亚洲金融危机给整个世界带来了怎样的影响? 这说明了什么? 学生讨论、发言,教师总结。

1. 唯物辩证法和形而上学

在上一讲的课程中,我们讲了本体论的问题,即"世界是什么"的问题,同这个问题紧密相连的是"世界是以什么样的状态存在"的问题,即世界上的事物及现象之间是相互联系的还是彼此孤立的,世界上的事物是运动、变化、发展的还是静止不变的。

对于这些问题的不同回答,形成了辩证法和形而上学的对立。形而上学用孤立的、静止的、片面的观点去观察、认识事物和处理问题;而辩证法用联系的、发展的、全面的观点去观察、认识事物和处理问题。

"形而上学"原为亚里士多德一部著作的名称,该著作系亚里士多德死后,后人把他专讲事物本质、精神、灵魂、意志自由等研究经验以外对象的著作编集成册,排在研究事物具体形态变化的《物理学》一书之后,并取名为《物理学之后诸卷》。中文译名"形而上学"是根据《易经·系辞》中"形而上者谓之道,形而下者谓之器"一语而来,也叫玄学。在黑格尔提出辩证法以后,它又被用于指非辩证法的世界观与方法论。它用孤立、静止、片面的观点看世界,认为一切事物都是孤立的、永远不变的;如果说有变化,也只是数量的增减和场所的变更,这种增减或变更的原因不在事物的内部而是在事物的外部。

也就是说,人们通常是在两种不同的意义上使用"形而上学"这一概念。"哲学"的意义上,"形而上学"是指探讨和追求最一般的本质和最普遍的规律的学问。与"辩证法"相对立的意义上,"形而上学"是指一种"在绝对不相容的对立中思维"的思维方式。

辩证法在历史上经历了三个发展阶段:古代朴素辩证法、近代唯心主义辩证法和马克思主义的唯物辩证法。

辩证法发展的第一个历史形态是古代朴素辩证法。古代哲学家就具有了朴素的辩证法思想。

【案例分析】

古希腊哲学家赫拉克利特认为,"人不能两次踏进同一条河流",他还说:"世界的过去、现在和将来都是按规律燃烧着、按规律熄灭着的永恒的活火。"我国古代典籍《易经》《老子》《孙子兵法》等著作也都包含了朴素的辩证法思想,像否极泰来、物极必反、福祸相依等。这些思想,都是以朴素的形式对客观世界变化、发展的天才猜测。

辩证法发展的第二个历史形态是以黑格尔为代表的唯心主义辩证法。恩格斯指出:"黑格尔第一次——这是他的巨大功绩——把整个自然的、历史的和精神的世界描写为一个过程,即把它描写为处在不断地运动、变化、转化和发展中,并企图揭示这种运动和发展的内在联系。"然而,由于唯心主义体系的需要,黑格尔把自己的哲学体系看作"绝对观念"发展的顶点。这样,合理的辩证法思想被唯心主义体系所窒息,他的辩证法又带上了形而上学的性质。

辩证法发展的第三个历史形态是马克思主义的唯物辩证法。它把辩证法与唯物主义科学地结合起来,使辩证法学说发展到科学阶段。只有达到唯物主义和辩证法的内在统一,才能有科学的、彻底的唯物主义和科学的、彻底的辩证法。

【案例分析】 门捷列夫的遗憾

门捷列夫是化学元素周期律的发现者。他的成功在于不自觉地遵循了辩证法。他认为,质与量的统一是化学元素周期律的基础,自然界不仅有量变,而且有质变,化学元素有转化。但是,门捷列夫到了晚年则成了形而上学的俘虏。他为了证明社会发展变革的不合理性,竟然反对自然界存在着飞跃,否认原子可分为"电子",否认元素的复杂性。他竭力反对的原子结构的新发现恰恰是对发展门捷列夫化学周期律具有重大意义的东西。他的哲学思想的倒退妨碍了他进一步获得新的科学研究成果。

2.唯物辩证法的总特征

既然辩证法是研究自然、社会和思维发展的普遍规律的学说,无论是客观辩证法还是主观辩证法,都离不开对世界状态的研究。恩格斯指出:"当我们深思熟虑地考察自然界或人类历史或我们自己的精神活动的时候,首先呈现在我们眼前的,是一幅由种种联系和相互作用无穷无尽地交织起来的画面。"[①]也就是说,唯物辩证法认为,世界上的万事万物都处于普

[①] 《马克思恩格斯选集》(第3卷),人民出版社2012年版,第790页。

遍联系之中,普遍联系引起事物的运动发展。联系和发展的观点是唯物辩证法的总特征。

(1)事物的普遍联系

联系是指事物内部各要素之间和事物之间相互影响、相互制约、相互作用的关系。

【案例分析】 北宋诗人苏轼的《惠崇春江晚景》

竹外桃花三两枝,春江水暖鸭先知。

蒌蒿满地芦芽短,正是河豚欲上时。

这里,诗人用桃花初放、江暖鸭嬉、芦芽短嫩、河豚欲上等寥寥几笔,就勾勒出了早春江景的优美画境。用鸭先知来说明春江水暖,用芦芽短来形容春天蒌蒿满地的勃勃生机,非常形象地说明了大自然中各种事物之间的联系。

联系具有一系列特点,具体表现在以下几个方面:

首先,联系具有客观性。世界上没有孤立存在的事物,每一种事物都是在与其他事物的联系之中存在的,事物的联系是事物本身所固有的,不是主观臆想的。

其次,联系具有普遍性。联系的普遍性有三层含义。其一,任何事物内部的不同部分和要素之间都是相互联系的,也就是说,任何事物都具有内在的结构性。其二,任何事物都不能孤立存在,都同其他事物处于一定的联系之中。其三,整个世界是相互联系的统一整体。

再次,联系具有多样性。主要方式有直接联系与间接联系、内部联系与外部联系、本质联系与非本质联系、必然联系与偶然联系等。

最后,联系具有条件性。条件是对事物存在和发展发生作用的诸要素的总和。对条件要唯物辩证地去看待。其一,条件对事物发展和人的活动具有支持或制约作用。有利条件支持和促进事物的发展和人的活动,不利条件制约和阻碍事物的发展和人的活动。其二,条件是可以改变的。人在条件面前并非消极无为,经过努力,可以化不利条件为有利条件,推动事物的发展。其三,改变和创造条件不是任意的。必须尊重事物发展的客观规律,不能强行去改变事物存在和发展的条件,否则就是揠苗助长。

(2)事物的变化发展

事物之间相互作用的结果,是使事物原有的状态和性质发生程度不同的变化。地球和太阳的相互作用构成地球绕太阳的运动,并引起地球上事物和现象的变化,比如昼夜交替、四季更迭等。一定形式的运动都意味着一定的变化:最简单的机械运动会引起物体位置的变化,物理运动是物质分子状态的变化,化学运动是物质化学成分及其结构的变化,生物运动是生物机体的变化,社会运动会引起社会有机体的变化等。

【案例分析】

青藏高原在距今2亿年前曾经是一片汪洋大海,只是近8 000万年以来,才逐步上升演化为高原地带。青藏高原形成的外因是地球和太阳之间的相互吸引和排斥,内因则是地球内部的塔里木板块和印度板块相互作用的结果。

恩格斯指出:"世界不是既成事物的集合体,而是过程的集合体。"[①]事物的发展是一个过程,只有经过一定的过程,事物才能实现自身的发展。事物发展的过程,从形式上看,是事物在时间上的持续性和空间上的广延性的交替;从内容上看,是事物在运动形式、形态、结构、功能和关系上的更新。

人类社会的发展也是一个过程。从原始社会发展到奴隶社会,再从奴隶社会发展到封建社会、资本主义社会,有的国家已进入社会主义社会,表现出人类社会发展过程的总趋势。社会主义社会本身也是不断发展的,从较低的发展阶段到更高的发展阶段,从不成熟到更加成熟,并在充分发展和高度发达的基础上向共产主义社会过渡。从我国的现实来看,我们正处于并将长期处于社会主义初级阶段,但是在社会主义初级阶段的长历史过程中,我们也在不断向前迈进。随着中国特色社会主义的不断发展和更加成熟,我们将会进入更高的发展阶段。

事物的相互联系包含事物的相互作用,而相互作用必然导致事物的运动、变化和发展。发展的实质是新事物的产生和旧事物的灭亡。新事物是指合乎历史前进方向、具有远大前途的东西。旧事物是指丧失历史必然性、日趋灭亡的东西。因此,新事物是不可战胜的。第一,就新事物与环境的关系而言,新事物之所以新,是因为有新的要素、结构和功能,它适应已经变化了的环境和条件;旧事物之所以旧,是因为它的各种要素和功能已经不适应环境和客观条件的变化,走向灭亡就成为不可避免的趋势。第二,就新事物与旧事物的关系而言,新事物是在旧事物的"母体"中孕育成熟的,它既否定了旧事物中消极腐朽的东西,又保留了旧事物中合理的、适应新条件的因素,并添加了旧事物所不能容纳的新内容。

(3)联系和发展的基本环节

联系和发展是通过一系列基本环节得以实现的。内容与形式、本质与现象、原因与结果、必然与偶然、现实与可能构成了联系和发展的基本环节。

第一,内容与形式。内容与形式是从构成要素和表现方式上反映事物的一对基本范畴。内容指构成事物的一切要素的总和,形式指把诸要素统一起来的结构或表现内容的方式。任何事物都是内容与形式的统一,内容与形式的矛盾贯穿于事物发展过程的始终。

第二,本质与现象。本质与现象是揭示事物内在联系和外在表现的一对范畴。本质是事物的根本性质,是构成事物的诸要素之间的内在联系。现象是事物的外部联系和表面特征,是事物本质的外在表现。现象可以区分为真象和假象。本质与现象是相互区别的,本质与现象又是相互依存的。

第三,原因与结果。原因与结果是揭示事物引起和被引起关系的一对范畴。在事物的普遍联系中,引起某种现象的现象就是原因,被某种现象所引起的现象就是结果。原因与结

---

① 《马克思恩格斯选集》(第4卷),人民出版社2012年版,第250页。

果是相互区别的,原因与结果是相互依存和相互转化的。

第四,必然与偶然。必然与偶然是揭示事物产生、发展和衰亡过程中的不同趋势的一对范畴。必然是指事物联系与发展中确定不移的趋势,在一定条件下具有不可避免性。偶然是指事物联系与发展中不确定的趋势。必然与偶然相互依存,必然与偶然相互转化。

第五,现实与可能。现实与可能是反映事物的过去、现在和将来关系的一对范畴。现实是指相互联系着的、实际存在的事物的综合。可能是指包含在事物中的、预示着事物发展前途的种种趋势,是潜在的、尚未实现的东西。现实与可能相互区别,现实与可能相互转化。

第四讲　唯物辩证法的三大规律

前文,我们讲了唯物辩证法的总特征,即以联系和发展的眼光看待客观事物。然而,事物的联系和发展是有规律的,规律就是事物联系和发展过程中所固有的本质的、必然的、稳定的联系。只有掌握联系和发展的基本规律,才能更深入地理解联系和发展的基本环节。唯物辩证法的基本规律主要有对立统一规律、量变质变规律、否定之否定规律。

 课程导入:欣赏漫画

提出问题:这三幅漫画说明了什么?

通过提问,引导学生想到事物的相反两面,思考什么是矛盾？什么是矛盾运动规律?

1. 对立统一规律

对立统一规律是唯物辩证法的实质和核心。对立统一规律揭示了事物普遍联系的根本内容和变化发展的内在动力,从根本上回答了事物为什么会发展的问题;对立统一规律是贯穿量变质变规律、否定之否定规律以及唯物辩证法基本范畴的中心线索,也是理解这些规律和范畴的"钥匙"。对立统一规律又叫矛盾运动规律,因此,把握对立统一规律,首先要正确理解矛盾这一核心范畴。

(1)矛盾

我们理解和把握矛盾范畴时,首先要区分逻辑矛盾和辩证矛盾。一提到矛盾,我们很自然地想起韩非子那个自相矛盾的寓言故事,寓言故事里讲的矛盾是逻辑矛盾,与我们要讲的辩证法的矛盾不是一回事。唯物辩证法所说的矛盾是反映事物内部和事物之间对立统一关系的哲学范畴。

(2)矛盾的同一性和斗争性

对立和统一分别体现了矛盾的两种基本属性。矛盾的对立属性又称斗争性,矛盾的统一属性又称同一性。

矛盾的同一性是指矛盾双方相互依存、相互贯通的性质和趋势,有两个方面的含义:一是矛盾着的对立面相互依存,互为存在的前提,并共处于一个统一体中;二是矛盾着的对立面相互贯通,在一定条件下可以相互转化。

矛盾的斗争性是指矛盾着的对立面相互排斥、相互分离的性质和趋势。由于矛盾的性质不同,矛盾的斗争形式也不同,对于多种多样的斗争形式,可以分为对抗性矛盾和非对抗性矛盾两种基本形式。

【案例分析】《道德经》第二章中的朴素的辩证法思想

老子:"有无相生,难易相成,长短相形,高下相倾,音声相和,前后相随。"

译文:有和无互相转化,难和易互相形成,长和短互相显现,高和下互相充实,音和声互相谐和,前和后互相接随。

老子在《道德经》中表现出朴素的辩证法思想,他捕捉到了有无、难易、长短、高下、音声、前后这几对矛盾既相互依存、互为存在的前提,又共处于一个统一体中。与此同时,它们又可以在一定条件下相互转化,难可以转化为易,长可以转化为短。

(3)矛盾的同一性和斗争性的关系

矛盾的同一性和斗争性相互联结、相辅相成。没有斗争性就没有同一性,没有同一性也就没有斗争性,斗争性寓于同一性之中,同一性通过斗争性来体现。矛盾的同一性是有条件的、相对的,矛盾的斗争性是无条件的、绝对的。矛盾的同一性和斗争性相结合,构成了事物的矛盾运动,推动着事物的变化发展。

(4)矛盾的同一性和斗争性在事物发展中的作用

矛盾的同一性和斗争性在事物发展中具有重要作用。矛盾的同一性在事物发展中的作用表现在:第一,同一性是事物存在和发展的前提,在矛盾双方中,一方的发展以另一方的发展为条件,发展是在矛盾统一体中的发展。第二,同一性使矛盾双方相互吸取有利于自身的因素,在相互作用中各自得到发展。第三,同一性规定着事物转化的可能和发展的趋势。事物之所以能够转化,是由于事物内部矛盾双方具有相互贯通的关系。事物的发展方向、趋势不是随意的,而是有规律地向自己的对立面转化。比如,植物和动物之间,植物通过光合作用吸收二氧化碳,放出氧气;动物正好相反,吸收氧气,呼出二氧化碳。它们就是这样相互利用、相互促进的。

矛盾的斗争性在事物发展中的作用表现在:第一,矛盾双方的斗争促进矛盾双方力量的变化,竞长争高、此消彼长,造成双方力量发展的不平衡,为对立面的转化、事物的质变创造条件。第二,矛盾双方的斗争是一种矛盾统一体向另一种矛盾统一体过渡的决定力量。矛盾双方的相互排斥和否定促使旧的矛盾统一体破裂,新的矛盾统一体产生,旧事物发展为新事物。例如,奴隶社会的生产力与生产关系,当它们彼此相统一时就共处于奴隶社会的统一体中,推进社会的发展;当它们产生不可调和的矛盾时,生产力就会冲破生产关系的限制,引发经济基础和上层建筑的矛盾不断激化,最后使社会性质发生改变,即奴隶社会改变为封建社会。

当然,在事物发展过程中,矛盾的同一性和斗争性相互结合,共同发生作用,但在不同条件下,二者所处的地位会有所不同。在一定的条件下,矛盾的斗争性可能处于主要方面,而在另外的条件下,矛盾的同一性又可能处于主要方面。

运用矛盾的同一性和斗争性辩证关系原理指导实践,要正确把握和谐对事物发展的作用。和谐是矛盾的一种特殊表现形式,体现着矛盾双方的相互依存、相互促进、共同发展。和谐并不意味着矛盾的绝对同一,和谐是相对的、有条件的,只有在矛盾双方处于平衡、协调、合作的情况下,事物才展现出和谐状态。社会的和谐、人与自然的和谐,都是在不断解决矛盾的过程中实现的。构建社会主义和谐社会,就是在发展的基础上正确处理各种社会矛盾的历史过程和社会结果。

运用矛盾的同一性和斗争性辩证关系原理指导实践,还要大力发扬斗争精神。敢于斗争、善于斗争是马克思主义的鲜明特色,是中国共产党人的鲜明品格。在新时代新征程上,我们比历史上任何时期都更接近、更有信心和能力实现中华民族伟大复兴的目标,同时必须准备付出更为艰巨、更为艰苦的努力。我们必须进行具有许多新的历史特点的伟大斗争,在斗争中应对挑战,在斗争中开拓前进。

(5)矛盾的普遍性和特殊性

矛盾除了具有同一性和斗争性外,矛盾还具有普遍性和特殊性。矛盾的普遍性是指矛盾存在于一切事物中,存在于一切事物发展过程的始终,旧的矛盾解决了,新的矛盾又产生,事物始终在矛盾中运动。我们所熟悉的"矛盾无处不在,矛盾无时不有",就是对矛盾的普遍性的形象表述。

矛盾的特殊性是指各个具体事物的矛盾、每一个矛盾的各个方面在发展的不同阶段上各有其特点。矛盾的特殊性决定了事物的不同性质。只有具体分析矛盾的特殊性,才能认清事物的本质和发展规律,并采取正确的方法和措施去解决矛盾,推动事物的发展。我国社会主义初级阶段的主要矛盾已经由人民日益增长的物质文化需要同落后的社会生产之间的矛盾转化为人民日益增长的美好生活需要和不平衡不充分的发展之间的矛盾,这说明社会主要矛盾在不同阶段上各有不同的特点。

(6)主要矛盾和次要矛盾、矛盾的主要方面和次要方面

事物是由多种矛盾构成的。主要矛盾是在矛盾体系中处于支配地位,对事物发展起决定作用的矛盾。次要矛盾是在矛盾体系中处于从属地位,对事物发展起次要作用的矛盾。

不仅如此,在每一对矛盾中,有一方处于支配地位,起着主导作用,这是矛盾的主要方面,处于被支配地位的一方则是矛盾的次要方面。事物的性质是由主要矛盾的主要方面决定的。这里,主要矛盾强调的是在多种矛盾中处于支配地位的矛盾,矛盾的主要方面强调的是一对矛盾中哪一方面更主要。

把主要矛盾和次要矛盾、矛盾的主要方面和次要方面的辩证关系运用到实际工作中,就是要坚持"两点论"和"重点论"的统一。"两点论"是指在分析事物的矛盾时,不仅要看到矛盾双方的对立,而且要看到矛盾双方的统一;不仅要看到矛盾体系中存在着主要矛盾、矛盾的主要方面,而且要看到次要矛盾、矛盾的次要方面。"重点论"是指要着重把握主要矛盾、矛盾的主要方面,并以此作为解决问题的出发点。"两点论"和"重点论"的统一要求我们,看问题既要全面地看,又要看主流、大势、发展趋势。

(7)矛盾的普遍性和特殊性是辩证统一的关系

矛盾的普遍性即矛盾的共性,矛盾的特殊性即矛盾的个性。矛盾的共性是无条件的、绝对的,矛盾的个性是有条件的、相对的。任何现实存在的事物的矛盾都是共性和个性的有机统一,共性寓于个性之中,没有离开个性的共性,也没有离开共性的个性。例如,世界上没有"水果",只有桃、梨、苹果、橘子等具体水果形态。它们虽然各有特点,但都含有水果的共同特性,都含有果酸和糖类等有机成分。矛盾的共性和个性、绝对和相对的道理,是关于事物矛盾问题的精髓,是正确理解矛盾学说的关键,不懂得它,就不能真正掌握唯物辩证法。

矛盾的普遍性和特殊性辩证关系原理是马克思主义基本原理同各国具体实际相结合的哲学基础。中国共产党坚持把马克思主义基本原理同中国具体实际相结合、同中华优秀传统文化相结合,不断推进马克思主义中国化时代化,取得了一系列重大理论成果,指引中国革命、建设、改革取得了伟大胜利,同时又用中国经验和理论创新丰富和发展了马克思主义。

2.量变质变规律

事物的矛盾运动表现为量变与质变及其相互转化。量变和质变是事物变化的两种基本状态和形式。量变与质变的相互作用、相互转化构成了量变质变规律。

事物包括质、量、度三方面的规定性。质是一事物区别于其他事物的内在规定性。比如,人之所以在本质上区别于一般动物,就在于人是有语言、能思维、会制造和使用工具从事生产劳动的高级动物。量是事物的规模、程度、速度等可以用数量关系表示的规定性。比如,某飞机在1万米高空以900千米/时的速度飞行,这就是一个量的规定性的表现。

事物的量和质是统一的,量和质的统一在度中得到体现。度是保持事物质的稳定性的数量界限,即事物的限度、幅度和范围,度的两端叫关节点或临界点,超出度的范围,此物就转化为他物。

量变是事物数量的增减和组成要素排列次序的变动,是保持事物的质的相对稳定性的变化,体现了事物发展渐进过程的连续性。量变有两种形式:一是数量的增减和场所的变更;二是构成事物的成分在排列顺序和结构方式上的变化。

质变是事物性质的根本变化,是事物由一种质态向另一种质态的飞跃,体现了事物发展渐进过程和连续性的中断。质变有两种基本形式:一是爆发式飞跃;二是非爆发式飞跃。例如,原子弹爆炸、战争、地震、海啸就属于爆发式飞跃;物种的演变,由猿到人的转化,人们世界观、人生观的改变等都是非爆发式飞跃。

量变和质变的辩证关系表现为:第一,量变是质变的必要准备。任何事物的变化都有一个量变的积累过程,没有量变的积累,质变就不会发生。第二,质变是量变的必然结果。单纯的量变不会永远持续下去,量变达到一定程度必然引起质变。第三,量变和质变是相互渗透的。一方面,在总的量变过程中有阶段性和局部性的部分质变;另一方面,在质变过程中也有旧质在量上的收缩和新质在量上的扩张。总之,量变和质变是相互依存、相互贯通的,量变引起质变,在新质的基础上,事物又开始新的量变,如此交替循环,构成了事物的发展过程。量变质变规律体现了事物发展的渐进性和飞跃性的统一。

3. 否定之否定规律

质变意味着新事物的产生与旧事物的灭亡,表明新事物对旧事物的否定。任何事物内部都包含着肯定的方面与否定的方面,由于矛盾双方的相互作用,当否定的方面上升至支配地位时,事物就会由肯定走向对自身的否定,再由否定进一步走向更高阶段的肯定,即否定之否定。事物自己发展自己的完整过程构成了否定之否定规律。

【案例分析】 恩格斯在《自然辩证法》中关于麦粒的描述

如果一颗大麦粒得到它所需要的正常的条件,落到适宜的土壤里,那么它在温度和湿度的影响下就会发生特有的变化——发芽;而麦粒本身就消失了,被否定了,代替它的是由它生长起来的植物,即麦粒的否定。这种植物的生命的正常进程是怎样的呢?它生长、开花、结实,最后又产生大麦粒,大麦粒一成熟,植株就渐渐死去,它本身被否定了。作为这一否定之否定的结果,我们又有了原来的大麦粒,但不是一粒,而是加了10倍、20倍、30倍。

事物内部都存在肯定因素和否定因素。肯定因素是维持现存事物存在的因素,否定因素是促使现存事物灭亡的因素。辩证否定观认为,第一,否定是事物的自我否定,是事物内部矛盾运动的结果。第二,否定是事物发展的环节,是旧事物向新事物的转变,是从旧质到新质的飞跃。只有经过否定,旧事物才能向新事物转变。第三,否定是新旧事物联系的环节,新事物孕育产生于旧事物,新旧事物是通过否定环节联系起来的。第四,辩证否定的实质是"扬弃",即新事物对旧事物既批判又继承,既克服其消极因素又保留其积极因素。例如,爱因斯坦相对论对牛顿力学的否定就是既克服又保留。

事物的辩证发展过程经过肯定—否定—否定之否定三个阶段。第一次否定使矛盾得到初步解决,而处于否定阶段的事物仍然具有片面性,还要经过再次否定,即否定之否定,实现对立面的统一,使矛盾得到根本解决。事物的辩证发展就是经过两次否定、三个阶段,形成一个周期。其中,否定之否定阶段仿佛是向原来出发点的"回复",但这是在更高阶段的"回复"。事物的发展呈现出周期性,不同周期的交替使事物的发展呈现出波浪式前进或螺旋式上升的总趋势。

否定之否定规律揭示了事物发展的前进性与曲折性的统一。前进性体现在:每一次否定都是质变,都把事物推进到新阶段;每一个周期都是开放的,前一个周期的终点是下一个周期的起点,不存在不被否定的终点。曲折性体现在回复性上,其中有暂时的停顿甚至是倒退,但是,曲折性终将为事物的发展开辟道路。这表明,事物的发展不是直线式前进的,而是螺旋式上升的。

否定之否定规律的原理对于人们的认识和实践活动具有重要的指导意义。按照否定之否定规律办事,就要求我们树立辩证的否定观,反对形而上学地肯定一切或否定一切,要对事物采取科学分析的态度,使实践活动符合事物自我否定的辩证本性。同时,又要求我们正确看待事物发展的过程,既要看到道路的曲折,更要看到前途的光明。

第五讲　唯物辩证法与思维能力的增强

 课程导入:阅读文本——习近平总书记对青年的寄语

青年时期是培养和训练科学思维方法和思维能力的关键时期,无论在学校还是在社会,都要把学习同思考、观察同思考、实践同思考紧密结合起来,保持对新事物的敏锐,学会用正确的立场观点方法分析问题,善于把握历史和时代的发展方向,善于把握社会生活的主流和支流、现象和本质。要充分发挥青年的创造精神,勇于开拓实践,勇于探索真理。

——习近平在中国政法大学考察时的讲话(2017年5月3日)

习近平总书记对青年的寄语意在指明,学习掌握唯物辩证法的根本方法,归根结底要在实践中不断增强思维能力。

1. 唯物辩证法是认识世界和改造世界的根本方法

唯物辩证法作为关于自然、社会和人类思维发展一般规律的科学,是人们认识世界和改造世界的根本方法。在了解过唯物辩证法的总特征和基本运动规律后,接下来,我们将系统地讲解唯物辩证法的本质特征与认识功能,以及学习唯物辩证法应提高哪几种思维能力。

首先,唯物辩证法本质上是批判的和革命的。在马克思主义的世界观和方法论中,唯物辩证法是其核心内容。唯物辩证法按其本质来说,具有批判的、革命的精神。正如恩格斯所指出的,在辩证哲学面前,"不存在任何最终的东西、绝对的东西、神圣的东西;它指出所有一切事物的暂时性;在它面前,除了生成和灭亡的不断过程、无止境地由低级上升到高级的不断过程,什么都不存在。它本身就是这个过程在思维着的头脑中的反映"①。正是基于这种

---

① 《马克思恩格斯选集》(第4卷),人民出版社2012年版,第223页。

批判的、革命的精神,马克思主义哲学内在地具有解放思想、实事求是、与时俱进的根本要求;反对因循守旧、墨守成规,反对对一切已丧失生命力的事物采取妥协的态度,反对把自己的学说当成僵死的教条;坚持主观与客观的统一、理论与实践的统一、继承与创新的统一。

其次,唯物辩证法是客观辩证法与主观辩证法的统一。唯物辩证法既包括客观辩证法,也包括主观辩证法。客观辩证法是指客观事物或客观存在的辩证法,即客观事物以相互作用、相互联系的形式呈现出的各种物质形态的辩证运动和发展规律;主观辩证法是指人类认识和思维运动的辩证法,即以概念作为思维细胞的辩证思维运动和发展规律。客观辩证法与主观辩证法的关系正如恩格斯所指出的:"所谓的客观辩证法是在整个自然界中起支配作用的,而所谓的主观辩证法,即辩证的思维,不过是在自然界中到处发生作用的、对立中的运动的反映。"[1]所以从本质上来讲,主观辩证法是客观辩证法在人的思维中的反映,客观辩证法与主观辩证法在本质上是统一的,但在表现形式上是不同的。客观辩证法采取外部必然性的形式,不以人的意志为转移,是物质世界本身的联系和发展。主观辩证法则采取观念的、逻辑的形式,是同人类思维的自觉活动相联系的,是以概念为基础的辩证思维规律,是辩证法的科学体系。

在马克思主义哲学中,唯物论和辩证法是统一的。由于世界本来就是普遍联系和变化发展的物质世界,因此,当马克思主义以唯物主义的立场解决世界的本原问题时,已经内在地包含了辩证法。同样的道理,当马克思主义科学地揭示世界的普遍联系和变化发展时,也就内在地包含了唯物主义。

总之,矛盾分析方法是根本的认识方法。在唯物辩证法的方法论体系中,矛盾分析方法居于核心地位,是我们认识事物的根本方法。同时,矛盾分析方法也包含着广泛而深刻的内容。例如,把握矛盾普遍性与特殊性相统一的方法、"两点论"与"重点论"相结合的方法,在对立中把握统一与在统一中把握对立的方法,以及批判与继承相统一的方法等,都是矛盾分析方法的具体体现。在中国的传统哲学中,古代思想家用简明的语言表述过矛盾观的深刻内涵和意义,对我们掌握矛盾分析方法也是有启迪作用的。例如,"物生有两,相反相成""一分为二,合二而一""和而不同,执两用中"等。矛盾分析方法的核心要求是善于分析矛盾的特殊性,做到具体情况具体分析。

运用唯物辩证法的矛盾分析方法研究问题和解决问题,就要求我们不断强化问题意识,坚持具体问题具体分析,善于认识和化解矛盾,尤其是要把优先解决主要矛盾作为打开局面的突破口,以此带动其他矛盾的解决。习近平强调,改革要"扭住关键""突出问题导向",体现了矛盾分析方法在改革和发展问题上的运用。

坚持问题导向,是习近平新时代中国特色社会主义思想的重要方法,是辩证唯物主义矛盾观点和矛盾分析方法的时代表达和时代升华。问题是时代的声音,是矛盾的集中体现,发

---

[1] 《马克思恩格斯选集》(第4卷),人民出版社2012年版,第223页。

现了问题就等于抓住了事物的矛盾。马克思指出:"问题就是公开的、无畏的、左右一切个人的时代声音。问题就是时代的口号,是它表现自己精神状态的最实际的呼声。"①马克思主义的一个鲜明特点,就是自始至终贯穿着强烈的问题意识,始终关注和回答时代和实践提出的重大现实问题。坚持问题导向是马克思主义永葆生机活力的奥秘所在。坚持问题导向就要努力抓住化解矛盾的着力点,找到解决矛盾的新思路、新办法。坚持问题导向,不仅要增强问题意识,还要善于发现问题、敢于正视问题;不仅要科学分析问题、深入研究问题,还要勇于触及矛盾、长于化解矛盾,尤其是要善于灵活运用辩证思维、创新思维等科学思维方法解决各种复杂问题。

2.学习唯物辩证法,不断增强思维能力

学习和掌握唯物辩证法的科学思维方法,要求我们在实践中不断增强思维能力,特别是不断增强6种思维能力,即辩证思维能力、历史思维能力、系统思维能力、战略思维能力、底线思维能力和创新思维能力。

(1)辩证思维能力,简单来说,就是以唯物辩证法为指导,发现矛盾、分析矛盾、解决矛盾,把握本质、遵循规律、指导实践的能力。辩证思维能力是科学思维能力的根本要求和集中体现,培养和提高思维能力,首先就是要增强辩证思维能力。

首先,提高辩证思维能力,要自觉运用对立统一规律,掌握和运用好辩证的逻辑思维方法,包括归纳与演绎、分析与综合、抽象与具体、逻辑与历史等逻辑思维方法。其次,提高辩证思维能力,要求我们客观地而不是主观地、联系地而不是孤立地、发展地而不是静止地、全面地而不是片面地、系统地而不是零散地观察事物,把握事物的本质和发展规律,找到解决问题的方法和途径。尤其要以问题为导向,善于正确分析矛盾,在对立中把握统一、在统一中把握对立,克服极端化、片面化,善于运用辩证思维谋划事业发展。最后,提高辩证思维能力,还要善于运用多种思想方法和工作方法,并在这种综合运用中体现对立统一、相辅相成的辩证智慧。

(2)历史思维能力,是辩证思维与历史眼光的结合,是马克思主义科学历史观的具体表现和实践运用,就是以史为鉴、知古鉴今,善于运用历史眼光认识发展规律、把握前进方向、指导现实工作的能力。

历史、现实、未来是贯通的,历史是过去的现实,现实是未来的历史。历史思维能力的培养,能够使人正确理解和掌握历史知识,认识历史发展规律,进而对社会现实问题进行科学的观察与思考。习近平强调,"历史是最好的教科书""历史的经验值得注意,历史的教训更应引以为戒""中国革命历史是最好的营养剂"。

【案例分析】《中共中央关于党的百年奋斗重大成就和历史经验的决议》

《中共中央关于党的百年奋斗重大成就和历史经验的决议》就是以宏阔的历史眼光、深

---

① 《马克思恩格斯全集》(第40卷),人民出版社1982年版,第289—290页。

邃的历史思维,立足中华大地、放眼人类未来,全面总结概括了党的百年奋斗"十个坚持"的历史经验,深刻揭示了我们党始终把握历史主动、走在时代前列、永葆先进性和纯洁性、推动各项事业不断取得成功的历史逻辑,是以史为鉴、开创未来,实现中华民族伟大复兴的行动指南。

《中共中央关于党的百年奋斗重大成就和历史经验的决议》的形成就是我们党运用历史思维能力进一步推动中国各项事业发展的典范。此外,习近平关于世界社会主义500年的论述、关于改革开放前后两个30年关系的精辟阐释、关于运用历史智慧推进反腐倡廉建设的思想观点、关于如何评价党的历史和历史人物的深刻论述等,都体现了深邃的历史思维,给我们以深刻的思想启迪。

(3)系统思维能力,就是从事物相互联系的各个方面及其结构和功能进行系统思考的能力,就是全面系统地分析和处理问题的能力。提高系统思维能力,就是要坚持系统观念,用系统思维的方法分析和处理问题。

习近平明确指出:"系统观念是具有基础性的思想和工作方法。"[①]系统观念是唯物辩证法普遍联系观点的应有之义。从一定意义上说,普遍联系着的事物本身就是一个系统。要想科学把握事物的系统,就需要坚持系统观念,用系统思维分析事物的本质和内在联系,从整体上把握事物发展规律。坚持系统观念,提高系统思维能力,要善于通过历史看现实、透过现象看本质,把握好全局与局部、当前与长远、宏观与微观、主要矛盾与次要矛盾、特殊与一般的关系;要立足现实需要,以系统思维聚合力,用系统方法谋全局,把历史、现实和未来贯通起来审视,把近期、中期、远期目标统筹起来谋划,加强前瞻性思考、全局性谋划、战略性布局和整体性推进。

(4)战略思维能力,就是高瞻远瞩、统揽全局,善于把握事物发展总体趋势和方向的能力。战略思维能力之所以重要,是因为它是一种充分发挥人的主观能动性、积极性和创造性的思维活动,事关社会发展的远程选择与宏观谋划,旨在谋求长远生存与整体利益。战略思维能力的强弱,直接关系到一个国家、一个民族的兴衰。

我们党注重从整体上把握事物发展趋势和方向,体现出恢宏的战略思维。习近平强调,要树立大局意识,善于从大局看问题,放眼世界,放眼未来;善于观大势、谋大事,把握工作主动权;既有雷厉风行的作风,也有闲庭信步的定力。培养和提高战略思维能力,要求我们不断开阔视野,培养博大胸襟,紧跟时代前进步伐,学会站在战略和全局的高度观察和处理问题,透过纷繁复杂的表面现象把握事物的本质和发展的规律,做到既抓住重点又统筹兼顾,既立足当前又放眼长远,既熟悉国情又把握世情,在原则性问题上坚定立场不动摇,在整体性、方向性抉择面前冷静观察、谨慎从事、谋定而后动。

(5)底线思维能力,就是客观地设定最低目标,立足最低点,争取最大期望值的一种积极

---

① 习近平:《习近平谈治国理政》(第四卷),外文出版社2022年版,第104页。

的思维能力。把握底线思维，就要"凡事从坏处准备，努力争取最好的结果，这样才能有备无患、遇事不慌，牢牢把握主动权"。

底线思维能力体现了我们对事物量变引起质变的"度"的深刻认识和自觉把握，也体现了对矛盾分析方法的自觉运用。习近平指出："我们要坚持'两点论'，一分为二看问题，既要看到国际国内形势中有利的一面，也要看到不利的一面，从坏处着想，做最充分的准备，争取较好的结果。"①坚持和运用好底线思维，培养和提高底线思维能力，一方面，要严守原则，不仅要划清底线，更要坚守底线，不能踩"红线"、越"底线"、闯"雷区"，要守住做人、处事、用权、交友的底线；另一方面，要以积极的态度研判风险、防患于未然，牢牢掌握战略主动权，坚定信心，以实际行动化解风险，变挑战为机遇，追求最佳结果。另外，坚持底线思维，要做到居安思危，增强忧患意识。要做好应对最坏局面的思想准备，见微知著、未雨绸缪，增强前瞻意识。

（6）创新思维能力，就是破除迷信、超越过时的陈规，善于因时制宜、知难而进、开拓创新的能力。创新思维能力意味着不墨守成规，在求新、求变中创造性地提出问题和解决问题。

当今世界，知识经济飞速发展，创新已经成为社会进步的主导力量与重要源泉，只有善于开发和运用创新思维能力，才能紧跟时代的步伐，更好地回应和解决时代发展所提出的问题。生活从不眷顾因循守旧、满足现状者，从不等待不思进取、坐享其成者，而是将更多机遇留给善于和勇于创新的人。培养和提高创新思维能力，要求我们有敢为人先的锐气，打破迷信经验、迷信本本、迷信权威的惯性思维，摒弃不合时宜的旧观念，以思想认识的新飞跃打开工作的新局面。

三、教学案例

 教学案例1：王阳明看花

【案例呈现】

王守仁是我国明代的唯心主义哲学家。因曾筑室于会稽山阳明洞，自号阳明子，学者称之为阳明先生，亦称王阳明。一次，王阳明和他的朋友出去游玩，朋友指着山中的花树问他："你说'天下无心外之物'，如此树在山中自开自落，于我心亦何相关？"王阳明回答说："你未看此花时，此花与汝心同归于寂，你来看此花时，则此花颜色一时明白起来，便知此花不在你的心外。"

---

① 习近平：《习近平谈治国理政》（第一卷），外文出版社2018年版，第111页。

【案例点评】

哲学就是热爱和追求智慧,那么,什么可以称为智慧呢?智慧至少要让在这个世界上四顾茫然的人类能够因它而得到信心、希望和安宁,不再终日惶惶而不知所往。哲学是关于世界观的学问,而世界观则是对这个世界的根本看法。在这根本看法中,世界的本原是什么是一个核心问题。因为找到世界的本原,对人而言就等于找到了世界上最可靠的和最确定的东西,找到了能够把人的生命和生活担当起来、支撑起来的基础和力量源头,这样人便有了心灵的港湾、精神的家园,便可安心立命。然而,对这样一个核心问题却有完全不同的回答,并根据回答的内容分为唯物主义和唯心主义。唯心主义和唯物主义都属于哲学基本派别。王阳明在《传习录》中指出,"心"即"我的灵明","离却我的灵明,便没有天地鬼神万物了"。联系上面的案例,可以看出,一方面,他认为,灵明的心是天地万物的主宰;另一方面,他指出,心无体,以天地万物感应之是非为体。客观的事物没有被心知觉,就处于虚寂的状态。如深山中的花,未被人看见,则与心同归于寂;既被人看见,则此花颜色一时明白起来。

【教学建议】

此案例适合在回答哲学基本问题第一方面时使用。依据此案例思考下列问题:

(1)王阳明的"心"即"我的灵明"和"我的灵明便是天地鬼神的主宰"的观点属于哪种哲学基本派别?

(2)请评论"心外无物、心外无事、心外无理"。

 **教学案例2:追问"宇宙之砖"**

【案例呈现】

从远古时代开始,人类就不断探讨着物质是由什么组成的、有没有公共的基本单元。

公元前,墨子提出"端"的概念,认为不断地分割物质,最后就得到不能再分割的微小粒子—端。与墨子同时代的古希腊哲学家德谟克利特把实物的最小单元称为"原子",意即不可再分之物。科学家在17世纪到18世纪通过实验,证实了原子的真实存在。19世纪初,英国化学家道尔顿在进一步总结前人经验的基础上,提出了具有近代意义的原子学说。

在19世纪初期,原子—分子论得到确立,人们认识到,在物质的结构中存在着分子、原子这样的层次。宏观物质的化学性质取决于分子,分子则由原子构成。原子被认为是构成物质的不可再分割的最小颗粒,既不能被消灭,也不能创生。

把原子视为不可再分割的最小物质单元的观点一直持续到19世纪末期。当时,在一系列重大发现面前,这种陈旧的形而上学观点受到了猛烈冲击,也就在这时,人们对原子的认识取得了重大的突破。1879年,汤姆逊用实验发现了电子,电子的发现是原子论发展史上的一件大事。它不但标志着人们结识了一个新的微观伙伴,而且明确地提示了原子不是"不可分割的最小单元"。

1911年,卢瑟福在实验中发现了原子内部原子核的存在,并提出了"卢瑟福模型"。1913年,波尔指出,放射性变化发生在原子核内部,于是研究原子核的组成、变化规律以及内部结合力的核物理应运而生。

此后,通过关于电子核的种种研究与实验,人们不仅发现了许多新的基本粒子,如反电子、中微子、介子等,而且发现了这些基本粒子还有其内容结构。

1964年,美国物理学家默里·盖尔曼和乔治·茨威格各自独立提出了"夸克模型",夸克是一种参与强相互作用的基本粒子,也是构成物质的基本单元。基本粒子物理学至今方兴未艾,成果累累。

【案例点评】

人类对世界、对物质的追问由来已久,随着人类社会的发展与人类认识能力的提高,人类对物质世界的理解不断深化,在19世纪已经深入原子的层面。马克思主义的创立在当时吸取了19世纪自然科学和社会科学发展的最新成就,进而科学地提出其"物质"范畴,并且辩证唯物主义在世界观层面还为人类不断探索客观的物质世界提供了理论基础与开放视域。

【教学建议】

此案例适合在讲述唯物主义发展的三个阶段时使用。依据此案例思考下列问题:
(1)旧唯物主义的局限性有什么?
(2)马克思创立辩证唯物主义的意义何在?

 教学案例3:牛顿的遗憾

【案例呈现】

牛顿是古典力学的奠基人。他在自发的唯物论指导下,创立了万有引力的理论,对自然科学特别是对力学和数学的发展做出了杰出的贡献,成为世界闻名的科学家。但是他厌恶理论思维,曾自我警告:"物理学,当心形而上学呵!"(当时的形而上学指的是哲学思维)事实上,他自己也不可能摆脱哲学的影响和支配。在解决太阳系最初是怎样开始运动以及行星又是如何绕太阳运转这类问题时,他认为除了万有引力的作用外,还必须有一个"切线力"。这个力从何而来呢?他陷入了困境。由于他相信"上帝统治万物,我们是他的仆人而敬畏他、崇拜他",于是,他提出了"上帝是第一推动力"来作为太阳及行星运动的起因。至此,牛顿从自发的唯物论坠入客观唯心主义的粗俗形式宗教的泥坑。晚年,他埋头注释《约翰启示录》,写了130万字的神学著作,试图用自然科学的发现来证明上帝的存在。此项"研究"耗费了大量精力,使他在自然科学领域再也没有新的贡献。

【案例点评】

青壮年特别是青年时期的牛顿充满创造力,正如恩格斯所说:"牛顿由于发现了万有引力定律,而创立了科学的天文学;由于进行了光的分解,而创立了科学的光学;由于创立了二项式定理和无限理论,而创立了科学的数学;由于认识了力的本性,而创立了科学的力学。"[①]为纪念牛顿的贡献,国际天文学联合会决定把662号小行星命名为牛顿小行星。然而,晚年的牛顿成了宗教神学的俘虏,事实表明,不管自然科学家包括像牛顿这样伟大的科学家对哲学采取什么样的态度,他们还是不可避免地受哲学的支配。因为哲学是关于世界观的学问,世界观是人们认识和处理问题的总开关。问题只在于,他们是愿意受某种坏的时髦哲学的支配,还是愿意受某种建立在通晓思维的历史和成就的基础上的理论思维的支配。因为如果没有哲学思维,就无法进行科学研究,就会连最简单的自然事实也联系不起来。牛顿由年轻时醉心于科学观察和研究到老年时致力于论证上帝的存在这样的一个变化,进一步说明:即便是著名的科学家,如果忽视正确的哲学思想指导,就会偏离研究的方向,造成巨大的遗憾。无论世界观是正确还是错误,它都对人产生着不可替代的作用。只是正确的世界观能够促进科学研究,错误的世界观则将科学研究引向歧途。

【教学建议】

此案例适合在说明哲学的作用时使用。依据此案例思考下列问题:
(1)树立正确世界观的意义何在?
(2)谈谈你对"一个民族要想站在科学的最高峰,就一刻也不能没有理论思维"这句话的理解。

 **教学案例4:习近平:《建设开放包容、互联互通、共同发展的世界》**

【案例呈现】

2023年10月18日,习近平在第三届"一带一路"国际合作高峰论坛开幕式上发表题为《建设开放包容、互联互通、共同发展的世界》的演讲。

---

① 恩格斯:《自然辩证法》,人民出版社2021年版,第201页。

习近平指出,今年是我提出共建"一带一路"倡议10周年。提出这一倡议的初心,是借鉴古丝绸之路,以互联互通为主线,同各国加强政策沟通、设施联通、贸易畅通、资金融通、民心相通,为世界经济增长注入新动能,为全球发展开辟新空间,为国际经济合作打造新平台。

10年来,我们致力于构建以经济走廊为引领,以大通道和信息高速公路为骨架,以铁路、公路、机场、港口、管网为依托,涵盖陆、海、天、网的全球互联互通网络,有效促进了各国商品、资金、技术、人员的大流通,推动绵亘千年的古丝绸之路在新时代焕发新活力。

奔行在铁路上的列车,驰骋在公路上的汽车,联通各国的空中航班,劈波斩浪的货轮,快捷方便的数字电商,成为新时代国际贸易的驼铃、帆影。一座座水电站、风电站、光伏电站,一条条输油、输气管道,越来越智能通达的输电网络,让能源短缺不再是发展的"瓶颈",让发展中国家绿色低碳发展的梦想得以点亮,成为新时代可持续发展的绿洲、灯塔。现代化的机场和码头,通畅的道路,拔地而起的经贸产业合作园区,催生新的经济走廊,激发新的增长动力,成为新时代的商贸大道、驿站。共建"一带一路"坚持共商共建共享,跨越不同文明、文化、社会制度、发展阶段差异,开辟了各国交往的新路径,搭建起国际合作的新框架,汇集着人类共同发展的最大公约数。

共建"一带一路"注重的是众人拾柴火焰高、互帮互助走得远,崇尚的是自己过得好,也让别人过得好,践行的是互联互通、互利互惠,谋求的是共同发展、合作共赢。共建"一带一路"源自中国,成果和机遇属于世界。让我们谨记人民期盼,勇扛历史重担,把准时代脉搏,继往开来、勇毅前行,深化"一带一路"国际合作,迎接共建"一带一路"更高质量、更高水平的新发展,推动实现世界各国的现代化,建设一个开放包容、互联互通、共同发展的世界,共同推动构建人类命运共同体!

【案例点评】

辩证唯物主义世界观指出,在客观层面上,事物是普遍联系的,物质世界也是普遍联系的。没有人、没有国家可以脱离物质世界的普遍联系而存在。诚然,随着人类社会的发展进步,世界普遍联系的程度、形式、范围等有所变化,但物质世界的普遍联系都是不以人的意志为转移的客观事实。也就是说,我们要用联系的、整体的观点看待世界及其发展,以普遍联系的态度处理人与人之间、国与国之间的交往问题。基于此,共建"一带一路"的倡议被提出,并且我们已经为此建设了10余年,致力于建设一个开放包容、互联互通、共同发展的世界,共同推动构建人类命运共同体。

【教学建议】

此案例适合在讲述事物的普遍联系时使用。依据此案例思考下列问题:
(1)结合本案例,谈谈你对"事物的普遍联系"的理解。
(2)谈谈自己有什么运用"事物的普遍联系"原理的具体经历。

教学案例 5：习近平主席外事活动点滴

【案例呈现】

习近平主席在莫斯科访问时，生动讲述了抗日战争时期苏联飞行大队长库里申科来华同中国人民并肩作战等说明两国人民相互支持和帮助的事例。"中国人民没有忘记这位英雄，一对普通的中国母子已为他守陵半个多世纪。"一个细节，让听者为之动容。

在墨西哥访问时，他用米卢带领中国足球闯进世界杯比赛和墨西哥跳水队在中国教练的指导下取得好成绩的事例，阐述了两国人民的友好交往。

习近平主席在会见物理学博士出身的德国总理默克尔时，借用"牛顿力学三定律"阐释对发展中德关系的看法。牢牢把握合作"惯性"、通过务实合作提升"加速度"、减少两国关系发展的"反作用力"等精辟论述，令不少德国人赞叹不已。

在印度尼西亚国会的演讲中，他首先引用了在中国家喻户晓的印度尼西亚民歌《美丽的梭罗河》，以此比喻两国友好关系的历史源远流长；又引用了《老子》中的名句来强调应夯实双方关系的社会土壤——"合抱之木，生于毫末；九层之台，起于累土"。

【案例点评】

关于习近平主席出国访问，外交部部长王毅说，欧洲之行，"习近平主席一路风尘仆仆，不辞劳苦，或冒着零下20摄氏度的风雪，或顶着炎炎烈日，完成一站又一站的访问"。访问途中，习近平主席有时一天内不间断工作15个小时，为的就是增进了解，加深信任，推动合作，传播友谊。习近平主席在不同的国家，用不同的话语、不同的事例，争取着一个相同的目标，是娴熟运用唯物辩证法的典范。

【教学建议】

此案例生动地解释了什么叫一切以时间、地点、条件为转移。结合案例思考下列问题：

(1)为什么习近平主席在访问德国时，借用"牛顿力学三定律"阐释对发展中德关系的看法？

(2)习近平主席在列举中国与其他国家的友好事例时，总是从两个方面进行论述，这说明了什么？

四、题海游弋

(一) 单项选择题

1. 恩格斯第一次明确指出,全部哲学,特别是近代哲学的重大的基本问题是(　　)。
   A. 人与客观世界的关系问题　　B. 思维与存在的关系问题
   C. 思维与实践的关系问题　　　D. 人与社会的关系问题

2. 马克思主义认为,世界的本原是(　　)。
   A. 物质　　　B. 意识　　　C. 实践　　　D. 存在

3. "物、物质无非是各种物的总和,而这个概念就是从这一总和中抽象出来的"表达的是(　　)。
   A. 辩证唯物主义的物质观　　　B. 辩证唯心主义的物质观
   C. 形而上学唯物主义的物质观　D. 形而上学唯心主义的物质观

4. 哲学的物质概念与自然科学关于物质形态和物质结构的概念之间的关系是(　　)。
   A. 抽象与具体的关系　　B. 一般与普遍的关系
   C. 共性与个性的关系　　D. 特殊与个性的关系

5. 设想无物质的运动是(　　)。
   A. 唯心主义　　B. 唯物主义　　C. 形而上学　　D. 辩证法

6. 设想无运动的物质是(　　)。
   A. 唯心主义辩证法　　B. 辩证唯物主义
   C. 形而上学唯物主义　D. 唯物辩证法

7. 运动的绝对性体现了物质运动的(　　)。
   A. 无条件性　　B. 有条件性　　C. 稳定性　　D. 不变动性

8. 静止的相对性体现了物质运动的(　　)。
   A. 无条件性　　B. 有条件性　　C. 不稳定性　　D. 变动性

9. 马克思主义最本质的东西和活的灵魂是(　　)。
   A. 唯物辩证法
   B. 具体问题具体分析
   C. 矛盾的普遍性和特殊性相互关系的原理
   D. 矛盾的同一性和斗争性相互关系的原理

10. 近代形而上学唯物主义被称为"半截子的唯物主义",是因为它只在(　　)。
    A. 人的本质观上是唯物主义　　B. 历史观上是唯物主义
    C. 人生观上是唯物主义　　　　D. 自然观上是唯物主义

11. 意识既有对当前的反映,又有对过去的追溯和对未来的预测,可以超越特定时空的限制。这表明意识具有( )。

  A. 绝对性   B. 无限性   C. 创造性   D. 永恒性

12. 事物发展的实质是( )。

  A. 所有事物都在前进和上升   B. 新事物的产生,旧事物的灭亡

  C. 事物不断处于质变之中   D. 发展是一个扬弃的过程

13. 人工智能的本质是( )。

  A. 完全取代人类智能   B. 人类智能的物化

  C. 完全模拟人类意识   D. 与人类智能无关的独立存在

14. "不积跬步,无以至千里;不积小流,无以成江海",荀子的这句话深刻揭示了( )。

  A. 事物的发展是一个不断发生质变的过程

  B. 事物的发展是一个由量变引起质变的过程

  C. 事物的发展是一个不断发生量变的过程

  D. 事物的发展是一个波浪式发展的过程

15. 提高辩证思维能力,不需要运用的思维方法是( )。

  A. 归纳与演绎   B. 分析与综合

  C. 抽象与具体   D. 直觉思维

(二)多项选择题

1. 哲学基本问题包括的基本内容是( )。

  A. 意识和物质、精神和自然界,究竟谁是世界的本原的问题

  B. 物质和精神何者是第一性、何者是第二性的问题

  C. 思维能否认识或正确认识存在的问题

  D. 我们关于我们周围世界的思想对这个世界本身的关系是怎样的问题

2. 马克思主义的物质观深刻的理论意义在于( )。

  A. 坚持了物质的客观实在性原则,坚持了唯物主义一元论

  B. 坚持了能动的反映论和可知论,有力地批判了不可知论

  C. 体现了唯物论和辩证法的统一

  D. 体现了唯物主义自然观与唯物主义历史观的统一

3. 关于物质及其存在,正确的说法有( )。

  A. 万事万物的最高共性是客观实在性

  B. 物质的唯一特性是客观实在性,物质世界是一和多的统一

  C. 物质的根本属性是运动

  D. 物质都具有可知性

4. 在人类意识产生的过程中所经历的主要阶段是（　　）。

　　A. 从一切物质所具有的反应特性到低等生物的刺激感应性

　　B. 从低等生物的刺激感应性到高等动物的感觉和心理

　　C. 从高等动物的感觉和心理到人类意识的产生

　　D. 从低等生物的刺激感应性到人类意识的产生

5. 人工智能与人类智能相比，以下哪些方面是人工智能无法达到的？（　　）

　　A. 情感、信念、意志　　　　　　　　B. 社会性

　　C. 自然语言的理解　　　　　　　　　D. 潜意识的运用

6. 马克思认为："辩证法在对现存事物的肯定的理解中同时包含对现存事物的否定的理解，即对现存事物的必然灭亡的理解。"这表明（　　）。

　　A. 任何事物内部都孕育着否定的因素

　　B. 任何事物都不可避免地要走向灭亡

　　C. 事物只有到了失去了存在条件的时候才能够被否定掉

　　D. 正在成长中的新事物也应当被否定掉

7. 对立统一规律之所以是唯物辩证法体系的实质和核心，这是因为（　　）。

　　A. 揭示了事物矛盾的基本属性和特点

　　B. 揭示了事物普遍联系的根本内容和永恒发展的内在动力

　　C. 是贯穿唯物辩证法其他规律和范畴的中心线索，是理解这些规律和范畴的"钥匙"

　　D. 提供了人们认识世界和改造世界的根本方法——矛盾分析法

8. 量变和质变的辩证关系是（　　）。

　　A. 量变是质变的必要准备

　　B. 质变是量变的必然结果

　　C. 量变和质变相互渗透

　　D. 量变和质变相互依存、相互贯通

9. 下列关于辩证否定的说法中正确的有（　　）。

　　A. 辩证的否定是连续性和非连续性的统一

　　B. 作为联系的环节时体现着事物发展的非连续性

　　C. 辩证的否定首先是由外力推动引起的

　　D. 辩证的否定就是既克服又保留，也就是"扬弃"

10. 系统思维能力要求我们如何分析和处理问题？（　　）

　　A. 全面系统地分析

　　B. 只关注局部

　　C. 从事物相互联系的各个方面进行思考

　　D. 只关注当前

专题二 题海游弋答案

五、参考资料

1. 马克思:《资本论》(第一卷)(节选),1872年第二版跋,《马克思恩格斯选集》(第2卷),人民出版社2012年版。

2. 恩格斯:《反杜林论》第一编《哲学》,《马克思恩格斯选集》(第3卷),人民出版社2012年版。

3. 列宁:《谈谈辩证法问题》,《列宁选集》(第1卷),人民出版社2012年版。

4. 毛泽东:《矛盾论》,《毛泽东选集》(第一卷),人民出版社1991年版。

5. 习近平:《辩证唯物主义是中国共产党人的世界观和方法论》,《求是》2019年第1期。

6.《中共中央关于党的百年奋斗重大成就和历史经验的决议》,人民出版社2021年版。

7. 习近平:《高举中国特色社会主义伟大旗帜 为全面建设社会主义现代化国家而团结奋斗——在中国共产党第二十次全国代表大会上的报告》,人民出版社2022年版。

8.《马克思主义基本原理》编写组:《马克思主义基本原理》,高等教育出版社2023年版。

专题三　辩证唯物主义认识论

一、学习目标

通过本专题的学习,学生能够理解和把握马克思主义认识论的基本内容,了解科学实践观、辩证唯物主义认识论、真理与价值的辩证统一关系等基本知识点,树立正确的实践观和价值观,在认识世界的基础上进行改造世界的实践活动,实现理论创新和实践创新的良性互动和向前发展。

1. 知识目标:了解马克思主义认识论与其他哲学流派认识论的区别和联系,把握认识的本质及其发展规律,强调实践在推动认识发展中的关键作用,以及认识与实践的辩证关系。掌握马克思主义认识论的基本原理,树立科学的实践观。

2. 能力目标:培养批判性的思维,学会用辩证唯物主义的观点来分析不同的观点和理论,提升自己的认识能力。用马克思主义认识论解决实际问题,提升创新意识和实践能力,牢固树立实践第一的观点,形成积极参与实践活动的意识,从实践中获得真理,并在实践中做出正确的价值判断。

3. 价值目标:基于马克思主义认识论,客观评价我国现代化建设所取得的成就,增强学生的社会责任感和历史使命感。坚持守正创新,坚定社会主义信念,在各种实践活动中,将个人价值与社会价值相结合,为新时代中国特色社会主义现代化建设贡献力量。

二、教师导航

我们在前文学习了马克思主义如何回答"世界的本质是什么"和"物质世界怎么样"这两个基本问题,确立了辩证唯物主义的基本立场和唯物辩证法的基本方法。

马克思主义将如何回答人和物质世界之间的关系问题呢？人能够认识物质世界吗？人如何认识物质世界？人认识了物质世界之后,又该如何面对物质世界？这些就是马克思主义认识论的核心问题。

形而上学的认识论最后都归结为先验论,人对世界的认识要么源自主观自生,比如王阳明的良知论,要么源自上帝的启示或某种客观精神的产物,比如柏拉图的灵魂回忆说,带有强烈的唯心主义倾向。唯物主义的认识论虽然强调了现实作为认识的基础,但是忽视了两者之间的内在联系,无法为人类改造世界的活动提供完整的解释。马克思主义认识论则将唯物主义与辩证法相结合,以实践为基础,提出了辩证唯物主义认识论,对认识的本质做出了科学的回答,确立了以科学实践观为基础,坚持认识与实践辩证统一的新型知行观,为我们改造世界提供了方法论。

第一讲 科学实践观

 课程导入:播放微纪录片——习近平调查研究的故事

习近平调查研究的故事

以下党乡为例,进一步讨论案例。首先,帮助学生补充背景知识。福建省宁德市寿宁县下党乡曾是福建省唯一一个无公路、无自来水、无照明电、无财政收入、无政府办公场所的"五无乡镇"。下党乡在深山里,由于过于偏僻难行,当地的干部很少去。

其次,讲述习近平三赴下党乡的实践,以及他总结实践经验,形成《摆脱贫困》一书。20世纪80、90年代,习近平在福建省工作期间曾三赴下党乡,路走不通就砍掉荆棘过去,同村民共谋脱贫计。习近平在宁德地区带领群众进行脱贫攻坚的实践在《摆脱贫困》一书中做了总结。该书收录了他从1988年至1990年在宁德工作期间的部分讲话和文章。全书围绕闽东地区如何早日脱贫致富这一主题,将一系列极富创造性的战略思想、极富前瞻性的制度理论和极富针对性的实践观点娓娓道来。

最后,下党乡取得脱贫攻坚战的胜利。2019年8月4日,习近平给下党乡的乡亲们回信,祝贺他们实现了脱贫。他在信中写道:"经过30年的不懈奋斗,下党天堑变通途、旧貌换新颜,乡亲们有了越来越多的幸福感、获得感,这生动印证了弱鸟先飞、滴水穿石的道理。"他勉励乡亲们继续发扬滴水穿石的精神,持续巩固脱贫成果,积极建设美好家园,努力走出一条具有闽东特色的乡村振兴之路。

引导学生思考和讨论:习近平为什么要不辞辛苦亲自去下党乡走访、调研?他的这些调研实践让他形成了怎样的认识?为什么他要三次去下党乡调研?习近平的调查研究与下党乡取得脱贫攻坚战的胜利之间有何关系?从中我们能获得哪些启发?

总结学生发言,从习近平的调查研究故事中凝练他的科学实践观,继而进入本节课的学习。

1. 什么是科学实践观?

(1)从哲学史来看,中外哲学家都曾讨论过实践的问题,但没有切中实践的本质

在中国哲学中,实践通常作为"行",与"知"相提并论,比如朱熹的致知而后行,王阳明的知行合一,王夫之的行先知后、知源于行等。他们虽然讨论了知和行的关系,但是对行的理解侧重于道德实践和伦理行为,知也是道德认知,而非完全意义上的认识论。此外,他们关

注的主要是先有知还是先有行的问题,而没有指出两者内在的统一本质和辩证关系。

在西方哲学中,对实践问题的讨论也很多,比如康德把实践看成理性先天的道德活动,黑格尔把实践理解为主体自我实现的精神活动,这些理解都把实践限定在先验的精神领域,属于唯心主义。费尔巴哈虽然从唯物主义的角度把实践与物质性活动相联系,但仅限于日常生活活动。

(2)科学实践观是马克思主义对实践本质问题的科学回答

以往哲学对实践问题的讨论都没有真正理解实践的本质,尤其是没有看到实践在认识世界和改造世界中的决定意义。马克思主义科学地阐明了人类实践活动的本质和作用,创立了科学实践观,提出实践是人有目的地改造客观世界的活动。

(3)根据马克思主义的经典著作,介绍科学实践观的创立背景

体现马克思主义科学实践观的重要文本是《关于费尔巴哈的提纲》(以下简称《提纲》)和《路德维希·费尔巴哈和德国古典哲学的终结》,从这两个文本的写作背景引出马克思主义科学实践观创立的问题意识,即批判费尔巴哈的唯物主义。马克思在《提纲》中指出:"从前的一切唯物主义(包括费尔巴哈的唯物主义)的主要缺点是:对对象、现实、感性,只是从客体的或者直观的形式去理解,而不是把它们当作感性的人的活动,当作实践去理解,不是从主体方面去理解。"这表明了马克思同旧唯物主义划清界限,开创辩证唯物主义的思想。

2.科学实践观包含哪些内容?

第一,强调全部社会生活在本质上是实践的,其中物质资料的生产是首要的社会实践活动,是其他一切历史活动得以进行的前提。

第二,提出实践是检验真理的标准。马克思指出:"人应该在实践中证明自己思维的真理性,即自己思维的现实性和力量,自己思维的此岸性。"[①]

第三,明确哲学的根本任务在于改造世界。马克思在《提纲》中写道:"哲学家们只是用不同的方式解释世界,问题在于改变世界。"[②]马克思主义同时强调了实践在整个社会生活及其矛盾运动中的变革作用。

【案例分析】 孙冶方的抗日故事

1937年卢沟桥事变后,抗日战争全面爆发。11月12日,国民党军队全部撤离,上海被日军控制,但上海的租界,由于隶属不同国家管辖,日军不能进入,故被称为"孤岛"。中国共产党领导的抗日救亡运动,利用这种独特的政治形势发展起来。当时,著名经济学家孙冶方在上海参与领导了文化界运动委员会的工作,开展了轰轰烈烈的文化救亡运动,极大地鼓舞了民众的抗日热情。

---

① 《马克思恩格斯选集》(第1卷),人民出版社2012年版,第134页。
② 《马克思恩格斯选集》(第1卷),人民出版社2012年版,第140页。

孙冶方除了组织文化艺术界的抗日救亡运动外,他积淀已久的经济学功底结合革命的热情,让他不断发声。他在报刊上发表文章、社论、时评,如《关于国民经济建设和国家资本主义》《民族解放和民族统一》《抗战建国的好榜样》《进步的一年》等,抨击日本帝国主义经济侵略政策,分析世界经济形势,论述民族的解放和国民经济的关系,提倡抗战建国,上海的各大报刊几乎每周甚至每天都有他的文章。

推荐图书:孙冶方《抗战初期上海文委的一些情况》,收入上海社会科学院文学研究所编《上海"孤岛"文学回忆录》下册,中国社会科学出版社,1985年9月出版。

通过讲述孙冶方的故事,加深学生对实践重要性的认识,突出实践改造世界的积极力量。

3. 如何把握科学实践观?

(1)坚持唯物主义的观点,指出科学实践观也是运动和发展的

列宁把马克思主义基本原理与俄国革命实际相结合,继承和发展了马克思主义,丰富和发展了马克思主义实践观。

(2)坚持辩证法的观点,强调科学实践观是通过认识和实践的双向运动不断向前发展的

毛泽东在《实践论》中强调:"一个正确的认识,往往需要经过由物质到精神,由精神到物质,即由实践到认识,由认识到实践这样多次的反复,才能够完成。"如此"实践、认识、再实践、再认识,这种形式,循环往复以至无穷,而实践和认识之每一循环的内容,都比较地进到了高一级的程度"。

(3)坚持科学实践观,需要守正创新

习近平在中共十九大报告中指出:"实践没有止境,理论创新也没有止境。世界每时每刻都在发生变化,中国也每时每刻都在发生变化,我们必须在理论上跟上时代。"①

4. 科学实践观的创立和发展有何意义?

第一,从哲学史的角度来看,科学实践观克服了旧唯物主义的根本缺陷,为辩证唯物主义的创立奠定了科学的理论基础。

首先,摒弃了旧唯物主义中将人与自然视为两个独立实体的陈旧观念,对唯心主义的局限性进行了深刻批判,并在此基础上实现了超越。通过将实践作为认识论的出发点,重新构建了人与现实世界之间的联系,这一创新视角实现了哲学史上的革命。

其次,在深入实践的基础上,将唯物论的客观性与辩证法的动态性进行了有机结合,这种结合不仅丰富了哲学的理论内涵,而且为现代唯物主义的发展提供了一种全新的视角。通过这种结合,辩证唯物主义理论得以形成,它不仅为理解世界提供了一种更为全面和深刻的方法,而且为解决现实问题提供了有力的理论支撑,从而为现代哲学的发展奠定了坚实的基础。

---

① 习近平:《习近平谈治国理政》(第三卷),外文出版社2020年版,第21页。

第二，从认识论的角度来看，科学实践观揭示了实践对认识的决定性作用，为能动的、革命的反映论的创立奠定了科学的理论基础。

科学实践观深刻地指出，实践的观点是辩证唯物主义认识论中最为关键和基础的观点。它强调，认识不是被动接受外界信息的结果，而是通过实践活动主动构建的过程。这种观点突破了传统认识论的局限，将认识活动与实践紧密联系起来，从而为理解人类如何通过实践获取和深化认识提供了新的视角。

第三，从历史观的角度来看，科学实践观在人类思想史上第一次揭示了社会生活的实践本质，为唯物史观的创立奠定了科学的理论基础。

马克思主义以实践为出发点，深入理解和阐释了社会生活的本质。科学实践观强调人类社会的基础是以物质生活资料的生产活动为核心的社会实践，突破了以往对社会生活抽象和表面的理解，将社会生活的物质基础和实践活动紧密联系起来，为社会理论的发展开辟了新的路径，也为社会变革提供了科学的方法论指导。通过实践来揭示社会历史发展的内在规律，实现了唯物辩证的自然观和历史观的有机统一，成为历史唯物主义的基本立场。

第四，从方法论的角度来看，科学实践观为人们能动地认识世界和改造世界提供了基本的思想方法和工作方法。

科学实践观高度重视实践在认识和改造世界中所发挥的能动性。它强调理论不仅要被理解，更要在实践中得到应用和检验，指导实践的进程。当理论转化为群众的行动，成为推动世界变革的物质力量时，它就成为人们认识世界和改造世界的强大工具。深入学习和坚持科学实践观所提供的思想方法和工作方法，有助于我们在改造主观世界和客观世界的过程中，更充分地发挥积极性、主动性和创造性。这种方法论指导我们不仅要理解世界，更要通过实践去改变世界，实现个人与社会的共同进步和发展。

第二讲　马克思主义认识论

马克思主义认识论不仅从唯物主义的角度阐明了认识产生的客观基础，将实践的理念融入认识论之中，还在批判性地吸收前人认识论成果的基础上，将辩证法的原理应用于反映论，从而创立了一种具有革命性的能动反映论。这一理论首次以科学的方式解答了认识如何产生和发展的规律，标志着人类认识史上的一次重大飞跃，为我们理解和改造世界提供了坚实的理论基础。

那么，认识是如何产生的呢？实践和认识之间存在着怎样的关系？

1. 实践的本质与基本结构

从案例讨论导入教学。播放蜘蛛织网、蜜蜂筑巢的视频片段，通过观看视频，我们可以发现自然界有很多动物有着令人惊叹的活动能力，正如马克思在《资本论》第一卷中所指出："蜘蛛的活动与织工的活动相似，蜜蜂建筑蜂房的本领使人间的许多建筑师感到惭愧。"那么，这些动物的活动和人的实践活动

蜘蛛织网

有何区别呢?让我们一起来思考和讨论这两者之间的区别在哪里。

经过大家的讨论,我们发现这些展现出高超技艺的活动虽然从表面看起来有高度的相似性,但动物的活动是本能的、适应性的,是它们长久以来适应环境所进化出来的被动行为,而人类的实践活动总是有意识、有目的的,是人类改造世界的自觉行为,两者有着根本性的不同。

蜜蜂筑巢

实践作为人类生存和发展的最基本的活动,其本质就是人类能动地改造世界的社会性的物质活动,具有客观实在性、自觉能动性和社会历史性三个基本特征。

(1)实践的本质

首先是实践的客观实在性。实践虽然是人类有意识、有目的的活动,但本质上是客观的、物质的活动,因为构成实践的诸要素是客观实在的,实践的过程受到客观条件的制约和客观规律的支配,实践的结果造成现实存在的改变。

其次是实践的自觉能动性。与动物的本能活动相比,人类的实践活动是在目的的指引下,有意识、有选择的自觉活动。

最后是实践的社会历史性。实践活动始终是处于一定历史条件下的社会性活动,受制于社会的发展水平和发展条件。

以对宇宙的探索为例,人类在不同的社会历史条件下探索宇宙的方式和工具经历了显著的变化。从古代的肉眼观察到现代的高科技探测设备,每一次技术的革新都极大地扩展了我们对宇宙的认知。

在古代,人们主要依靠肉眼观察天空,记录星象和天体运动,如日月星辰的位置变化,以此来划分季节和编制历法。例如,古埃及人根据对尼罗河河水涨落以及天狼星的长期观察,制定了最早的太阳历。中国古代也有丰富的天象记录,如甲骨文中有关日月食、新星、超新星的记载。中国古代的天文学家如张衡、僧一行、郭守敬等,他们的贡献不仅在于发明了先进的天文观测仪器,如浑天仪等,还在于他们对天文现象的精确测量和记录为后世的天文学研究提供了重要的参考和数据支持。

1608年,荷兰眼镜商发明了第一架小望远镜,次年,伽利略用自制的望远镜观测天体,开启了人类使用光学仪器探索宇宙的新纪元。此后,望远镜技术不断发展,从地面望远镜到空间望远镜,从光学望远镜到全电磁波段望远镜,极大地增强了人类观测宇宙的能力。

20世纪中叶,航天技术的诞生和发展为人类探索宇宙提供了更先进的手段。1957年,苏联成功发射了第一颗人造地球卫星"斯普特尼克1号",标志着人类进入太空时代。随后,美国和苏联展开了太空竞赛,发射了多个月球和行星探测器,如月球3号、月球9号、水手4号、旅行者号等,这些探测器为人类提供了关于月球、金星、火星、木星等天体的详细信息。

进入21世纪以来,人类探索宇宙的方式和工具更加多样化和高科技化。例如,哈勃太空望远镜和钱德拉X射线望远镜等被送入太空轨道,探测太阳系外遥远的天体和星系。

中国载人航天工程自1992年正式立项以来,已经实现了从无人飞行到载人飞行、从短期在轨到中期驻留的跨越。中国空间站的建设是中国载人航天工程的重要里程碑，体现了中国在空间技术领域的全面进步。2021年，"天问一号"着陆巡视器成功实现火星环绕、着陆和巡视探测，这是中国首次火星探测任务，也是世界上首次在一次任务中完成这三项目标。"祝融号"火星车在火星表面的成功巡视，标志着中国成为第二个成功着陆火星并进行巡视探测的国家。

总的来说，人类探索宇宙的方式和工具从最初的肉眼观察，发展到使用望远镜，再到发射人造卫星和探测器，每一次技术的飞跃都极大地推动了人类对宇宙的认知和理解。随着科技的不断进步，未来，人类对宇宙的探索将更加深入和广泛。

(2) 实践的基本结构

实践由三个要素构成，包括实践主体、实践客体和实践中介。实践活动就是实践主体通过实践中介改造实践客体的过程。由此产生了实践主体和实践客体之间的三种相互关系：第一，实践关系，即主体与客体之间的改造和被改造的关系；第二，认识关系，即主体与客体之间认识和被认识的关系；第三，价值关系，即主体对客体的认识和改造是为了满足自己的需要，从而产生了价值关系。其中，实践关系是最根本的关系，是认识关系和价值关系的前提。

在主客体关系的基础上，实践过程包含了主体客体化和客体主体化之间的双向运动，两者互为前提、互为媒介。

(3) 实践形式的多样性

首先，介绍实践的三种基本形式，包括物质生产实践、社会政治实践和科学文化实践，在现实社会中有较多的实例。其次，说明三种实践形式之间的联系，它们具有不同的社会功能，又密切联系在一起，物质生产实践在其中起基础性作用。最后，介绍现代社会产生的新型实践形式，即虚拟实践。现代信息技术的发展为虚拟实践的产生奠定了基础，互联网、VR眼镜等物资设备让实践主体和实践客体通过数字化中介系统在虚拟空间进行实践活动成为可能，当代大学生无疑是其中的主要参与者。

(4) 实践对认识的决定作用

辩证唯物主义认为，实践是认识的基础，对认识具有决定作用，主要表现在以下四个方面：

第一，实践是认识的来源。认识的内容是在实践活动的基础上产生和发展的，人们只有通过实践实际地改造和变革对象，才能准确把握对象的属性、本质和规律，形成正确的认识。

第二，实践是认识发展的动力。实践的需要推动了认识的产生和发展，实践也为认识的发展提供了手段和条件，锻炼和提高了人的认识能力。为了满足社会生活的需要，人类不断进行改造世界的活动，催生了各种科学发现和技术发明，促进了人类认识的进步和革新。

【案例分析】 疫苗的诞生

爱德华·詹纳是一位英国医生,他在18世纪末观察到,接触过牛痘的挤奶女工不会患上天花,这让他产生了牛痘可能对天花有免疫作用的猜想。为了验证这一猜想,詹纳进行了一系列实验。他从一个感染了牛痘的挤奶女工手上取得牛痘脓液,接种在一个健康男孩身上,男孩染上了温和的牛痘,但很快恢复了健康。随后,詹纳再次给这个男孩接种致命剂量的天花,男孩仍然健康,这证明了牛痘确实对天花有预防作用。

这一发现不仅证明了实践是认识的来源,而且展示了实践是认识发展的动力。詹纳的这一发现和实践,最终成功研制出了世界上第一支疫苗,用于预防天花,从而挽救了无数人的生命,他的这一伟大发现被视为现代医学的开端。

第三,实践是认识的目的,认识具有服务实践、指导实践的作用。人类获得认识,最终是为了更好地指导人类改造世界的活动,促进人类福祉的提升和人的自由而全面的发展。

【案例分析】 中国高速铁路建设

中国高速铁路建设在实践中积累了丰富的经验,实现了在技术上的多项突破与创新。通过大量的工程实践,中国掌握了高速铁路的核心技术,包括路基、无砟轨道、桥梁、隧道、牵引供电等方面的关键技术。特别是在桥梁建设方面,中国突破了900吨双线整孔箱梁制、运、架等技术难题,实现了工厂化、机械化快速施工。这些技术突破不仅提高了建设效率,也保证了工程质量,为中国高速铁路的快速发展奠定了坚实基础。

中国高速铁路的快速发展,极大地提升了人们的出行效率,促进了区域经济的均衡发展。以渝昆高铁为例,该线路建成后,将缩短重庆至昆明的旅行时间,促进沿线地区的经济发展和旅游资源的开发利用。同时,高速铁路的开通也带动了相关产业的发展,如制造业、物流业等,为当地创造更多的就业机会和经济效益。

中国高速铁路建设的成就不仅在国内产生了深远影响,也在国际上赢得了广泛赞誉。中国中车集团公司在全球高铁市场占据重要地位,成为世界高铁技术的领跑者。中国高速铁路的成功经验和技术成果也为其他国家提供了有益的借鉴和参考。通过国际合作与交流,中国高速铁路技术不断走向世界舞台中央,为全球高速铁路事业的发展贡献了中国智慧和力量。

通过不断的工程实践和技术创新,中国掌握了高速铁路的核心技术并积累了丰富的经验,这些成果又进一步指导了高速铁路的建设和发展实践,最终实现了经济效益和社会效益的显著提升以及国际影响力的不断扩大。

第四,实践是检验认识真理性的唯一标准。

【案例分析】 日心说与地心说之争

日心说与地心说之争,是科学史上关于天体运行规律的一次重要争论,其核心在于对太阳系中心的认识。地心说在古希腊时代就已萌芽,经过托勒密(Ptolemy)的完善后,在13世纪到17世纪,一直是天主教教会公认的世界观,即认为地球位于宇宙的中心,且静止不动,其他所有天体,包括太阳、月亮、行星和恒星,都围绕地球做圆周运动。

日心说是由波兰天文学家哥白尼(Copernicus)在16世纪提出的,认为太阳是宇宙的中心,地球只是太阳系中的一颗普通行星,它和其他行星一样绕着太阳公转;同时,地球本身还在自转。

日心说的提出是对地心说的重大挑战,它改变了人类对宇宙结构的传统认识。随着科学的发展,特别是望远镜的发明和天文观测技术的进步,日心说逐渐被科学界接受,成为现代天文学的基础。这一转变是科学革命的一部分,证明了认识的真理性只有在实践中才能够得到检验和发展。

2. 认识的本质与过程

【案例分析】 王阳明观竹

王阳明年轻时立志成为圣人,并深受朱熹"格物致知"思想的影响。朱熹认为,通过实践(行)探索和研究客观事物,可以获得对事物本质和规律(理)的认识(知)。王阳明为了验证这一理论,决定亲自实践,选择了观察竹子这一具体事物作为切入点。

他付出了极大的努力,但最终并没有从竹子上获得他所期望的关于生长规律或"理"的直接认识。这一经历让他深刻反思了"格物致知"的方法论。他认为,仅仅通过外在的观察和格物是无法真正领悟"理"的。这一发现促使他转向内心的体悟和修养来寻求真理,最终形成了自己独特的哲学思想体系——阳明心学,并对中国哲学史产生了深远的影响。

引导学生进行思考:我们是怎样认识这个世界的?我们的认识和认识对象的关系是怎样的?如何证明我们的认识的正确性?

(1)认识的本质

在哲学史上,对于认识的本质问题有过许多争论,形成了不同的观点。那么,辩证唯物主义认识论的科学性体现在哪里呢?我们将从两个维度的比较展开论述。

第一个维度,比较唯心主义认识论和唯物主义认识论的区别。唯心主义认识论坚持从思想和感觉到物的唯心主义认识路线,否认认识的对象是物质世界,认为认识是一种主观自生的、不受物质决定的东西,其本质是唯心主义先验论。西方古代的"回忆说"(把认识看作人对头脑中已经潜在具有的东西的一种回忆)、中国古代"生而知之"和"良知""良能"的认识论思想,以及西方近代的"天赋观念说",都是唯心主义先验论的不同形式。

唯物主义认识论则坚持从物到感觉和思想的认识路线,坚持反映论的立场,认为认识是主体对客体的反映,人的一切知识都是从后天接触实际中得来的。

第二个维度,比较旧唯物主义认识论和辩证唯物主义认识论的区别。虽然两者都坚持反映论,但旧唯物主义认识论是一种直观映射论,其特点是把认识的主体看作一种生物性的自然存在，把人的认识看作认识者消极、被动地接受外界刺激的过程，即客观存在直接映射在人的大脑中，类似于照镜子那样的反射活动。从西方古代的影像说、流射说、蜡块说一直到近代的白板论和感觉论等都属于这种理论。旧唯物主义认识论一方面割裂了认识主体和客体之间的实践关系，另一方面不了解认识的辩证本性，将认识过程静止化、片面化，忽略了认识的发展过程。

因此，只有辩证唯物主义认识论才真正从科学的角度回答了认识是什么的问题。它坚持在实践基础上的能动反映论，既承认认识是主体对客体的反映，同时坚持以科学的社会实践为特征的实践观，认为实践决定了认识的产生和发展。

辩证唯物主义认识论具有两个突出的特点：一是把实践的观点引入认识论，强调实践的决定性作用。二是把辩证法应用于反映论考察认识的发展过程，强调认识过程中的多种辩证关系，如主观和客观、认识和实践、感性和理性、真理的绝对性和相对性、真理和价值等，把认识看成一个能动的发展过程，全面地揭示了认识过程的辩证性质。

辩证唯物主义认识论认为，认识的本质是主体在实践基础上对客体的能动反映，具有反映性和创造性两个基本特征。认识的反映特性是指人的认识必然要以客观事物为原型和摹本，在思维中再现或摹写客观事物的状态、属性和本质。人的认识无论表现形式多么抽象和复杂，归根到底都是对客观对象的反映。认识作为能动反映具有创造性，它不是主观对客观对象简单、直接的描摹或照镜子式的原物反映，而是伴随着人类思维的分解、加工和改造，在思维中进行能动的创造性活动。反映性和创造性是人类认识的两个面向，如同一枚硬币的两个方面。只有以科学的实践观为基础，坚持反映性和创造性的辩证统一，才能真正弄懂认识的本质和发展规律。

【课堂讨论】 人工智能的认识能力和人的认识能力一样吗？

以人工智能的 Deep Learning 为例，组织学生讨论它和人的认识能力有何不同，引导学生回顾实践主体的特性，加强对实践和认识的辩证关系的理解。

（2）认识的过程

辩证唯物主义认识论强调认识具有两个阶段，是一个从实践到认识，再从认识到实践的过程。

认识活动的第一次飞跃是从实践到认识，在实践基础上形成感性认识，并实现由感性认识到理性认识的飞跃。感性认识是人们在实践基础上，由感觉器官直接感受到的关于事物的现象、事物的各个方面、事物的外部联系的认识，包括感觉、知觉和表象三种形式，是认识的初级阶段。理性认识是指人们借助抽象思维，在概括整理大量感性材料的基础上，达到关于事物的本质、全体、内部联系和事物自身规律性的认识，包括概念、判断、推理三种形式，是认识的高级阶段。

虽然感性认识和理性认识处于不同的认识阶段，但两者是辩证统一的关系。首先，感性认识是理性认识的基础,在社会实践中产生,是认识过程的起点。其次,感性认识有待于发展成为理性认识,透过感性认识,理性认识深入事物的本质,获得关于事物的规律性认识,实现感性认识到理性认识的飞跃。最后,感性认识和理性认识之间是相互渗透、相互包含的关系,它们在实践的基础上得到统一。如果割裂感性认识和理性认识的辩证统一关系,就会导致两种错误倾向:要么是轻视感性认识而片面夸大理性认识作用的唯理论,在实际工作中往往犯教条主义的错误;要么是轻视理性认识而片面夸大感性认识作用的经验论,在实践中往往犯经验主义的错误。

从感性认识上升到理性认识并不是一件轻而易举的事情,必须具备两个基本条件:第一,投身实践,深入调查,获取十分丰富和合乎实际的感性材料。第二,经过思考的作用,运用理论思维和科学抽象,将丰富的感性材料进行深度加工,形成概念和理论的系统。

同时,我们也应该意识到,在现实活动中,认识的形成是一个复杂的运动过程,不是一帆风顺的。作为实践主体的人本身并不是纯粹的理性人,而是包含了非理性的因素,包括情感和意志。从广义上看,非理性因素还包括认识能力中具有不自觉、非逻辑性等特点的认识形式,如联想、想象、猜测、直觉、顿悟、灵感等。这些非理性因素有时候能调动主体的精神能力,更好地实现实践目标;有时候又会成为阻碍,对实践活动产生消极影响。

【案例分析】 苯分子环状结构的发现

凯库勒在比利时的根特大学任教时,一天夜晚,他在书房打瞌睡,眼前仿佛出现了旋转的碳原子。碳原子长链像蛇一样盘绕卷曲,就好像一条蛇衔住自己的尾巴,并旋转不停。凯库勒由此获得灵感,提出苯的环状结构。

认识活动的第二次飞跃是从认识到实践,这是更为重要和意义重大的飞跃。首先,认识世界的目的是改造世界,认识就是为了指导实践活动。习近平强调:"科学理论是我们推动工作、解决问题的'金钥匙'。"如果理论不加以运用,那就会沦为谈资,再好的理论也会失去意义。其次,认识的真理性只有在实践中才能得到检验和发展。理论是否正确,需要在实践中得到检验,以实践为准绳,纠正错误理论,发现正确理论,同时在实践中实现理论的更新和完善。如果没有实践检验的阶段,对事物的认识就还没有完成。

实现由认识到实践的飞跃,需要经过一定的中介环节,包括确定实践目的、形成实践理念、制订实践方案、进行中间试验、运用科学的实践方法等。最后一个环节,是对人民群众进行组织和宣传,让理论为群众所掌握,并转化为改造世界的物质力量。

【案例分析】 中国特色社会主义理论体系的历史沿革

20 世纪 80 年代用的是"有中国特色的社会主义":

1982 年 9 月 1 日,邓小平在中共十二大上提出:"把马克思主义的普遍真理同我国的具体实际结合起来,走自己的道路,建设有中国特色的社会主义,这是我们总结长期历史经验得出的基本结论。"

到了20世纪90年代,变成了"有中国特色社会主义":

1992年10月12日,江泽民在中共十四大上做报告的题目是《加快改革开放和现代化建设步伐 夺取有中国特色社会主义事业的更大胜利》。

21世纪初用的是"中国特色社会主义":

2002年11月8日,江泽民在中共十六大上做报告的题目是《全面建设小康社会,开创中国特色社会主义事业新局面》。

2007年10月15日,胡锦涛在中共十七大上做报告的题目是《高举中国特色社会主义伟大旗帜 为夺取全面建设小康社会新胜利而奋斗》。

党的十九大提出了"新时代中国特色社会主义":

2017年10月18日,习近平在中共十九大上做报告的题目是《决胜全面建成小康社会 夺取新时代中国特色社会主义伟大胜利》。

回顾历史,从术语的转变来看党的创新理论的发展,引导学生思考为什么中国共产党需要不停地进行理论创新?中国特色社会主义理论体系发展的基础和动力来自哪里?

答案是一切从实际出发,从中国特色社会主义建设的实践现实出发,在变化的实践中不断推进党的理论创新,用党的创新理论指导中国式现代化实践的创新。

3. 实践与认识的辩证运动及其规律

经过两次飞跃,实践与认识的运动就算完成了吗?回答是:既完成了,又没有完成。说它"完成了",是针对具体事物的认识而言的;说它"又没有完成",是针对实践和认识运动过程的向前推移、向前发展而言的。受到主客观条件的影响,实践和认识的互动过程是不断反复和无限发展的。辩证唯物主义认识论从动态发展的角度论证了实践和认识的辩证运动,强调了两者的矛盾在具体的、历史的发展中的统一。

第三讲　马克思主义真理观与价值论

 课程导入:如何理解马克思主义真理观和价值观呢?

【课堂讨论】 公说公有理,婆说婆有理,你如何评价这个观点?

经过学生的讨论,引出课堂内容:什么是真理?真理是客观的还是主观的?如何区分真理和谬误?

1. 真理的基本性质

(1)真理的客观性

如果说认识是主体对客体的反映,那么真理则是对客观事物及其规律的正确反映,标志着主观与客观相符合。因而真理一方面具有客观性,包含对客体的客观认识,是真理的本质属性;另一方面又具有主观的真理形式,通过人的思维模式和认识形式表达出来,形成主观的思想形式。

凡是真理都是客观的,这是真理问题上的唯物论,决定了真理的一元性,即在同一条件下对于特定的认识客体的真理性认识有且只有一个,比如无论人们是否认识到万有引力的存在,它都是自然界的一个客观规律。与此同时,真理又有多种主观的表达形式,认识主体可以采取不同的语言形式、不同的理论形式反映同一个真理的内容,让真理呈现形式上的多样性。客观与主观的统一、一元性与多样性的统一,这是真理问题上的辩证法。

【案例分析】 勾股定理与毕达哥拉斯定理

中国古代对勾股定理的认识和应用非常早,这个定理在中国古代被称为"勾股定理",有时也被称为"商高定理"。最早的记载可以追溯到西周初(约公元前 1120 年)的数学家商高。据《周髀算经》记载,商高在与周公的对话中提出了"勾三股四弦五"的特例,即当直角三角形的两条直角边分别为 3 和 4 时,斜边为 5。三国时代的赵爽对《周髀算经》中的勾股定理做了详细注释,并给出了另外一种证明方法。赵爽的证明方法非常具有创造性,他使用了"青朱出入图"的方法,通过几何图形的截、割、拼、补来证明代数式之间的恒等关系,这种方法既严密又直观。

西方数学中与勾股定理内容完全相同的发现,归功于古希腊数学家和哲学家毕达哥拉斯(约公元前 570 年—公元前 495 年)。毕达哥拉斯定理可以表述为:在直角三角形中,直角边的平方和等于斜边的平方。同样,如果用 a、b 表示直角三角形的两条直角边,c 表示斜边,那么该定理可以表达为:$a^2+b^2=c^2$。

客观上,两者的发现都是一样的内容,揭示了直角三角形边长之间的基本关系,但是两者的产生和应用都在不同的文化背景中,拥有不同的理论表达形式。

(2)真理的绝对性和相对性

真理的绝对性和相对性是从真理的发展过程来说的,绝对性是指真理主客观统一的确定性和发展的无限性。真理的绝对性意味着,一方面,真理和谬误之间有着原则性的界限,真理的客观性是绝对的、无条件的;另一方面,人类的认识能力和认识动力都是无限发展的,人类不断地认识无限发展着的物质世界,接近事物的本质和发展规律,这一点也是绝对的、无条件的。

真理的相对性是指人们在一定条件下对客观事物及其本质和发展规律的正确认识总是有限度的、不完善的。从横向来看,人类对整体客观世界的认识总是有限度的,只能获得对客观世界的某一阶段、某一部分的正确认识,因而认识有待扩展。从纵向来看,客观世界和人类的认识水平都处于不断发展的过程中,任何真理都只是对客观对象一定方面、一定层次和一定程度的正确认识,认识反映事物的深度是有限度的,或是近似性的,因而认识有待深化。任何真理都只能是主观对客观事物近似正确即相对正确的反映。

真理的绝对性和相对性是辩证统一的,两者相互依存、相互包含,又相互转化。人类的认识是一个永恒发展的过程,任何真理都是从相对性转化为绝对性,又进一步迈向下一个真理进程中的一个环节,这是真理问题上的辩证法。

真理的绝对性与相对性根源于人类认识世界能力的无限性与有限性、绝对性与相对性的矛盾。代际传承的人类固然拥有无限的认识能力,但是具体到特定的社会历史条件下,人类的认识能力受到主客观因素的制约,具有有限性和相对性。

割裂真理的绝对性与相对性的辩证关系,就会走向形而上学的真理观,即绝对主义和相对主义。前者过分夸大真理的绝对性,认为真理永恒不变,导致独断论,比如教条主义;后者片面夸大真理的相对性,否定真理内容的客观性,导致主观真理论,比如不可知论和诡辩论。

马克思主义认识论坚持真理是绝对性和相对性的辩证统一,既认为真理是对人类社会客观规律的正确反映,因而具有绝对性,又认为寻求真理的道路要紧随社会实践的发展,因而又具有相对性。

【课堂讨论】 联系授课内容,谈一谈怎样坚持和发展马克思主义,回溯有没有放之四海皆准的"真理"。

(3)真理与谬误

人类的认识活动往往会产生两种结果,即真理与谬误。谬误指的是同客观事物及其发展规律相违背的认识,是对客观事物及其发展规律的歪曲反映。只有不断纠正谬误,才会获得真理。习近平指出:"只要我们善于聆听时代声音,勇于坚持真理、修正错误,二十一世纪中国的马克思主义一定能够展现出更强大、更有说服力的真理力量!"[①]

真理和谬误是人类认识中的一对永恒矛盾,它们之间既对立又统一。第一,真理与谬误相互对立。在确定的对象和范围内,真理与谬误的对立是绝对的,与对象相符合的认识就是真理,与对象不相符合的认识就是谬误。第二,真理与谬误的对立又是相对的,它们在一定条件下能够相互转化。

首先,真理在一定条件下会转化为谬误。因为真理是具体的,任何真理都是在一定范围和条件下才能成立的具体认识,超出这些限制,就会变成谬误。比如牛顿第三定律作为真理,只适用于相互接触的物体(实物)之间,对于两个运动的带电粒子间的相互作用而言是不适用的。此外,真理又是全面的,把全面的真理性认识组成的科学体系中的某个原理孤立地抽取出来,切断同其他原理的联系,也会使其丧失自己的真理性而变为谬误。

其次,谬误在一定条件下能够向真理转化。探索认识并不能一蹴而就直达真理,往往会有很多失败的经验和错误的认识,它们将成为我们获得真理的台阶。认识发展的过程复杂曲折,常常受到主客观多重条件的影响,只要我们能够正视谬误、纠正谬误,终将取得对客观

---

① 习近平:《决胜全面建成小康社会 夺取新时代中国特色社会主义伟大胜利——在中国共产党第十九次全国代表大会上的报告》,人民出版社 2017 年版,第 26—27 页。

事物及其规律的正确认识。在批判谬误中发展真理,是谬误向真理转化的另一种形式。

在科学史上,有些观点最初被认为是错误的,但随着时间的推移和更多的研究,它们最终被证明是正确的,或者至少包含了真理的核心要素。20世纪初,阿尔弗雷德·魏格纳提出了大陆漂移理论,认为地球上的大陆曾经是一个巨大的陆地,后来分裂并漂移到现在的位置。最初,这一理论被广泛嘲笑和否定。但随着板块构造理论的提出和证实,大陆漂移的概念成为地质学的一个基本真理。爱因斯坦的相对论在20世纪初提出时,许多人认为它违反了常识和牛顿物理学的定律。然而,随着实验证据的积累,特别是迈克尔逊-莫雷实验和引力透镜效应的观察,相对论现在被认为是描述宇宙中物质和能量运动的基本理论。

真理和谬误的对立统一关系表明,真理总是同谬误相比较而存在、相斗争而发展。因而我们不应畏惧探寻真理道路的艰难,而应敢于坚持真理、勇于修正错误。只要是真理,就经得起实践的考验,也最终能被实践所证明。

2. 真理的检验标准

(1)哲学史上关于真理标准的讨论

我们如何来区分真理和谬误,判断的标准是什么呢?

哲学史上常见的真理标准有主观真理标准论和旧唯物主义真理论两种。前者主张把主观的东西当作真理的标准,用认识检验认识,包括:以圣人或权威的意见为标准,如"以孔子的是非为是非";以自己的观念、意见为标准,如王阳明把"良知"作为"自家标准";以多数人的意见和感觉为标准,如贝克莱的"集体的知觉"就是"实在性的证据";以"有用"或"效果"为标准,如实用主义的"有用即真理"。旧唯物主义哲学虽然强调以客观作为真理的标准,但没有对实践做出科学的解释,比如费尔巴哈虽然强调实践可以解决理论的疑难,但对认识的理解仍然停留在消极直观的反映论层面,也没有科学地解决真理检验标准的问题。

(2)实践是检验真理的唯一标准

辩证唯物主义认识论提出实践是检验真理的唯一标准,科学地解决了真理标准问题。为什么实践能够成为检验真理的唯一标准呢?是由真理的本性和实践的特点决定的。

第一,真理的本性要求主观与客观相符合。检验真理就是检验人的主观认识同客观实际是否相符合以及符合的程度。主观认识不能因其自身而成为检验真理的标准,而客观事物本身无所谓正确与错误,因而需要将主观和客观联系起来的桥梁——社会实践,作为判断两者相符合与否的标准。

第二,实践的特点决定了实践具有直接现实性。实践的客观实在性让实践具有直接现实性的特点,能够验证认识是否与客观现实相一致。如果是,那么经过证实的认识就变成了真理;反之,则是谬误性的认识。实践的直接现实性,是实践能够成为检验真理唯一标准的主要根据,也使实践成为最公正的判断标准。

在实践检验真理的过程中,逻辑证明可以起到重要的补充作用。逻辑证明也是探索真理的方式,它能够在理论上论证认识的正确性,即认识是不是符合逻辑,但是不能回答认识是不是符合客观实际。因此,逻辑证明也不能取代实践作为检验真理的标准。实践,只有实践,才是检验真理的唯一标准。

(3)实践标准的确定性与不确定性

固然实践是检验真理的唯一标准,但是辩证唯物主义仍然要指出实践标准也具有两重性——确定性与不确定性。实践标准的确定性即绝对性,是指实践作为检验真理标准的唯一性、归根到底性、最终性,离开实践,再也没有其他公正合理的标准。实践标准的不确定性即相对性,是指实践作为检验真理标准的条件性。首先,任何实践活动均不可避免地受到主观认知能力与客观环境条件的双重束缚,这种局限性使得实践难以全面、绝对地证实或否定所有认知的正确性。换言之,实践在验证真理的过程中,总是存在一定的边界和限制。其次,实践是随着社会历史的发展而发展的。这意味着,具体的实践往往只能阶段性地、在总体上判断某一认识是否与它所反映的客观现实相吻合,而无法实现一种超越时空、绝对无误且永恒有效的验证。因此,实践标准在确认真理的过程中,展现出一种固有的不确定性和有限性。

辩证唯物主义是在实践标准的唯一性基础上,强调实践检验真理的辩证发展过程。坚持实践是检验真理的唯一标准,既要看到实践标准的确定性,防止和反对否认真理标准问题的唯心主义、怀疑主义和相对主义,又要看到实践标准的不确定性,防止和反对教条主义与独断论错误。

【案例分析】 燃素说的兴衰

燃素说(Phlogiston Theory)是17世纪下半叶至18世纪中叶在化学领域广泛流行的一种理论。它认为所有可燃物质都含有一种被称为"燃素"(Phlogiston)的特殊物质,燃烧过程中,这种"燃素"会从物质中释放出来,导致物质质量减轻。这一理论最初由德国化学家J. J. 贝歇尔(J. J. Becher)提出,并由其学生G. E. 施塔尔(G. E. Stahl)进一步发展。

燃素说把燃素定义为一种物质性的微粒,用以说明燃烧问题。物质中含的燃素越多,它燃烧起来就越猛烈。可燃物燃烧的过程,就是它向空气中释放燃素的过程。一切与燃烧有关的化学变化,都可以归结为物体释放或吸收燃素的过程。

燃素说能够解释当时许多化学现象,而且与18世纪统治科学界的机械论自然观相适应,导致它几乎得到化学界的普遍认可,并进一步发展成为整个18世纪化学学科的中心学说。然而,随着科学实验的兴起和新气体的发现,燃素说逐渐暴露出其局限性。18世纪下半叶,科学家们陆续发现了二氧化碳、氢气、氯气、氮气、氧气以及氨气、盐酸气、硝酸气等气体,这些发现对燃素说提出了挑战。

1774年,英国化学家约瑟夫·普利斯特里(Joseph Priestley)通过加热氧化汞发现了一种新气体,他称为"脱燃素空气"(Dephlogisticated Air),即后来的氧气。普利斯特里认为这种气体不含燃素,能够助燃。几乎同时,瑞典化学家卡尔·威尔海姆·舍勒(Carl Wilhelm

Scheele)也独立发现了氧气,但他同样受到燃素说的影响,未能正确解释其发现。

最终,法国化学家安东尼·拉瓦锡(Antoine Lavoisier)通过精确的实验方法,推翻了燃素说,并提出了氧化理论。拉瓦锡的实验表明,燃烧实际上是物质与空气中的氧气结合的过程,而非燃素的释放。他的研究为现代化学奠定了基础,结束了燃素说的时代。

燃素说虽然在科学上是错误的,但它在化学史上具有重要地位。它不仅推动了对燃烧现象的研究,促进了新气体的发现,也为氧化理论的建立提供了必要的前提。通过燃素说的兴衰历程,我们可以看到科学真理的发展是一个不断由发展着的实践验证的过程。

3. 真理与价值在实践中的辩证统一

(1) 价值的基本特性

我们在讲到实践问题的时候,提到实践主体和实践客体之间存在着实践关系、认识关系和价值关系,接下来,我们讨论什么是价值,以及价值关系的性质和意义。

价值是指在实践活动中,客体对个人、群体乃至整个社会的生活和活动所具有的意义,体现了主体和客体之间的一种特定关系,表现为人与满足其某种需要的客体之间的意义关系。

在价值的本质问题上,存在客观主义价值论和主观主义价值论的对立。前者认为价值是客体本身所固有的,而后者认为价值就是主体的欲望、情感和兴趣。这两个观点都是片面的,没有认识到价值作为主客体之间的意义关系,既体现了主体的需要,又依赖于客体的特性。

因此,价值表现为主体性、客观性、多维性和社会历史性四个基本特性。

第一,价值的主体性。价值的主体性指价值直接同主体相联系,始终以主体为中心。价值关系的形成依赖于主体的需要和创造,并不是完全自然的现成关系,而是主体在实践基础上确立的与客体之间的一种创造性关系。

第二,价值的客观性。价值的客观性指在一定条件下客体对于主体的意义不依赖于主体的主观意识而存在。首先,主体的存在和需要是客观的,由主体实际的生存状态决定,同人的社会存在相联系。其次,客体的存在、属性及作用是客观的,客体的客观性质决定了它能否满足主体需要。因此,作为价值形成基础的主体的需要和客体的存在都是客观的。

第三,价值的多维性。价值的多维性指每个主体的价值关系具有多样性,同一客体相对于主体的不同需要会产生不同的价值,宛如甲之蜜糖、乙之砒霜。比如现代社会的房子,对有些人来说是温暖的家,对有些人来说是金融资产,对有些人来说是一堆砖瓦。

第四,价值的社会历史性。主体和客体的不断变化决定了价值的社会历史性特点。人类社会不断变迁,自然环境也在持续变化,主体和客体之间的关系处于永恒发展之中,导致两者的价值关系也呈现出特定的社会历史性。

(2)价值评价及其特点

【课堂讨论】 一千个人眼中有一千个哈姆雷特、情人眼里出西施,这些说法意味着价值评价是主观的吗？你如何看待这个问题？

价值评价是主体对客体的价值以及价值大小所做出的评判或判断,也被称为价值判断,代表着主体对客观价值关系的主观反映。它具有四个特点：

第一,评价以主客体之间的价值关系为认识对象。人类认识分为知识性认识和评价性认识两类。知识性认识追求"是什么",以揭示客观事物真相为目标；评价性认识即价值评价,关注"应该怎样",反映主体的要求,以追求"善"与"美"为目的。

第二,评价结果与评价主体直接相关。评价结果既不是绝对的也不是单一的,而是与评价主体的主观因素(如需要、特点、情感、兴趣等)紧密相关。主体的不同背景、立场、视角和需要都会直接影响其对客体的评价。

第三,评价结果正确与否依赖于对客体状况和主体需要的认识。价值评价需要深入探索客体是否满足或契合主体的需求与期望,以及满足到何种程度。因此,正确的价值评价不仅要求掌握客体的本质属性和运动规律,还需明确主体的特性、限制条件及其多元化的需求。

第四,价值评价有科学与非科学之别。只有正确反映价值关系的评价才是科学的、公正的评价。

因此,最高标准的价值评价需要符合以下要求：一是是否有效促进了社会历史的发展；二是是否紧密贴合了社会发展的整体趋势；三是是否切实维护并满足了最广大人民群众的根本利益与需求。中国共产党始终把人民放在最重要的位置,坚持以人民为中心,全心全意为人民服务,以切实满足人民的根本利益为宗旨,就是这种价值评价标准的体现。

(3)价值观与核心价值观

在价值评价的基础上,价值观得以形成,它是人们关于价值本质的认识以及对人和事物的评价标准、评价原则和评价方法的观点的体系。因此,价值观也有先进与落后、正确与错误、积极与消极之分,包含好与坏、对与错、善与恶、美与丑等各种观念。

价值观对人的行为起着规范和导向作用。可以说,人类社会的大部分活动是在价值观的指引下进行的,不同的价值观导致不同的行为结果。马克思主义价值观以是否满足绝大多数人的利益为评价标准,归根结底以社会的进步和人类的彻底解放为标准。

对民族与国家来说,最持久、最深层的力量是全社会共同认可的核心价值观,因为它承载着一个民族、一个国家的精神追求,体现着一个社会评判是非曲直的价值标准,是国家稳定、社会发展的重要力量。习近平强调："任何一个社会都存在多种多样的价值观念和价值取向,要把全社会意志和力量凝聚起来,必须有一套与经济基础和政治制度相适应并能形成广泛社会共识的核心价值观。否则,一个民族就没有赖以维系的精神纽带,一个国家就没有共同的思想道德基础。"①社会主义核心价值观是当代中国精神的集中体现,凝结着全体人民共同的价值追求,是中国人的独特精神支柱,也是中国人自觉行动的指针。

(4)真理与价值的辩证关系

真理尺度和价值尺度是人类活动的两大基本尺度。实践的真理尺度是指在实践中人们必须遵循正确反映客观事物本质和规律的真理。实践的价值尺度是指在实践中人们都是按照自己的尺度和需要去认识世界和改造世界。任何成功的实践都是真理尺度和价值尺度的统一,代表着合规律性和合目的性的统一。

【案例分析】 屠呦呦发现青蒿素

屠呦呦团队通过严谨的实验方法和不断的探索,从中医药中提取出青蒿素,并揭示了其对疟疾寄生虫的强效抑制作用,这一发现是基于对疟疾病理机制、药物作用原理等科学问题的深入探索。屠呦呦的研究工作遵循科学的研究方法,深入探寻自然界的客观规律,包括生物化学、药理学等学科的基本原理,同时通过大量的实验验证,确保了青蒿素治疗疟疾的有效性和安全性,这一过程体现了人类对自然界客观规律的深刻认识和对科学真理的追求。

屠呦呦一生致力于中医药研究实践,带领团队攻坚克难是为了解决全球疟疾防治的难题,拯救全球特别是发展中国家数百万疟疾患者的生命。屠呦呦团队在研究过程中的坚持和奉献,以及对国家任务的责任与担当,展现了科研人员的精神风貌和对社会责任的深刻理解。青蒿素的发现和应用,极大地降低了疟疾的死亡率和发病率,为全球公共卫生事业做出了巨大贡献,同时促进了药物研发技术的创新,提高了人类对疟疾等传染病的认识和防控能力,这对于医学科学的进步具有深远的意义。

屠呦呦发现青蒿素的过程,是价值尺度和真理尺度相互结合、相互促进的典范。她以拯救生命为价值导向,通过科学的方法揭示了青蒿素的抗疟作用,实现了价值尺度和真理尺度的统一。这一成果不仅满足了人类对健康和生命的迫切需求,也推动了医学科学的进步和发展。

真理与价值或真理尺度与价值尺度是紧密联系、不可分割的辩证统一关系。一方面,价值尺度必须以真理为前提;另一方面,价值尺度推动着人们不断发现新的真理。没有真理,价值就会失去客观性;没有价值,真理就会失去主体意义。

基于实践的具体性和历史性,真理尺度与价值尺度的统一也是具体的、历史的,二者的统一会随着实践的发展而不断发展到更高级的程度,而真理尺度与价值尺度是否达到了具体的、历史的统一,也必须通过实践来验证。

新时代中国特色社会主义的伟大实践,充分体现了真理尺度与价值尺度的辩证统一。真理尺度要求人们的实践必须遵循客观事物的本质和规律,而价值尺度则强调实践必须符

---

① 习近平:《论党的宣传思想工作》,中央文献出版社2020年版,第52—53页。

合人类的利益和需要。中国坚持改革开放,深化经济体制改革,推动高质量发展,取得了一系列重大成就,如脱贫攻坚、全面建成小康社会等,这些都是在科学理论指导下符合经济发展的客观规律而取得的实践成果,体现了真理尺度。同时,这些成就的取得,也是为了满足人民群众对美好生活的向往,增强了人民群众的获得感、幸福感和安全感,体现了价值尺度。

第四讲　认识世界和改造世界的辩证统一

【课堂讨论】　选读党的二十大报告,探讨自党的十八大以来中国特色社会主义建设的成就。

引导学生进行思考,取得这些成就背后的原因是什么?

答案是中国共产党在长期的革命实践中,确立了一条辩证唯物主义的思想路线,即一切从实际出发,理论联系实际,实事求是,在实践中检验真理和发展真理。实事求是是中国共产党思想路线的核心,也是党制定政治路线、组织路线和各项方针政策的基础。在中国共产党的带领下,全国人民奋发图强、艰苦奋斗,取得了一系列伟大成就。

引出课程内容:为什么要坚持实事求是? 这一思想路线与社会实践有何关系?

1. 认识世界和改造世界的辩证统一关系

(1)认识世界和改造世界

人类创造历史、推动社会发展的两项基本活动是认识世界和改造世界。认识世界,就是主体能动地反映客体,获得关于事物的本质和发展规律的科学知识,探索和掌握真理;改造世界,就是人类按照有利于自己生存和发展的需要,改变事物的现存形式,创造自己的理想世界和生活方式。

认识世界和改造世界是相互依赖、相互制约的辩证统一关系。一方面,深入而准确地认识世界是有效进行改造世界的先决条件与必要基石,它为我们提供了改造行动的方向与依据;另一方面,人们唯有在不断地改造世界的实践过程中,才能持续深化对世界的理解,拓宽认知的边界。这种认识与改造的相辅相成,从根本上确立了理论与实践不可分割的结合原则。

(2)改造客观世界和改造主观世界及其辩证关系

改造世界包括改造客观世界和改造主观世界,两者是辩证统一的。改造主观世界既包括提高人的认识能力,也包括丰富人的情感世界和提升人的意志品质,而核心是改造世界观,即观察和处理问题的立场、观点和方法。

认识改造客观世界和改造主观世界的辩证统一关系,首先,能够帮助我们提高认识世界的能力,努力做到主客观相符合,更好地处理主观世界与客观世界的关系。其次,有助于我们提高自身的思想修养和精神境界。最后,有助于我们在改造外部世界的同时,高度重视并努力实现人自身的改造。

(3)认识世界和改造世界的过程是从必然走向自由的过程

哲学史上关于自由问题存在着多种看法,大致分为两类:一是强调命运或自然,否定人类自由的宿命论;二是强调人的意志或某种精神力量绝对自由的唯意志论。前者抹杀了人类自由的可能性,而后者将人类自由置于绝对的位置,都是片面的、错误的观点。

马克思主义的自由观则从辩证唯物主义的角度出发,认为自由是主客体相统一所呈现的状态,是人在活动中通过认识和利用必然所表现出的一种自觉自主的状态。这意味着,一方面,自由受到自然和社会的客观规律的制约;另一方面,人能够认识规律、利用规律,对自然和社会进行改造。

自由包含三重内容:人与自然关系中的自由、人与社会关系中的自由、人与自身关系中的自由。在人与自然关系中实现自由,要尊重和把握自然规律,实现人与自然和谐统一;在人与社会关系中实现自由,要把握社会规律,以真理为根据,以最广大人民的需要和利益为根本,实现人与社会和谐统一;在人与自身关系中实现自由,要自觉摆脱人的自我束缚,追求更高境界的精神解放,实现身心和谐统一。

因此,要想获得真正的自由,必须满足以下条件:一是认识条件,即要有对客观事物的正确认识,最主要的是对客观事物运动发展规律性、必然性的正确认识。二是实践条件,即能够将获得的规律性认识运用于指导实践,实现改造世界的目的,才是真正的自由。

认识必然和争取自由,是人类认识世界和改造世界的根本目标,是一个历史性的过程。任何实践都是一定历史阶段的具体实践,由主客观条件制约的自由也必然是具体的、历史的,与实践发展的历史水平相当。

在人类存在的每一个历史发展阶段中,必然与自由的关系始终如影随形,构成了推动人类前行的永恒矛盾,同时也是人类持续进步与自我完善的根本动力源泉。人们在对自由的不懈追求中,不断完善自我;在不断调和必然与自由的矛盾之旅中,实现自身的飞跃与发展。

建设中国特色社会主义是一个从必然向自由不断前进的过程,经过社会主义现代化建设的不懈探索和经验积累,我们党逐步深化了对中国特色社会主义建设与发展规律的认识,并自觉运用规律推进中国特色社会主义事业。我们将更有能力妥善解决必然与自由的关系,更有能力推进社会全面进步和实现人的自由而全面的发展。

2. 一切从实际出发,实事求是

(1)一切从实际出发是马克思主义认识论的根本要求

一切从实际出发,就是要把客观存在的事物作为观察和处理问题的根本出发点,这是马克思主义认识论的根本要求和具体体现。实际指的是变化发展着的客观实际和特定的社会历史条件。从根本上说,就是要从客观事物存在和发展的规律出发,在实践中按照客观规律办事。

从实际出发,关键是要注重事实,从事实出发。这是唯物主义认识论和唯心主义认识论的根本区别。

(2)实事求是是中国共产党思想路线的核心

思想路线是人们在实践活动中用以指导行动的基本原则和方法,是一定的世界观和方法论在实际工作中的运用和贯彻。

中国共产党在长期实践中,逐步形成和确立了一条正确的思想路线,其基本内涵是:一切从实际出发,理论联系实际,实事求是,在实践中检验真理和发展真理。这条思想路线是中国共产党对马克思主义理论发展做出的重大贡献,其核心是实事求是。

实事求是就是从客观存在着的"实事"中找到事物运动发展的规律,把事物的客观之"理"转化为人的认识之"理",即真理。这是辩证唯物主义的能动反映论与机械唯物主义的直观反映论的根本区别。

坚持实事求是,首先要搞清楚"实事",也就是了解实际、掌握实情,这是进行一切科学决策所必需的也是唯一可靠的前提和基础。其次要"求是",就是探求和掌握事物发展的规律。对事物客观规律的认识只能在实践中完成。

坚持实事求是,不仅要坚持一切从实际出发,还必须坚持解放思想。解放思想与实事求是是辩证统一的,解放思想是坚持实事求是的内在要求,实事求是必然会解放思想。

当前,我国的实际就是一切要从中国特色社会主义进入新时代这个我国发展新的历史方位出发。从发展程度来说,我国仍处于并将长期处于社会主义初级阶段,但是面对百年未有之大变局,我国的发展已经进入了新阶段,社会主要矛盾已经转化为人民日益增长的美好生活需要和不平衡不充分的发展之间的矛盾,是中国共产党带领人民迎来从站起来、富起来到强起来历史性跨越的新阶段,正如习近平指出:"我国发展已经站在新的历史起点上,要根据新发展阶段的新要求,坚持问题导向,更加精准地贯彻新发展理念,切实解决好发展不平衡不充分的问题,推动高质量发展。"[①]

实事求是是中国共产党人的基本思想方法、工作方法和领导方法,是党领导人民推动中国革命、建设、改革事业不断取得胜利的重要法宝。在社会主义新发展阶段,实事求是,就是要在中国共产党对社会主义现代化建设的全面领导下,坚持理论创新和实践创新,把我国建设成为现代化强国,实现中华民族伟大复兴,续写中国特色社会主义事业新篇章。

3.坚持守正创新,实现理论创新和实践创新的良性互动

(1)坚持守正创新

守正,就是坚持实事求是,坚持真理性认识,坚持正确政治方向。创新,就是坚持解放思想,破除与客观事物进程不相符合的旧观念、旧模式、旧做法,发现和运用事物的新联系、新属性、新规律,更有效地认识世界和改造世界。

守正创新就是坚持守正与创新的辩证统一。守正是创新的基石与先决条件,确保了我

---

① 习近平总书记2021年1月11日在省部级主要领导干部学习贯彻党的十九届五中全会精神专题研讨班上的讲话。

们在思考与行动时能够紧扣事物的本质特征与客观规律,从而恪守正道、稳固根本、强化基础。而创新则是守正所追求的目标与实现途径,它激发了人的主观能动性,推动我们不断突破,促进认识与实践的深化与发展。

守正创新深刻揭示了坚持真理与发展真理、坚持马克思主义与发展马克思主义的辩证关系,为推进党和人民事业提供了科学的立场、观点、方法。习近平指出:"必须坚持守正创新。我们从事的是前无古人的伟大事业,守正才能不迷失方向、不犯颠覆性错误,创新才能把握时代、引领时代。"①

(2)努力实现理论创新和实践创新的良性互动

理论创新和实践创新是人类创新活动的两个基本方面,集中体现了人类在认识世界和改造世界中的创新活动。实践创新为理论创新提供不竭的动力源泉,理论创新为实践创新提供科学的行动指南,两者是辩证统一的关系。

守正创新彰显着党的理论创新和实践创新的时代要求。习近平提出:"要根据时代变化和实践发展,不断深化认识,不断总结经验,不断进行理论创新,坚持理论指导和实践探索辩证统一,实现理论创新和实践创新良性互动,在这种统一和互动中发展21世纪中国的马克思主义。"②这一论述从理论上深刻揭示了理论创新与实践创新的内在联系,揭示了马克思主义在理论创新和实践创新的良性互动中实现创新发展的规律性。

中国特色社会主义是在理论创新和实践创新良性互动过程中不断向前发展的。习近平新时代中国特色社会主义思想源于实践又指导实践,是新时代坚持和发展中国特色社会主义、推进党和国家事业的行动指南。

首先,习近平新时代中国特色社会主义思想是中国特色社会主义的最新实践总结和理论成果。自党的十八大以来,伴随着国内外局势的变化,特别是我国社会进入一个新的历史发展阶段,中国特色社会主义进入了新时代。新时代产生新课题,新课题召唤新理论,新理论引领新实践,习近平新时代中国特色社会主义思想正是新时代中国特色社会主义实践的经验总结和理论升华,是马克思主义中国化时代化的最新成果。

其次,在习近平新时代中国特色社会主义思想的指导下推进中国式现代化建设,需要贯彻"六个必须坚持"的实践方法。习近平在党的二十大报告中提出必须坚持人民至上、必须坚持自信自立、必须坚持守正创新、必须坚持问题导向、必须坚持系统观念、必须坚持胸怀天下。这"六个必须坚持"深刻体现了习近平新时代中国特色社会主义思想的立场、观点和方法,也是我们在中国式现代化建设中认识问题、分析问题、解决问题的实践方法。

最后,大学生在新时代中国特色社会主义事业发展中应扮演的角色。新时代大学生亲身见证了自党的十八大以来中国特色社会主义发展的历史进程和伟大成就,对习近平新时

---

① 习近平:《党的二十大报告全文》,人民出版社2022年版,第12页。
② 习近平:《习近平谈治国理政》(第二卷),外文出版社2017年版,第342页。

代中国特色社会主义思想有着更为真切的理解和感受。因此,我们只要从理论和逻辑上向学生揭示习近平新时代中国特色社会主义思想与科学实践观的内在联系,就能帮助他们在理论层面更深刻掌握科学实践观的基本内涵,继而鼓励他们在学术研究和社会实践中领悟"两个确立",增强"四个自信",积极践行"请党放心,强国有我"的使命誓言,把国家命运同个人成长联系起来,成为中国特色社会主义事业的建设者。

三、教学案例

 教学案例1:杂交水稻的发明与作物育种理论的发展

【案例呈现】

在20世纪50—60年代,袁隆平亲历过饥荒,因此选择农业报国,决心解决粮食问题。他通过在田间的观察和实验,发现了天然杂交水稻的存在,并推测自然界中应该存在雄性不育的水稻,这与当时普遍接受的遗传学理论相悖。一些西方学者认为"搞杂交水稻是对遗传学的无知",完全否定这一研究方向,但袁隆平承担起国际舆论的质疑和压力,坚持实验。

水稻之所以会天然杂交,关键就在于雄性不育株。袁隆平坚信:"寻找不育株的概率是很低的,但天然雄性不育株是存在的。"寻找雄性不育株的历程充满艰难,如同"大海捞针"。1964年7月5日,他终于在安江农校早稻试验田的洞庭早籼中找到了第一株水稻天然雄性不育株。第二年,他与妻子邓哲在栽培稻洞庭早籼、胜利籼、南特号和早粳四号四个品种中又找到了五株雄性不育株。

找到雄性不育株之后,就可以进行育种试验。经过两年的试验,袁隆平对水稻雄性不育株有了更多的理性认识和感性认识,他开始扩大盆栽试验,并收获了两名学生助手——尹华奇和李必湖。从1969年起,每年10月中旬,师生三人就带着这一年收获的稻种,奔向南国育种。他们的足迹遍及云南的西双版纳、海南岛的黎寨和苗寨,虽然科研经费紧张,但大家目标坚定,再苦再累也在所不辞。

研究的过程充满艰辛,除了科研的艰难,还有人为的阻碍和无情的天灾。有一次,袁隆平他们几年积累下来的700多株不育材料秧苗,一夜之间被人全部拔除,丢弃在安江农校附近的废井里。秧苗被毁,他们虽然愤怒又痛心,但并未失去信心,把最先捞起的5棵秧苗重新栽植试验。1970年的滇南大地震,三人在云南元江与死神擦肩而过,水稻种子也差点全部毁在地震中。

1970年11月23日,李必湖和冯克珊在海南崖县(今三亚市)找到一株花粉败育的雄性不育野生水稻,即"野败"。"野败"的发现打开了水稻"三系"配套的突破口,袁隆平向全国十几个省市的科研人员公布了这一研究成果,开展杂交水稻"三系"配套全国协作大攻关。袁隆平指导各个试验组用不同的品种进行测交和回交转育试验,大大加快了研究进程。

1973年10月,袁隆平在第二次全国杂交水稻科研协作会议上做了题为《利用"野败"选育"三系"的进展》的发言,正式宣布籼型杂交水稻"三系"配套成功。

1981年夏天,国家科委发明奖评选委员会经过认真评审,决定对袁隆平领导的全国籼型杂交水稻科研协作组授予国家特等发明奖——这是新中国第一个也是迄今为止唯一一个国家特等发明奖。

袁隆平的杂交水稻技术不仅造福了中国,还通过国际合作与交流,被推广到了许多国家,杂交水稻被联合国粮农组织列为解决发展中国家粮食短缺问题的首选战略措施,为全球粮食安全做出了重要贡献。他的贡献被国际社会广泛认可,被誉为"杂交水稻之父"。

【案例点评】

袁隆平研究杂交水稻的过程,从发现问题、提出假设到实验验证,再到最终的应用和推广,每一步都体现了实践对认识的推动作用。他的工作证明了实践不仅是认识发展的动力和目的,也是检验认识真理性的标准。

【教学建议】

本案例适合"实践与认识"中实践对认识的决定作用的课堂教学。

袁隆平的研究开创了杂交水稻研究这一新的学术方向,之所以能有这个理论的创新和认识的发展,主要源于他几十年坚持不懈地实践。通过实践,论证了他的理论假设,最终提出了杂交水稻"三系"配套的原理,也证明了实践是检验真理的唯一标准。

教学案例2:引力波的发现与探测

【案例呈现】

引力全称万有引力,又称重力相互作用,是指具有质量的物体之间加速靠近的趋势,简单来说,就是物体之间相互吸引的作用力。它是自然界的四大基本相互作用力之一,也是自然界中最普遍存在的力,可以说是无处不在。

在经典力学中,万有引力被认为是带有质量的物体之间所存在的相互作用。然而,爱因斯坦在1915年发表广义相对论时提出,万有引力是由于存在质量对时空的弯曲所造成的现象。广义相对论认为,物质的质量会使得时空弯曲。比如说有个人在一张沙发上坐下时,原本平整的沙发表面就会立刻向下凹陷,出现一个坑,而之前放在沙发周围的物体就有向坑中间滑落的趋势,于是就产生了万有引力。

如果引力等价于弯曲的时空,那么引力波就是在弯曲的时空这个大背景下,当发生有质量的物体加速运动导致的扰动时,由此产生的波动如波纹一样向外传播的现象。

广义相对论的提出遭到很多科学家的质疑。一些科学家对于爱因斯坦相对论的观察结果和实验结论持怀疑态度。他们认为,理论应该基于可观测的实验结果和实证数据,而不仅仅是理论的逻辑推论。还有一些科学家怀疑相对论本身的逻辑和科学基础,认为时间膨胀和空间歪曲等概念与日常经验不符合,缺乏科学性。

2015年9月14日,位于美国路易斯安那州与华盛顿州的两个激光干涉引力波天文台(LIGO)探测器,以7毫秒的时间差先后捕捉到了引力波信号。这一信号来源于两个巨大黑洞的合并,其质量分别相当于36个和29个太阳质量,合并后释放出的能量以引力波的形式传播到地球。这是科学家首次直接探测到引力波。

科学家们普遍认为,LIGO的这一发现是爱因斯坦相对论实验验证中最后一块缺失的"拼图",证实了爱因斯坦广义相对论的正确性。引力波的探测为我们开启了一个观测宇宙的新窗口。通过引力波,我们可以探测到宇宙中那些传统天文观测手段无法观测到的极端天体物理过程,如黑洞合并、中子星碰撞等。引力波的发现同时推动了天文学、物理学等多个学科领域的发展。科学家们正在利用引力波数据深入研究宇宙的起源、结构和演化等问题,这些研究有望为我们揭示更多关于宇宙的奥秘。

【案例点评】

人类对引力的认识经历了从牛顿的经典引力理论到爱因斯坦的广义相对论的转变。在这个过程中,科学家们不断提出假设、进行实验验证、修正和完善理论。科学实验和观测技术的不断进步,最终发现了引力波。这证明了爱因斯坦广义相对论中关于引力波存在的预言是正确的。这一发现不依赖于人的主观意志和意识形态,而是客观存在的自然现象。这充分说明了真理的客观性。引力波的发现是在特定的历史条件下和科学技术背景下实现的。它依赖于现代物理学、天文学等学科的发展以及观测技术的提高。这体现了真理的相对性,即真理受到主客观条件的制约。

【教学建议】

本案例适合"真理与价值"中真理的客观性、绝对性和相对性的课堂教学。

真理的证明有时候需要科技的进步和人类认识能力的发展,但真理本身的客观性由客观事物的性质及其规律所决定,不以人的意志为转移,因而具有客观性。不管时间多久,最终人都能够认识真理,这是马克思主义认识论主张的可知论,证明了真理的绝对性。社会历史条件的制约和人的认识能力在一定发展阶段是相对稳定的,造成了人们获得的真理是有限度的,这反映了真理的相对性。主观和客观的统一、绝对性和相对性的统一,这是马克思主义认识论的辩证法。

教学案例3：乡村振兴——安吉模式

【案例呈现】

安吉县位于浙江省西北部，拥有得天独厚的自然环境和丰富的农业资源。2005年8月15日，时任浙江省委书记的习近平同志来到浙江省安吉县考察，首次提出"绿水青山就是金山银山"的科学论断。这是习近平生态文明思想的核心理念，指引着人与自然和谐共生的现代化进程。

2008年，安吉县在全国率先提出建设美丽乡村的构想，并以此为抓手，逐步形成了独具特色的安吉模式，其核心是以生态文明建设为前提，依托当地优势农业产业，通过发展农产品加工业和休闲农业、乡村旅游等，促进一、二、三产业的有机融合，实现农业强、农村美、农民富、城乡和谐发展的目标。

安吉依托竹、茶叶、生态旅游等产业，大力发展特色经济，推动农民持续增收。竹产业每年为农民创造收入6 500元，占农民收入的60%左右；白茶产业和休闲旅游业也成为农民增收的重要来源。

安吉县以打造中国美丽乡村、乡村旅游示范村以及美丽乡村精品示范村等品牌为抓手，推进形成乡镇"一版块一主题"、乡村"一村一品""一村一景"的休闲农业和乡村旅游格局，成为带动农民就业增收的朝阳产业。

安吉注重乡村文化建设，将传统文化与乡村经营相结合，推动文化资源转化为发展动力。同时，探索乡村运营新模式，如鲁家村的"党组织+公司+家庭农场"模式，实现了村庄景区化运营。

安吉县在生态文明建设中不断创新体制机制，强调生态环境的保护和利用，将生态文明建设作为经济社会发展的前提和基础。通过实施一系列生态保护和修复工程，安吉县成功打造了气净、水净、土净的"三净之地"，为乡村旅游和农业产业的可持续发展提供了有力保障。

安吉模式在推动乡村振兴和美丽乡村建设方面取得了显著成效，通过生态保护和产业发展的有机结合，实现了经济效益、社会效益和生态效益的共赢，促进了农业增效、农民增收和农村繁荣。同时，安吉模式还为其他地区提供了可借鉴的经验和模式，对于推动全国范围内的乡村振兴和美丽乡村建设具有重要意义。

【案例点评】

安吉模式的成功充分体现了理论创新与实践创新的良性互动，这种互动是推动安吉经济社会持续发展的重要动力。"绿水青山就是金山银山"的生态发展理念成为安吉实践创新的理论基础，在尊重经济社会发展规律的基础上，以百姓需求为导向，探索产业生态化和生态产业化的路径,将绿水青山转化为生态农业、生态工业、生态旅游业,实现了发展模式的创新,推动了经济的绿色转型和高质量发展。这些实践创新又为"绿水青山就是金山银山"理念注入了新的内涵和活力,使其成为具有普遍指导意义的发展理念。理论创新为实践创新提供了科学指导和方向引领;实践创新则为理论创新提供了生动的实践案例和有力的数据支持。两者相互促进、相互补充,共同推动了安吉的发展。

【教学建议】

本案例适合"认识世界和改造世界"中坚持守正创新、实现理论创新和实践创新的良性互动的课堂教学。

中国特色社会主义是在理论创新和实践创新的良性互动中不断向前发展的。我们可以从现实中找到很多相关案例,也鼓励学生主动将理论联系实际,增强民族自豪感和社会责任心。

四、题海游弋

(一)单项选择题

1. 马克思主义认识论的首要的和基本的观点是(　　)。
   A. 实践观点　　　B. 反映论的观点　　　C. 辩证观点　　　D. 唯物的观点
2. 马克思主义认为,认识和实践的客体是(　　)。
   A. 自在自然　　　　　　　　　　　B. 自然界
   C. 客观世界　　　　　　　　　　　D. 实践和认识活动所指向的对象
3. "纸上得来终觉浅,绝知此事要躬行",这一名句强调的是(　　)。
   A. 实践是认识的来源　　　　　　　B. 实践是推动认识发展的动力
   C. 实践是认识的目的　　　　　　　D. 间接经验毫无用处
4. 马克思说:"人的思维是否具有客观的真理性,这不是一个理论的问题,而是一个实践的问题。人应该在实践中证明自己思维的真理性,即自己思维的现实性和力量,自己思维的此岸性。关于思维——离开实践的思维——的现实性或非现实性的争论,是一个纯粹经院哲学的问题。"这一著名论断表明(　　)。
   A. 实践为认识提供了可能
   B. 实践使认识得以产生和发展
   C. 实践产生了认识的需要
   D. 人只有在实践中才能检验认识的真理性
5. 主体认识、改造客体的过程,从根本上说,是(　　)。
   A. 适应环境,使自己得以生存　　　B. 获取知识,追求对外界的认知

C. 为了满足自己的需要，获得一定的价值　　D. 显示自身的本质力量

6. 关于认识和实践的关系，错误的说法是（　　）。
   A. 认识依赖于实践，离开实践的认识是根本不可能的
   B. 肯定实践是认识的基础，也就意味着认识是被实践决定的被动的因素
   C. 实践和认识总是相互作用的
   D. 认识特别是反映客观事物本质和规律性的理性认识，对实践有着巨大的指导作用

7. 感性认识和理性认识是辩证统一的，统一的基础是（　　）。
   A. 认识　　　　　B. 事实　　　　　C. 实践　　　　　D. 世界

8. 对于认识过程理解错误的是（　　）。
   A. 人们的认识过程不是封闭式的循环
   B. 人们的认识过程也不是直线式的前进
   C. 人们的认识过程是螺旋式的曲折上升运动
   D. 人们的认识过程是有始有终、直线式前进的

9. 对客观真理理解错误的是（　　）。
   A. 凡真理都是客观真理　　　　　　B. 真理的内容是客观的
   C. 检验真理的标准也是客观的　　　D. 客观真理就是客观事物本身

10. "此亦一是非，彼亦一是非"的命题，其含义是（　　）。
    A. 强调真理的客观性　　　　　　B. 否认真理的主观性
    C. 强调真理具有客观标准　　　　D. 否认真理具有客观标准

11. 否定马克思主义的基本原则，散布马克思主义"过时论"，从真理观的角度来看是（　　）。
    A. 形式主义的表现　　　　　　　B. 绝对主义的表现
    C. 相对主义的表现　　　　　　　D. 经验主义的表现

12. 人类认识史的无数事实证明，实践对认识真理性的检验是一个永远不会完结的过程，这是由实践标准的（　　）。
    A. 绝对性决定的　　　　　　　　B. 不确定性决定的
    C. 唯一性决定的　　　　　　　　D. 确定性决定的

13. 下列关于主客体之间的价值关系的说法错误的是（　　）。
    A. 价值的特点表现或反映着主体性的内容
    B. 价值关系的形成是以主体的需要为主导因素的
    C. 主客体之间的价值关系是一种自然的现成关系
    D. 主客体之间的价值关系是主体在实践基础上确立的同客体之间的一种创造性关系

14. 马克思主义认识论的根本要求和具体体现是（　　）。
    A. 一切从实际出发　　　　　　　B. 一切从根本原则出发

C. 感性认识和理性认识的统一　　　　D. 认识与实践的统一

15. 守正创新彰显着中国共产党的理论创新和实践创新的时代要求。守正才能不迷失方向、不犯颠覆性错误,创新才能把握时代、引领时代。中国式现代化的探索就是一个在继承中发展、在守正中创新的历史过程。下列选项能体现这一历史过程的是(　　)。

①既坚持马克思主义的指导地位,又不断推动党的指导思想与时俱进
②既坚持中国式现代化的正确方向,又不断变更中国式现代化的本和源
③既坚持科学社会主义基本原则,又不断开创中国特色社会主义新局面
④既坚持中国共产党的初心使命,又不断调整人民对美好生活的向往

A. ①②　　　　B. ①③　　　　C. ②④　　　　D. ③④

(二)多项选择题

1. 马克思主义创立了能动的革命的反映论,第一次科学地解决了认识的产生和发展规律问题,实现了人类认识史上的伟大变革,其根本原因在于(　　)。

A. 把实践观点引入了认识论　　　　B. 把唯物的观点引入了认识论
C. 把人本的观点运用于反映论　　　　D. 把辩证法运用于反映论

2. 主体和客体的关系,从根本上说是(　　)。

A. 评价关系　　　B. 实践关系　　　C. 认识关系　　　D. 审美关系

3. 主体与客体相互作用的过程包括的环节有(　　)。

A. 确定实践目的和实践方案
B. 通过一定的实践手段把实践方案变成实际的实践活动
C. 通过反馈和调节,使实践目的、手段和结果按一定方向运行
D. 通过改造主观世界而支配客观世界的运行

4. 关于直接经验和间接经验的正确理解有(　　)。

A. 人的一切认识都是从直接经验发源的
B. 直接经验是人们亲身实践的产物
C. 每一个人的认识都必须靠直接经验
D. 作为人类认识成果的间接经验的作用不容忽视

5. 辩证唯物主义认识论与旧唯物主义认识论的两大根本区别表现在是否承认(　　)。

A. 唯物主义一元论　　　　B. 唯物主义辩证法
C. 实践在认识中的地位和作用　　　　D. 唯物主义反映论

6. "感觉到了的东西,我们不能立刻理解它,只有理解了的东西,才能更深刻地感觉它",这一观点说明(　　)。

A. 感性认识对于认识事物的本质没有任何帮助
B. 感性认识具有局限性,有待于上升为理性认识
C. 感性认识是认识的初级阶段,理性认识是认识的高级阶段

D. 感性认识和理性认识是相互依存和相互渗透的

7. 具有绝对性的真理和具有相对性的真理是相互渗透和相互包含的,其具体含义是(   )。

  A. 真理的相对性之中,也包含着绝对性的颗粒

  B. 二者相比较而存在,相斗争而发展

  C. 真理的绝对性通过相对性表现出来

  D. 无数具有相对性的真理之总和构成具有绝对性的真理

8. 关于真理的检验问题,下列说法正确的有(   )。

  A. 检验真理就是检验人的主观认识同客观实际是否相符合以及符合的程度

  B. 用一种认识去检验另一种认识,达不到检验的目的

  C. 客观事物本身无所谓正确和错误的问题,不能作为检验认识真理性的标准

  D. 检验认识真理性的标准是把主观和客观联系起来的桥梁——社会实践

9. 马克思主义认为,认识世界和改造世界(   )。

  A. 是相互依赖、相互制约,是辩证统一的

  B. 是认识和改造客观世界的过程,也是认识和改造主观世界的过程

  C. 是一个充满矛盾的过程

  D. 是从必然走向自由的过程

10. 创新的重大意义在于(   )。

  A. 它是一个民族进步的灵魂　　　　B. 它是一个国家兴旺发达的不竭动力

  C. 它是社会变革的先导　　　　　　D. 它是一个政党永葆生机的源泉

专题三　题海游弋答案

五、参考资料

1. 马克思:《关于费尔巴哈的提纲》,《马克思恩格斯选集》(第1卷),人民出版社2012年版。

2. 恩格斯:《路德维希·费尔巴哈和德国古典哲学的终结》,《马克思恩格斯选集》(第4卷),人民出版社2012年版。

3. 列宁:《唯物主义和经验批判主义》(节选),第二章1、4、5、6,《列宁选集》(第2卷),人民出版社2012年版。

4. 毛泽东:《实践论》,《毛泽东选集》(第一卷),人民出版社1991年版。

5. 邓小平:《解放思想,实事求是,团结一致向前看》,《邓小平文选》(第二卷),人民出版社1994年版。

6. 习近平:《在哲学社会科学工作座谈会上的讲话》,人民出版社2016年版。

7. 习近平:《不断推进实践基础上的理论创新》,《论党的宣传思想工作》,中央文献出版社2020年版。

8. 习近平:《习近平关于调查研究论述摘编》,中央文献出版社2023年版。

9.《马克思主义基本原理》编写组:《马克思主义基本原理》,高等教育出版社2023年版。

专题四　马克思主义唯物史观

一、学习目标

1. 知识目标：掌握唯物史观的几对基本范畴的内涵和它们之间的相互关系，理解社会不断发展进步的内在动力机制，知道阶级矛盾是阶级社会当中社会基本矛盾的首要表现形式，理解社会形态更替的一般规律和方式，理解人民群众是历史的创造者。

2. 能力目标：坚持运用唯物主义的立场、观点和方法来分析社会历史领域的问题，能够概括表述社会发展若干典型时空场景中的生产力—生产关系、经济基础—上层建筑的特征，以此辨析该社会形态的基本性质，学会用历史主义的方法评价历史人物的作用、地位和现实影响。

3. 世界观目标：认识到马克思主义在历史观实现的伟大变革中的意义，从社会内在矛盾的形式和内容中得出社会历史发展的科学结论，认清社会历史运动和社会形态更替的大趋势，特别是认同共产主义必然实现的趋势。

二、教师导航

本专题当中，我们的任务是要在辩证唯物主义的世界观指引之下，也就是我们在前文学习的关于整个世界运动规律和人的实践规律指导下，来研究人类社会这个特定领域的规律。马克思主义用辩证唯物主义世界观来分析历史，也就形成了历史唯物主义，或者叫作唯物主义历史观，简称唯物史观。这里的历史，不是我们日常语言当中狭义的历史，单指"过去的事儿"，而是广义的历史，它是人类社会生活的同义词，包含着人类生活过去、现在、未来的全部历程。

第一讲　人类社会的存在与发展

(一) 社会存在与社会意识

1. 唯物史观与唯心史观的对立

马克思用唯物主义观点观察、把握历史，从根本上说，就是要在社会历史领域坚持世的物质统一性观点,抓住人们的社会生活过程所具有的物质本性。从唯物主义关于世界的物质统一性的观点出发看问题,人们的社会生活就是物质世界的一个下辖领域,是物质的一种特殊存在形式。

唯心史观认为,社会本质上是由人的意志、意识活动或心理活动等决定的,人本身的意志以及凌驾于人之上的神灵、天理、"绝对精神"等支配着社会发展。自近代以来,唯心主义的世界观已经受到了极大的冲击,但在历史观领域还很"猖獗"。前者是因为随着人类生产实践和科学实验等认识世界的手段取得了长足进步,日月星辰、风雨雷电、鸟兽虫鱼等事物日益失去其神秘性,可以用物质运动的原理而不再需要神灵、鬼怪、天机等进行解释。但是,社会历史领域还是作为唯心主义坚守着的最后的堡垒,因为人看起来似乎是所谓的"宇宙之精华、万物之灵长",具有丰富多彩的精神生活,人不同于动物和机器,总是在一定的观念驱使、支配下,进行着种种实践行为,人类社会与自然事物有着"本质"的不同。

2. 马克思科学地解决了社会领域当中存在与意识的关系问题,创立了唯物史观

唯物主义历史观,就是要打碎这种对"人"本身的残存迷信,揭示出人的社会生活的物质本性、物质基础,并在此基础上解释人类社会运动的复杂机理。马克思、恩格斯多次强调,他们的历史观是要从现实的人而不是虚幻的、被想象出来的人出发。构成社会、构成历史的基本元素,也就是一个个鲜活的、具体的人,他首先就是物质性的人,人的生活作为物质性的生活,必然要受到物质因素的根本制约:

第一,人自身的机体是物质机体,具有物质的、生理的运行规律。

第二,要想维持物质机体运行,就需要从外部物质世界获得吃、喝、住、穿等各方面的物质保障,用专门术语来说就是"生活资料",这也是一项物质的制约因素(需要注意,这里不是我们今天日常生活中所说的"查资料""搜集资料"这种狭义的资料,即文字信息材料叫作资料。这个术语是近代日本人用汉字来对译西方的 material 概念,"资料"就是指起到"资"的作用的"材料","资"就是帮助满足某种目的,生活资料就是满足生活所需的相关物品)。

第三,要想获得物质生活资料,人就要通过自己的劳动改造自然,也就是要进行"物质生产"。

人只有在这一整套物质机体、物质生活资料、物质生产的制约之下,才能进一步开展自身活动。

这样一来,我们就在社会历史的基本构成元素层面确立了唯物主义的根本立场,现实的人只不过是从事着一系列物质实践的人,他借助物质资料创造物质产品,而不是什么"遗世而独立"的"灵性"的事物。如同前文讲世界的本原问题时指出物质存在是第一性的、存在决定意识一样,这里是讲在社会历史运动中,社会存在是第一性的,社会存在决定社会意识。我们要坚持对人类社会做唯物主义的分析,抓住这个领域中的物质因素来解释其存在和发展,而不是从精神性的观念、意志、情感、宗教信仰等来解释。

3. 社会存在的三个组成部分

如上所述，在唯物史观看来，人自身的物质机体、为人提供生活资料的外部物质世界、人的物质生产实践，这三个环节或者三个方面的物质特性制约着人类社会发展，马克思主义统一地将它们概括为"社会存在"。在这几项因素之间，本身也存在着某种层次结构。"实践"的基本结构有实践主体、实践客体、实践中介，这里的三部分物质因素或者说三部分社会存在，也符合这样一种主体、客体、中介的结构。

第一，社会存在三部分当中的主体部分，就是我们人本身。《马克思主义基本原理》教材中用的是"人口"，人口就是突出强调人"本身"，除了自己的机体，除了机体内在蕴含的智力、技能，其他的种种外部因素都被剥离出去。我们可以联系中学语文课本中的名篇——荀子的《劝学》，其中说"君子生非异也，善假于物也"，这里的人口范畴，就是要把人所假借来的各种物的因素都排除，只剩下人本身这个"君子"，而这也就是社会存在当中的主体部分，人口因素。

第二，人作为主体所要面对的客体，就是外部自然界。人类社会本身来源于自然，从自然界的动物猿猴进化成了生物性的人，人们不断改造外部自然，从而维系自己的生存，并逐步形成了发达的文明形态的人，自然就是我们生存和发展的基本条件、基本客体。

第三，使得上文的主体、客体发生相互影响、相互联系、相互作用的，就是物质生产方式，这是社会存在当中的第三部分内容。这种中介的范围划定当然也是我们思维的一种抽象，它本身不可能完全脱离人和自然而成为纯粹中介，而一定是有一些自然给予的物质，还有一些我们人去投入、去参与的因素，从而构成人与自然相互作用、相互影响的环节，这作为中介的使主客体相互接触的部分，正是马克思主义最为重视的对社会进程产生影响的因素，是社会存在的三部分当中最为关键的部分。

4. 物质生产方式是社会存在和发展的基础及决定力量

在马克思之前，也有一些思想家试图抓住某些物质的因素来解释人类社会发展，但他们至多只能是沿着比较朴素、直观的思路，把人口因素和自然环境当作决定性根源，而马克思主义则更加高明地认为，物质生产方式才是起根本决定作用的一方面。

马克思主义凭什么这样选择呢？是随意的吗？这里面的判断依据和科学思维方法，就是中学物理中学过的控制变量法。在物理学中，我们观察物体下落，如一张纸和一块石头，可以看到同等的高度是石头先落地，这是因为物体的重力在起决定作用吗？并非如此，这时我们需要控制变量，例如拿同样的两张纸，一张摊开，另一张揉成团，在重力相等的情况下就能看出来，其实是由于纸的形状不同，导致所受到的空气阻力不同，决定了下落的速度和时间。

同样，当我们观察自然地理环境和人口因素时，固然它们对于人类社会的变化有重要的制约作用，我们不能离开这两个基础而生存，但是在我们人类几千年的文明史，特别是近几百年的近现代史当中，相差10年、20年就是沧海桑田的大变化，这段时间里自然地理环境和人口可以说变化是很小的,几乎等于不变,但我们的社会面貌变化很大。显然,我们不能从近乎不变的因素来解释变化,而要另外寻找变化的因素来解释变化,这就是要找到物质生产方式的变化,从农业、工业到现代电子信息产业,从原始部落、奴隶社会、封建社会、资本主义社会到社会主义社会,物质生产方式的内容发生了重大变化,解释了历史变迁。

唯物史观在重视人类物质生活过程的同时,也绝不是漠视人们所具有的独特的精神生活,把人简单化为动物和机器,而是对内容丰富、层次多样的社会意识进行了概括与梳理,见表4.1。

表 4.1　　　　　　　　　　社会意识的内部层次结构

社会意识	社会心理		
	社会意识形式	非意识形态	自然科学 语言学 形式逻辑
		意识形态	政治法律思想 道德 艺术 宗教 哲学

首先把社会意识一分为二,按照人们各种意识的成熟程度、完善程度的不同分成两类。

比较低层次的社会意识,叫作社会心理,包括人们在社会当中的各种朴素观念、情绪情感和临时性的随波逐流的社会心态等。

比较高层次的社会意识,称为社会意识形式,我们在学习中需要注意这个名字的表述,"社会意识"和"社会意识形式"是两个专门术语,大的类别是"社会意识",里面有一部分叫作"社会意识形式",特指各种成熟的、成型的、稳定的观念体系、学说理论等。

然后在高层次的"社会意识形式"当中,我们又将其一分为二,一种是"意识形态",另一种是"非意识形态"。"意识形态"这个术语特指那些反映社会成员特定利益集体、特定立场倾向的思想体系,也就是我们日常所说的"屁股决定脑袋"。例如道德、哲学、宗教等思想体系,都是带有特定立场倾向的,不能脱离不同人的利益本位和立场倾向来抽象地谈某条法律、某项道德规范、某个宗教信条究竟是正确的还是错误的,是"好"的还是"坏"的,不同人群从不同的立场出发,本身就会得出不同的结论,不存在所谓的"普世标准"。

还有一类高层次、成体系的意识,它们是社会成员共通的,是真正纯粹为人们的一般社会生活服务的,是纯粹工具性的,有客观的判断标准,这一类叫作"非意识形态"。例如自然科学、语言学、逻辑学等,人们都需要普遍遵守,并没有什么地主阶级的自然科学、资产阶级的自然科学和无产阶级的自然科学之分,不能"公说公有理、婆说婆有理",都只有同一门自然科学,对大家都一视同仁地适用。

5.社会存在和社会意识的辩证关系

马克思主义除了把唯物主义的基本观点贯彻到社会历史观领域,还在理论阐述当中贯穿着辩证法的精髓。也就是说,认为社会存在和社会意识是一对对立统一体,二者之间构成一种辩证的相互作用。前者从根本上来说决定着后者,但后者也具有相对独立性,并能动地反作用于前者——这种辩证的相互关系的结构,也同样适用于之后将会学到的生产力和生产关系、经济基础和上层建筑的相互关系,后面这两对对立统一体,也存在着一方对另一方起根本决定作用,另一方又具有相对独立性和能动反作用的统一,是两点论和重点论的统一。这种辩证关系的级别格局可以归纳为:

A 决定 B(B 反映 A)+B 对 A 有能动的反作用

一方面,从决定作用来看,在内容上,社会存在是社会意识的客观来源;在产生方式上,社会意识是人们进行社会物质交往的产物;在发展趋势上,社会意识总是具体的、历史的,要随着社会存在的发展而发展。

另一方面,从能动的反作用来看,社会意识并非消极地反映社会存在,而是具有相对独立性:(1)它与社会存在的发展并不完全同步,例如在近代西方世界当中,经济相对落后的德国,也可以产生出德国古典哲学的灿烂社会意识成果;(2)它并不单单是受同时代社会存在的决定,社会意识内部也存在着复杂的相互影响,道德可以引导法律,哲学可以启示艺术,同时一定的社会意识部门内部自成体系,具有历史继承性,先辈的思想遗产对后继者有着直接的制约作用;(3)社会意识对社会存在具有能动的反作用,在一定条件下社会意识也会转化为物质力量并作用于社会存在,影响历史的发展。

(二)人类社会基本矛盾的运动及其规律

1.生产力与生产关系的矛盾运动及其规律

(1)生产力概念

在"社会存在"的三个组成部分当中,最重要的、起最终决定作用的是"生产方式",因而马克思主义在历史观领域确立了唯物主义的基本立场、抓住了社会存在的基础性地位之后,就对社会存在进行了进一步研究,其中首先就是分析最重要的那项社会存在,即人们的生产方式,将其划分为生产力和生产关系两部分。生产力概念关注的是生产过程当中人对外部自然界的作用,而生产关系则关注人与人内部为了开展生产所必需的相互作用。生产,无非就是人这个主体,通过劳动的中介过程来改造外部世界,因而生产力概念就涵盖了生产过程的这三个必要环节,只有三者齐备才能进行生产。

第一是主体因素,即从事劳动开展生产的人,是劳动者、生产者,包括人们为了进行生产在体力、脑力等各方面的投入,也包括人身上所蕴含的经验、技能、知识等。

第二是客体因素,即人的生产劳动所要加工处理的事物,是劳动的对象,接受着人类劳动的改造作用。例如农民耕田,土地就是他的劳动对象;工人做工,原材料就是他的劳动对象。

第三是中介因素，即人的劳动借以传导、施加到劳动对象上的媒介物，在唯物史观和政治经济学的专门术语中将其称为"劳动资料"，或者说劳动手段。就像我们前文讲过的"生活资料"的意义，劳动资料就是帮助人们完成劳动所需要的辅助用具材料，例如农民要用农具、拖拉机来耕田，工人要有机器、厂房来加工原材料，所有这些都是劳动资料。

邓小平有一句名言，科学技术是第一生产力。我们需要注意这一命题同这里关于生产力三个组成部分之间的关系。科学技术不是在生产力当中单独另设一块内容，而是贯穿在劳动者、劳动资料、劳动对象当中的。所谓科技是第一生产力，就是说科技通过对这三个要素施加影响，来提高劳动者的素质技能，推动劳动资料的质的跃升，扩展劳动对象的范围，以及提高这三个要素之间的默契程度、组织效率等。

还有一点需要注意的是，对生产力概念既可以做三分法，也可以做两分法，把三分法当中的劳动对象、劳动资料合在一起叫作"生产资料"。我们后文要学习的生产关系用的就是这个生产资料概念，讲生产资料的所有制。例如我们在新民主主义革命当中推翻地主阶级，改变封建的生产资料所有制，既要夺取生产资料当中的劳动对象即土地，同时也要夺取生产资料当中的劳动资料，包括各种农具、耕畜等。

(2) 生产关系概念

生产关系就是人在生产过程当中，人与人之间相互作用的总和。我们在"生产力"的概念中也讲到了人的因素，讲到了劳动者，但强调的是人本身具有的一些机能属性，例如人的体力、智力、经验、知识等，这当然是生产的基础构成要件，但这种人力资源还要有一个调度配合的问题，即会存在"一个和尚挑水吃、两个和尚抬水吃、三个和尚没水吃"的问题。最终生产能够达到什么效果，"和尚"自身有多大的"硬实力"很重要，但他们之间的相处关系，也会影响实力的发挥效能。所以，唯物史观不能只考察生产力，还需要结合生产关系，才能解释清楚生产的性质、水平和运动发展。

从宏观的哲学思维的高度加以抽象，唯物史观把生产关系归纳为三个方面：生产资料的所有制，直接的生产过程当中人与人的关系，产品的分配关系。其中最重要的、起支配和决定作用的，就是生产资料所有制，它决定着人与人的关系，决定着分配关系。地主之所以能够剥削与压迫农民，之所以能让农民承担地租；资本家之所以能够剥削与压迫工人，之所以能够占有剩余价值，并不是地主和资本家有特异功能，而是在于他们对土地、资本这些生产资料的占有，导致了他们对他人、对产品的支配权。如果一种新社会要超越这种旧社会，它的一项基础工作，就是要改变这种生产资料私有制，建立公有制，只有在这个基础之上新社会才会有支配力和话语权，才能去建设政治、军事、文化、家庭等各方面的社会关系。

(3) 生产力与生产关系的相互关系

生产力和生产关系是社会生产不可分割的两个方面：生产力是生产的物质内容，生产关系是生产的社会形式，二者有机结合在一起才是现实的、完整的生产方式，成为社会存在当中的最重要内容，对社会历史发展起到归根结底的决定作用。对于生产力与生产关系的这

种统一,我们需要再次运用决定作用和能动反作用的辩证法公式来看待它们:

A 决定 B(B 反映 A)+B 对 A 有能动的反作用

也就是说,生产力决定生产关系,而生产关系又反作用于生产力。

一方面,生产力在二者当中处于支配地位,决定着生产关系:①生产力的状况决定生产关系的性质。马克思说:"手推磨产生的是封建主的社会,蒸汽磨产生的是工业资本家的社会。"①生产力状况是生产关系形成的客观前提和物质基础,有什么样的生产力,就会相应地有什么样的生产关系来与之配套,是横向的一一对应关系。②生产力的发展决定生产关系的变化。一定的生产力要求一定的生产关系与它相适应,但这并不是一劳永逸的,随着生产力的发展,原本适合生产力状况的生产关系会走向自己的反面,不再适应新的、发展了的生产力状况,反而成为生产力发展的桎梏。当生产关系不能适应生产力发展的要求时,人们就要变革旧的生产关系,建立新的生产关系,以适应生产力的发展。所以,这还要有一种纵向的推动发展关系。

另一方面,生产关系对生产力具有能动的反作用,这是从生产关系作为生产力的内容得以发挥作用的必要形式的地位所必然得出的。当生产关系适合生产力发展的客观要求时,就可以对生产力的发展起推动作用;当生产关系不适合生产力发展的客观要求时,就会阻碍生产力的发展。我们尤其要注意第二点,这里说的"不适合"包括两种情况,当生产关系落后于生产力发展的要求时,会阻碍生产力的发展,但是,当人们从主观愿望出发、不顾生产力水平还不够发达的现实,人为地去"拔高"生产关系时,也会阻碍生产力的发展。

(4)生产力与生产关系的矛盾运动

生产力与生产关系的上述这种相互作用从历史发展的全局和长远来看,就构成了一种无穷的辩证过程,二者的矛盾运动存在着一个内在的、本质的、必然的规律性要求,即生产关系一定要适合生产力状况。就内容来看,这一规律概括了生产力和生产关系相互作用的两个方面。从过程来看,这一规律表现为生产关系对生产力总是从基本相适合到基本不相适合,再到新的基础上的基本相适合;与此相适应,生产关系也总是从相对稳定到新旧更替,再到相对稳定。生产力和生产关系的这种矛盾运动循环往复,不断推动社会生产发展,进而推动整个社会逐步走向高级阶段。

2.经济基础与上层建筑的矛盾运动及其规律

(1)人类社会的多样化交往关系与生产关系在其中的基础地位

马克思主义在考察历史时,从物质生产对历史的根本决定作用着眼,首先阐明了生产力和生产关系的运动规律,但很显然,人和人之间是有着各种各样的关系的,不仅仅是生产关系。马克思主义当然也知道这一点,并提出了专门的"交往"范畴,关注人们在交往活动中形成的各种社会关系。"交往"范畴涵盖了人与人之间的相互往来、相互作用、彼此联系的各方

---

① 《马克思恩格斯文集》(第 1 卷),人民出版社 2009 年版,第 602 页。

面活动,人们既在物质生产实践中发生交往,又在涉及思想、意识、观念、情感和情绪等精神性的领域进行交往。交往活动的发展促进了社会关系的进步,而在一定社会关系的基础上,人们又建立了一系列的制度体制和风俗习惯。但是,在交往活动所建构起的全部社会关系中,生产关系,也就是说,劳动者在生产过程中的交往关系,起到了基础性的作用,然后人们才能发展出来其他各种各样的交往活动,形成其他方面的社会关系。

为了说明生产关系对其他社会关系的基础性作用,马克思主义又进一步提出了经济基础和上层建筑的理论。基础和建筑,这本身是一个比喻性的说法,汉语的基础,英语的 base,本义就是在建筑学意义上的底部支撑物,房子要有地基来支撑。马克思以此来说明,人类的其他交往关系,整个社会大厦,都要建立在生产关系的基础之上。马克思专门把生产关系提出来称为"经济基础",实际上就是要强调它同上层建筑关系的建立具有直接的支撑作用,发挥着直接的影响力。如同大厦要靠地基支撑,但地基本身也不是悬浮在真空当中一样,地基也要根植于土壤之中,在历史领域,生产关系就是地基,生产力是更深层次的土壤。生产力直接影响生产关系,经由生产关系这个中介再去间接影响社会面貌。

(2)建立在经济基础之上的两类上层建筑

同样,由人类的复杂交往活动构成的社会大厦,距离地基也有远近的不同,马克思又把直接接触生产关系这一地基的两类交往活动专门提出来称为"上层建筑",它们是直接受制于生产关系这一"经济基础"的。

一方面,是政治生活,我们称为"政治上层建筑",它是某种政治法律的制度、组织、设施等,像君主制、共和制、总统制、内阁制、刑法、民法、商法、民主党、共和党、主席、总统、总理、首相、礼部、吏部、刑部、工部,等等,这些都属于政治上层建筑。

另一方面,就是我们在前文学过的,在社会意识形式中包含一种"意识形态",这种意识形态类的交往,我们称为"观念上层建筑"。我们在学习"意识形态"概念的时候知道,这些意识形态都是带有社会成员特定集团的立场倾向的,是"屁股决定脑袋"的。现在有了经济基础的概念,我们就可以用科学的术语来讲清楚,是什么样的特定社会集团,是怎么确定的"屁股"位置,答案就是根据生产关系所划分的不同集团,是看这个集团的"屁股"坐在了生产关系结构当中什么样的位置,这就决定了该集团意识形态的立场倾向。这就是经济基础对观念上层建筑的决定作用。

所以我们需要注意,经济基础和上层建筑这组概念并不是完全在谈论新内容,而是在进一步触及人的全部社会交往时,对唯物史观的概念体系的深化。一方面,是和之前的概念有重合的部分,经济基础就对应之前提到的生产关系,观念上层建筑就对应之前提到的意识形态。这里关于经济基础决定观念上层建筑的新提法,是为了揭示社会存在决定社会意识的一项重要机制、一个关键环节,社会存在当中的一个特定部分(经济基础),是如何决定社会意识中的一个特定部分(即观念上层建筑)的,这一决定作用对于人类搭建社会交往的网络有着枢纽性的意义。另一方面,经济基础和上层建筑这组概念也有新的内容,即政治上层建筑。政治上层建筑强调的是一个和观念相对的、实体化的存在,在政治交往过程中形成的制度、组织、设施等,其核心就是国家政权。很显然,这种政治上层建筑不是单纯的观念、想法,而是实实在在地存在那里,并在历史发展中产生影响的,当然也可以说其是有客观实在性的,也就是前文所讲的"存在"是物质。但是,它并不属于我们在专题四作为专门概念讲的"社会存在",因为这一类存在并不是制约社会意识的,反而它要受到社会意识的支配。

(3) 唯物史观对经济基础如何决定政治上层建筑特别是国家的解释

传统上的唯心史观,很擅长用理论来解释政治上层建筑的运动和政治交往过程,把某些精神性的因素、原则说成是主宰,这好像是一种驾驭的关系,精神因素操控人类历史运动,这是唯心主义的看法。

唯物主义来解释历史,它也承认政治上层建筑是要有一定的意识形态指导才能建立起来的,恩格斯还专门提出了一个概念"物质附属物",附属于谁?就是附属于观念。但是这种观念,这种意识形态,本身不是来自某种神秘的力量,不是上帝旨意降临,唯物主义着重指出了经济基础的作用,只有在这种经济关系、利益关系的制约影响、矛盾对立当中,才会孕育出上层建筑,这种经济基础决定着上层建筑的具体内容、具体表现。

唯心史观认为观念决定了政治,唯物史观则是对这种看法进行了釜底抽薪,指出这些直接指导了人们政治活动的观念,本身并不是最原初的东西,在观念之前,有更基本的东西。这些观念,可以说是人们从事政治的直接动机,但动机背后还有更深一层的动力,说脑袋决定行动,这不错,但是,屁股又决定了脑袋,归根结底是由经济基础决定的,政治这种物质附属物附属于观念,但观念本身还是附属于物质的经济基础。这两种思路的分歧可以表示如下:

唯心史观:观念→政治

唯物史观:经济→观念→政治

比如,在政治生活中处于核心地位的国家政权,看起来总是在一定的观念,即在政治理论、执政理念、施政纲领的指引下来管理全社会,包括管理个人和企业的经济活动,向他们收税,用法律管制他们,用政策工具去调控他们的经营,这是不是可以说政治支配着经济呢?这种情况在现象层面是显然存在的,但是,马克思主义看到了更本质的层面。国家是要管经济,但实际上是在调节不同经济利益集团的互相冲突,缓和冲突,把冲突保持在某种"秩序"的范围内,为总体的经济利益服务。某个经济主体服从国家,本质上是服从整个经济结构的整体需要,归根结底还是社会整体的经济基础决定了政治上层建筑的运作。

唯物史观看待作为政治上层建筑的核心的国家政权问题,就是抓住了国家归根结底起源于经济动因。人们基于不同的经济利益关系,分裂为若干社会集团(阶级),国家从根本上来说就是这种集团与集团间、阶级与阶级间的经济利益关系的纠葛、争夺、斗争的产物,是为这种经济利益斗争所服务的一种工具。简单地说,国家的实质是一个阶级统治另一个阶级的工具,它是经济上占支配地位的阶级为维护其根本利益而建立起来的强制性的暴力机关,以保障其在政治上也成为统治阶级。

当然,我们也不能机械化、简单化地理解这种揭露根源、直指本质的深刻科学论断,把国家简单地理解为一定经济集团所直接收买、雇佣、豢养的"打手"。马克思主义科学地看到,国家的职能有二:①政治统治(阶级统治);②一般社会管理。国家从根本上说是政治统治的工具,是为自己的经济基础服务的,但是,政治统治是以执行某种社会职能为基础的,而且政治统治只有在它执行了它的这种社会职能时才能持续下去。

(4)经济基础与上层建筑的相互关系

对于经济基础与上层建筑,我们要再次援引决定作用和能动反作用的辩证法公式:

A 决定 B(B 反映 A)+B 对 A 有能动的反作用

经济基础决定上层建筑,上层建筑反作用于经济基础,二者相互影响、相互作用。

一方面,经济基础决定上层建筑。经济基础是上层建筑赖以产生、存在和发展的物质基础。经济基础的性质决定上层建筑的性质,有什么样的经济基础就有什么样的上层建筑。经济基础的变更必然引起上层建筑的变革,并决定其变革的方向。任何上层建筑的产生、存在和发展,都能直接或间接地从社会的经济结构中得到说明。

另一方面,上层建筑对经济基础也具有反作用。上层建筑为自己的经济基础的形成和巩固服务,确立或维护其在社会中的统治地位。统治阶级总是利用和依靠自己在政治上、思想上的统治地位,通过国家政权和意识形态的力量,排除异己势力及其思想,力图将社会特别是经济关系控制在"秩序"的范围之内,维护自己在经济基础上的统治地位和根本利益。上层建筑这种反作用的后果也有两种:当它为适合生产力发展要求的经济基础服务时,就成为推动社会发展的进步力量;反之,当它为落后的经济基础服务时,就成为阻碍社会发展的消极力量。

(三)世界历史的形成发展与社会形态的更替进步

1. 人类在近代以来从各地分散发展的"历史"融汇成统一的"世界历史"

在近代之前,世界各地不同的人们主要是在各自的小范围、小圈子"当中生存和发展,相互之间尽管也有一定的横向联系和影响,但总体来说是在相对隔绝、各自孤立的一个个社会共同体当中,"自顾自"地发生生产力和生产关系、经济基础和上层建筑的矛盾运动,形成的是各自区域性的历史进程,发展程度、发展路径、社会面貌都有极大不同。我们在历史课程中所学到的近代以前那部分"世界历史",无非是世界各地历史片段的合称而已。唯物史观视域中的"世界历史"是一个专门的哲学范畴,特指近代以来各民族、国家通过普遍交往,打破相互之间的隔绝状态,成为相互依存、相互联系的整体化历史。在这个阶段,"世界历史"就是"世界"这个统一整体的历史。

在马克思、恩格斯看来,关键的转变原因是资本主义生产方式出现并向世界扩张的结果。资本主义生产方式的发展和交往的普遍化,推动了世界各地的"历史"向整体性的"世界历史"转变。马克思、恩格斯在《德意志意识形态》《共产党宣言》等作品中详尽阐述了世界历史的形成与发展,西欧资本主义依靠工业革命所创造的空前巨大的生产力,全力开拓全球市场,并依靠发达的运输能力、军事能力优势开展全球殖民征服,资本主义的全球殖民体系在客观上造成了全人类的普遍交往,不同地域人群原先各自相对独立发展的历史融合成了整体性的"世界历史"。世界历史体现着各个民族、各个国家之间的相互影响、相互渗透和相互制约,最重要的是强调整个世界的相互关联性。

在世界历史这个阶段,我们要从世界全局的视角考察生产力和生产关系、经济基础和上层建筑的矛盾运动,以此来评价适应与不适应、进步与落后,并从世界全局来思考社会发展的路径和所应采取的手段。世界历史的形成与发展为共产主义的实现提供了条件和路径。在马克思、恩格斯看来,世界历史的不断深化为人类建立更美好的社会制度奠定了坚实的物质基础,同时也促使全世界无产阶级联合起来,能够在条件成熟的情况下推动国际共产主义运动取得全球性胜利。中国共产党的诞生和成长壮大离不开世界历史进程的推动,中国共产党是为中国人民谋幸福、为中华民族谋复兴的党,也是为人类谋进步、为世界谋大同的党。在新时代新征程上,中国共产党人要拓展世界眼光,深刻洞察人类发展进步潮流,积极回应各国人民普遍关切,为解决人类面临的共同问题做出贡献,以海纳百川的宽阔胸襟借鉴吸收人类一切优秀文明成果,推动建设更加美好的世界。

2.社会的进步集中表现为社会形态的更替

人类通过实践活动在不断改造世界过程中推动了社会发展和进步,唯物史观提出了专门的"社会形态"范畴,用以指称一定社会当中经济基础和上层建筑的总和,并用这个范畴来评价历史发展的不同程度和所处的不同阶段。也就是说,根据不同社会的经济基础和上层建筑的不同特点,区分了人类社会历史发展当中从低级到高级的几种不同的"社会形态"。

社会形态包括社会的经济形态即经济基础,以及社会的政治形态和意识形态即政治上层建筑和观念上层建筑,是这三种形态具体的、历史的统一。但根据我们已经学到的唯物史观的相关原理,社会的生产关系即社会的经济形态,是整个社会形态的基础,因而马克思、列宁又经常把"社会形态"与"经济的社会形态"在同一意义上使用,这是抓住了社会形态的本质方面。

依据生产关系的不同性质,社会历史可划分为五种社会形态:原始社会、奴隶社会、封建社会、资本主义社会和共产主义社会。其中,社会主义社会是共产主义社会的第一阶段,又称共产主义社会的初级阶段或低级阶段。这五种社会形态的依次更替,是社会历史运动的一般过程和一般规律。

一定的社会形态总要以一定的社会制度形式呈现出来,社会制度能够集中体现社会形态的性质,所以人们在日常生活中往往用社会制度来指代社会形态,例如说资本主义社会和资本主义制度,这两者在本质上是同一的。

3.社会形态的更替是统一性和多样性的统一

社会历史运动一般来说是沿着从低级向高级的顺序发展的,但是就某一国家或民族的社会发展的历程而言,具体情况是十分复杂的。有些国家在发展中经历了几种社会形态依次更替的过程,属于比较典型的发展路径。但是,也有些国家在发展中超越了一个甚至几个社会形态而跨越式地向前发展;有些国家在历史发展的一定阶段上社会形态性质不够典型,甚至多种社会形态特征交叉渗透;有些国家在一定时期由较为落后的社会形态快速跃进为先进的社会形态;而有些国家的社会形态则长期陷于停滞状态。即使是同一种社会形态,在不同国家也会显现出不同的特点。

所有这些"非典型"个案都体现了社会形态更替形式的多样性,所谓的"典型"路径和顺序,是着眼于各种现实个案的总体趋势,并运用思维的抽象力进行概括和提炼而得出的,是理性认识"去粗取精"的表现。列宁曾指出:"世界历史发展的一般规律,不仅丝毫不排斥个别发展阶段在发展的形式或顺序上表现出特殊性,反而是以此为前提的。"[①]

4.社会形态的更替是必然性和选择性的统一

社会形态更替的统一性与多样性,根源于社会发展的必然性与人们的历史选择性相统一的过程。社会形态更替的必然性主要是指社会形态依次更替的过程和规律是客观的,其发展的基本趋势是确定不移的。社会形态的更替归根结底是社会基本矛盾运动的结果,生产力与生产关系矛盾运动的规律性,从根本上规定了社会形态更替的必然性。

但是,如同其他社会规律一样,社会形态更替的规律也是人们自己的社会行动的规律。规律的客观性并不否定人们历史活动的能动性,并不排斥人们在遵循社会发展规律的基础上,对于某种社会形态的历史选择性。

(四)唯物史观对文明及其发展规律的认识

唯物史观提出专门的"社会形态"范畴来重点关注一定社会的经济基础和上层建筑,与人类长期以来形成的评价社会发展程度的"文明"概念既有区别又有联系。人们通常所说的"文明",是人类创造的所有物质成果、精神成果和制度成果的总和。唯物史观作为对人类社会本质和发展规律的科学揭示,内在地包含着对文明及其发展规律的认识。

马克思主义认为,人类社会发展的过程也是人类文明发展进步的过程,社会形态的更替从一定意义上说也是文明形态的更替。马克思指出:"当文明一开始的时候,生产就开始建立在级别、等级和阶级的对抗上,最后建立在积累的劳动和直接的劳动的对抗上。没有对抗就没有进步。这是文明直到今天所遵循的规律。"[②]

马克思在深刻批判私有制文明特别是资本主义文明的基础上,进一步展望了未来共产主义新文明的曙光。在当代,中国共产党人和中国人民坚持和发展中国特色社会主义,推动物质文明、政治文明、精神文明、社会文明、生态文明协调发展,创造了中国式现代化新道路,创造了人类文明新形态。

---

① 列宁:《列宁全集》(第4卷),人民出版社2012年版,第776页。
② 《马克思恩格斯选集》(第1卷),人民出版社2009年版,第97页。

在唯物史观关于社会形态的理论中,也内在地包含着文明多样性的思想。人类历史中的文明,不论是古代文明还是近现代文明,都在不同民族中有不同的表现。人类文明具有多样性,每一种文明都是在特定的自然环境、历史背景、民族传统中生长起来的,体现着独特的生产、生活、交往方式,代表着一方文化的沃土和绿洲,都是人类文明的重要组成部分。

习近平指出:"人类文明多样性是世界的基本特征,也是人类进步的源泉。世界上有200多个国家和地区、2 500多个民族、多种宗教。不同历史和国情,不同民族和习俗,孕育了不同文明,使世界更加丰富多彩。"[①]因此,世界各国都要尊重和保护文明多样性,推动不同文明交流对话、和平共处、和谐共生,以文明交流超越文明隔阂、以文明互鉴超越文明冲突、以文明共存超越文明优越,共同绘就人类文明美好画卷。

第二讲 社会基本矛盾为社会历史发展提供了根本动力

(一)矛盾是推动事物发展的动力,社会领域也不例外

唯物史观用来分析人类社会的三对基本范畴,即社会存在与社会意识、生产力与生产关系、经济基础与上层建筑,都不是静态的分析,而是要从中找出历史之所以发展的根据问题。我们在这里要强调,这是三"对"概念,是构成了对,不是六个而是三对,这也就是贯彻了辩证法,构成了矛盾的对立统一。唯物史观把唯物主义世界观贯彻到人类社会历史领域当中,也要把唯物辩证法,特别是把矛盾的观点贯彻进去,认为矛盾普遍存在,事物内部的矛盾是事物发展的动力。唯物史观归纳出了社会历史观的基本问题从而得出了第一对矛盾,然后揭示出了社会历史领域当中的基本矛盾即第二、第三对矛盾,这个基本矛盾提供了历史前进的根本动力。

当然我们需要注意,这里是说根本动力而不是唯一动力。矛盾理论贯彻到人类社会当中,我们就可以看到人类社会充满了各种各样的社会矛盾,不只是生产力与生产关系、经济基础与上层建筑两对矛盾,所有这些社会矛盾都为社会发展提供了动力。

之所以在无数的社会矛盾当中我们要抓出生产力与生产关系、经济基础与上层建筑两对矛盾,是遵循了辩证法理论,要分析主要矛盾与次要矛盾,抓住事物当中的主要矛盾,从而才能理解事物,以及理解事物当中的其他矛盾。在人类社会的矛盾体系当中,只有抓住贯穿全部人类社会的主要矛盾,才能理解人类社会的本质。

1."社会基本矛盾"和"社会主要矛盾"

需要注意,虽然我们是把辩证法中的主要矛盾和次要矛盾这块理论应用到人类社会中,但我们这里不直接说是"社会主要矛盾",这里有一个特定称呼,即"社会基本矛盾",这是因为"社会主要矛盾"的称呼已经在马克思主义中国化的语境中另有其含义了。这里说的社会基本矛盾,是从人类社会古往今来这个最大、最宏观的整体来谈问题的,而讲社会主要矛盾,

---

① 习近平:《习近平谈治国理政》(第四卷),外文出版社2022年版,第10页。

实际上要比"基本"低一个层级,是具体到某个时间、空间当中的社会的主要矛盾,社会主要矛盾往往是社会基本矛盾在社会各个领域的表现或折射。例如在中国特色社会主义新时代,我国社会主要矛盾是人民日益增长的美好生活需要和不平衡不充分的发展之间的矛盾,这是生产力和生产关系、经济基础和上层建筑的社会基本矛盾在当代中国的具体表现。

社会基本矛盾的"基本"性和重要地位体现在以下三个方面。

第一,在一个历史运动的纵向上,它们是贯穿始终的,没有哪个时段、哪个环节这两对矛盾会缺席。

第二,在历史的每一个横截面上,每一个具体的社会场景当中,它们都是决定着社会的基本性质、基本面貌的。

第三,人类社会当中其他的各种矛盾,也是受这两对基本矛盾制约的。人类社会的基本路径、发展走势,是由这两对基本矛盾决定的。

2. 社会基本矛盾中的主次层次与生产力的最终决定作用

我们再回忆一下辩证法的矛盾理论,除了划分主要矛盾和次要矛盾,还有一个重要的划分是矛盾的主要方面和次要方面,事物的性质主要是由主要矛盾的主要方面决定的。在社会基本矛盾当中,这个主要方面就是生产力,它是基本当中的基本,生产力起到了最终的决定作用。

生产力和生产关系、经济基础和上层建筑是人类社会的基本矛盾,这两对矛盾当中也可以分出个主次来,前一对矛盾,即生产力和生产关系这对矛盾,要比后一对矛盾更基本、更主要。在生产力和生产关系这对矛盾当中,生产力又是更基本、更主要的方面。生产力决定了生产关系,并通过生产关系来进一步决定人类社会当中的其他关系。

生产力就好像是链条当中的第一个环节,或者说是人类社会当中的一个核心。生产力这个核心的具体内容并不是恒定不变的,而是不断充实、不断拓展的。生产力发展了,要求推动生产关系变革,生产关系进步了,这个进步了的经济基础就会带动上层建筑的变革。整个人类社会就会不断进步和发展。

(二)阶级斗争是阶级社会发展的直接动力

1. 阶级和阶级斗争是人类社会发展到一定阶段才出现的社会现象,是社会基本矛盾的阶段性重要表现

辩证法认为一切事物当中都充满着矛盾,我们人类社会当中更是如此,我们首先运用抓主要矛盾的分析方法去考察社会基本矛盾,而社会当中其他众多"非基本"矛盾仍然有着不可忽视的地位和影响,并且社会基本矛盾在制约、支配、规定社会当中方方面面、各种各样的矛盾的过程中,会有而且必须有更多的、更具体的表现和载体,只有通过这些具体的矛盾,社会基本矛盾才能存在,有赖于这些具体矛盾的解决,社会基本矛盾才能获得解决。

其中最重要的一项表现,就是人与人之间的阶级矛盾。马克思主义深刻地揭示出,在原始社会之后人类进入"文明社会",这种文明社会的一大特征就是阶级的分化和斗争,迄今为

止,一切文明社会的历史都是阶级斗争的历史,阶级斗争是社会基本矛盾最重要的一个表现形式和必然延伸,并反过来推动社会基本矛盾的内容和形式向更高层次发展。

在阶级社会中,社会基本矛盾会通过一定社会的阶层或阶级的矛盾表现出来,表现为不同社会集团之间的利益矛盾甚至冲突。社会基本矛盾的尖锐化,会导致代表或拥护不同生产关系、政治法律制度的阶级之间的矛盾尖锐化,阶级之间的利益矛盾积累到一定程度就会引发阶级斗争甚至社会革命,进而促使一定社会形态的变迁、更替。

2.阶级的定义

所谓阶级,直观来看就是对人的一种分类概念,我们有一句古话叫作"物以类聚、人以群分",西方的"阶级"这个词 class 以及划分阶级的动词 classify,本义是把一大群人分成不同的类、不同的群体。唯物史观是在这种直观的、朴素的分类思想方法之上,更进一步为阶级范畴注入了科学的内涵,确立了科学的划分标准,抓住了从社会基本矛盾出发来划分这种阶级,来确定社会成员之间不平等的根源和本质,这样也就建立了真正科学的阶级理论。

唯物史观从不同人在生产关系中地位的不同来划分阶级,特别是以生产关系当中最核心的生产资料所有制为标准来划分阶级。阶级根源于物质利益格局,但还在此基础上影响到上层建筑,影响到人的全部交往活动。人的各种思想都会受到阶级根源的影响,打上特定阶级的烙印,使得每一个人在全部社会生活当中都会表现为从属于某个特定的阶级。

3.阶级斗争

阶级与阶级之间,围绕着生产关系领域的根源性差异,围绕经济利益这个核心症结问题,要相互进行斗争,各个阶级都要争取自己的经济利益、经济地位。地主阶级和农民阶级要斗争,是多收点租还是少收点租;资产阶级和工人阶级要斗争,是多发点工资还是少发点工资,是工作 8 小时还是工作 10 小时。

除了针对经济利益的核心差异开展直接的经济斗争,阶级斗争还会进一步深化,在上层建筑领域,也会相应地开展政治斗争、思想斗争,不是仅仅停留在田间地头、工厂车间发生斗争,而是会上升到政治层面、思想层面。

4.阶级斗争是阶级社会发展的直接动力

社会基本矛盾在阶级社会当中会通过一定的阶级矛盾、阶级斗争的形式来表现、来承担,它也会通过阶级斗争的相关成果,来实现生产力和生产关系、经济基础和上层建筑的具体矛盾样态从相对低级走向高级,也就是推动社会的发展进步。因此我们说,阶级矛盾和阶级斗争就是生产力和生产关系、经济基础和上层建筑矛盾的直接表现,也是矛盾向更高阶段发展的必要环节。生产力和生产关系、经济基础和上层建筑的矛盾是社会发展的根本动力,阶级斗争则是直接动力。就像恩格斯指出的:"用'历史唯物主义'这个名词来表达一种关于历史过程的观点……这种观点认为,一切重要历史事件的终极原因和伟大动力是社会的经济发展,是生产方式和交换方式的改变,是由此产生的社会之划分为不同的阶级,是这些阶级彼此之间的斗争。"①阶级和阶级斗争的理论是唯物史观不可或缺的重要组成部分。

总的来说,阶级斗争之所以作为社会基本矛盾向更高阶段发展的必要环节,是因为在这种阶级斗争当中,可以打击在社会当中占据统治地位的剥削阶级,改变某些剥削、压迫的手段和方式;可以改变社会当中的生产关系,为社会生产力的发展赢得空间。因此我们说,阶级矛盾和阶级斗争是生产力和生产关系矛盾的直接表现,也是矛盾发展的必要环节。

具体来说,在奴隶社会、封建社会当中,剥削和压迫关系是异常残酷的,生产关系束缚生产力主要表现在奴隶、农民这些劳动者的性命受到极大束缚,他们的人身保障、自由程度都非常薄弱,极大地影响了他们的生产效率,社会产品、社会财富严重不足。因而只有通过阶级斗争,让劳动者获得更多的保障、更多的自由,让奴隶、农民可以休养生息,才能提高劳动者的积极性,从而提高生产水平。

在资本主义社会,生产关系束缚生产力的方式又有了新的特点,劳动者获得了形式上的自由人权,社会也经历了工业革命,生产力大幅提升了,但是资本主义有特殊的价值规律和剩余价值占有方式,使得一方面生产力和产品已经具备了,已经出现在社会上了,但是另一方面这些产品不是直接分给有需要的人,而是要作为商品卖出去。这样就会遇到阻碍,社会上大部分成员作为工人,他们并没有分配到剩余价值的份额,他们缺乏购买能力,于是就形成了资本主义的"相对过剩",生产充裕了反而成了问题。

在古代社会是"绝对不足",需要推进供给侧结构性改革来弥补绝对不足,当今某些领域也会出现"产能过剩",这是社会主义极大解放和发展了生产力之后产生的新问题,这就要通过供给侧结构性改革来"去产能"。资本主义的问题是生产相对过剩,这是资本主义的一个特点,是其特殊的生产关系让生产发达、产品丰裕成了"坏事",造成了经济危机。针对这种特定的束缚,资本主义社会中的阶级斗争也有显著的时代特点,就是要争取提高工人阶级的话语权和分配份额,工人通过斗争来改善生活水平,提高购买力,在需求侧做变革,从而能够容纳丰裕的产品,让社会生产更充分地涌流。

(三)革命和改革对社会发展的作用

1.革命是阶级斗争的最高形式

根据辩证法的量变质变规律,在历史上的阶级矛盾和阶级斗争,既有平缓的、渐进的量变,又有在逐步凝聚力量之后形成彻底改造社会制度、社会形态的质变,这就是我们说的爆发成为社会革命。当然,这里是狭义的、特指的革命,不是泛化地、比喻性地涵盖各种重大进步(例如工业革命、科技革命、能源革命等)。狭义的革命是指革命阶级推翻反动阶级的统治,用新的社会制度代替旧的社会制度,解放生产力,推动社会发展。

从根本上说,革命同样也是社会基本矛盾的表现形式,是源于社会基本矛盾的尖锐化,这时,一般的、局部的阶级斗争和调整已经不能解决问题了,必须通过革命这种质变和飞跃

---

① 《马克思恩格斯选集》(第3卷),人民出版社2012年版,第760页。

的方式,改变原本的社会阶级格局。一方面,革命要从社会的阶级关系向前追溯,把作为基础的那套旧的生产关系挖掉,包括生产资料所有制关系、生产分工地位格局、财富分配方式等,建立起一套新的生产关系;另一方面,革命要向后延伸,把旧的上层建筑炸毁拆除,尤其是抓住上层建筑当中核心的国家政权问题,实现国家政权更迭,凭借新的国家机器推动社会发展。

2.改革是在一定程度上解决社会基本矛盾、促进生产力发展、推动社会进步的有效途径和手段

社会基本矛盾的运动,以及相应表现在社会阶级矛盾和阶级斗争层面的历史运动,不仅仅通过革命这一种形式来实现。革命是在社会矛盾积累到一定程度、在主客观条件都具备之后,才能实现的质变与飞跃;与革命相对的,就会有较长时期的渐进发展过程中的量变和部分质变,这是社会制度的自我调整和完善,即改革。例如,中国自20世纪70年代末以来进行的改革,就是社会主义制度的自我完善和发展,当今,我国已经进入了全面深化改革的历史新阶段。

改革在社会历史发展中的重要作用集中表现在:它是在一定程度上解决社会基本矛盾、促进生产力发展、推动社会进步的有效途径和手段。在一定社会形态总的量变过程中,当社会基本矛盾发展到一定程度但又尚未激化到引起社会革命的程度时,就需要依靠改革的途径或手段,来改变与生产力不相适应的生产关系和与经济基础不相适应的上层建筑。改革所涉及的领域是多方面的,包括经济改革、政治改革、文化改革等。如果说社会革命适用于解决现存的社会基本制度问题,把生产力从已不能容纳它的旧的生产关系中解放出来,那么,改革则适用于解决现存的社会体制存在的问题,在不改变社会基本制度的前提下,对生产关系和上层建筑的某些方面和环节进行变革,从而促进生产力发展和社会进步。

(四)科学技术和文化在社会发展中的作用

1.科学技术作为先进生产力的重要标志,是推动社会文明进步的重要力量

我们在前文学习生产力的组成内容和它对社会运动当中的根本推动作用时,特别强调了科学技术在其中所起到的作用。在全面考察历史发展的动力系统时,我们还有必要专门再对科学技术所发挥的影响做进一步分析。特别是在当前,世界百年未有之大变局加速演进,中国式现代化踏上新征程,其中一个很重要的方面就是要解决好新一轮科技革命和产业变革,对此,我们有必要从马克思主义哲学高度来加以思考。

所谓科学技术,我们既可以统而言之把它们作为一个整体来理解,也可以对其进行细分。科学是指对客观世界的认识,是反映客观事实和客观规律的知识体系及其相关的活动。科学这个概念侧重于认识的过程,我们给它的定义也是一种"反映",是我们主观去反映客观世界。例如,按照科学反映的对象类别的不同,也就是说,按照科学的研究领域的不同,我们可以把科学分为自然科学、社会科学和思维科学等。技术相对而言,就是侧重于从认识返回到实践当中去,是应用科学认识的成果,在这种成果指导下去实践。科学和技术是辩证统一

的,尤其是在当今时代,科学活动与技术活动的联系越来越紧密,出现了科学技术化和技术科学化的趋势,两者日益融为一体。

2.科技革命是推动经济和社会发展的强大杠杆

马克思对科学技术的伟大历史作用做过精辟而形象的概括,认为科学是"伟大的历史杠杆",是"最明显的字面意义而言的革命力量"。近代以来,科技革命极大地推动了社会历史的进步。发生在18世纪70年代、以蒸汽机的发明为主要标志的科技革命,推动西欧国家相继完成了第一次产业革命,使资本主义生产迅速过渡到机器大工业,为资本主义生产方式的确立奠定了物质基础。发生在19世纪末20世纪初、以电力的发明为标志的科技革命,使电力取代蒸汽机成为新的动力,社会生产力又一次得到迅猛发展。在20世纪中期以后出现的以原子能的利用、电子计算机和空间技术的发展为主要标志,特别是以信息技术、新材料、新能源、生物工程、海洋工程等高科技的出现为主要标志的科技革命,使人类进入了互联网、智能化、数字化的时代,推动了由工业经济形态向信息社会或知识经济形态的过渡。

当今时代,以数字技术为先导的新一轮科技革命正加速发展,深刻改变着全世界的生产方式、生活方式和社会治理方式,特别是科技革命与大国博弈相互交织,高技术领域成为国际竞争的最前沿和主战场,深刻重塑全球秩序和发展格局。虽然我国科技事业发展取得了长足进步,但原始创新能力还相对薄弱,一些关键核心技术受制于人,顶尖科技人才不足,必须进一步增强紧迫感,进一步加大科技创新力度,抢占科技竞争和未来发展制高点。

3.正确把握科学技术的社会作用

科学技术能够通过促进经济和社会发展造福于人类,但是,科学技术在运用于社会时所遇到的问题也越来越突出,是一把"双刃剑"。之所以产生消极作用,一方面,是因为人对自然规律、对人与自然的关系认识不够,或缺乏对科学技术消极后果的强有力的控制手段。例如,工业的发展带来环境污染和生态破坏;生命科学的发展,像移植、生物信息、基因改造等会提出涉及人自身尊严、健康、遗传等方面的伦理问题。另一方面,科学技术的作用受到一定客观条件如社会制度、利益关系的影响,在资本主义条件下,资本从关注自身利益、自身增殖的角度开发和应用科学技术,而不是为了追求人本身的利益满足和健康发展,科学技术常常被资产阶级用作剥削压迫人民的工具。所以,正确认识和运用科学技术,首要的就是有合理的社会制度保障科学技术的正确运用,始终坚持使科学技术为人类社会的健康发展服务,让科技为人类造福。

4.文化是推动社会发展的重要力量

"文化"一词通常有广义和狭义之分,在这里,我们专门关注的是狭义的文化对社会历史发展的作用。广义的文化,是指人类的全部社会实践活动及其各方面的产物,即人类在物质、精神和制度等方面的创造性活动及其结果,包括人们在实践中创造的物质文明、政治文明和精神文明等。狭义的文化,则是指人类的精神生产活动及其结果,是与经济、政治相对应的观念形态的文化。例如,中国特色社会主义经济、政治、文化、社会、生态"五位一体"的建设,广义来说这些都是文化,而狭义的文化则专指其中精神性的文化,是和经济、政治、社会、生态相并列、相区分而言的文化。

5. 正确把握文化的前进方向、充分发挥文化的积极作用,对于引领社会发展至关重要

这种狭义的、精神性的文化,蕴含着人类的思想智慧、价值追求和审美情趣,是一个国家、一个民族的灵魂。文化兴则国家兴,文化强则民族强。在当代,文化越来越成为民族复兴和社会发展的重要源泉,越来越成为综合国力竞争的重要因素。可以说,在人们的社会生活、社会实践当中,文化发挥了一种精神武器的作用,对社会的现实发展发挥着巨大的能动作用。

第一,文化为社会发展提供思想指引。人们的社会生活要可持续、要长远发展,就需要有一定的文化来保障,这种保障作用既包括对现有社会状况提供解释、维护,又包括对现有社会进行反思和批判。文化发挥着对人类实践的引领作用,能够为人们指明正确的社会变革方向,促进生产力发展和社会进步。

第二,文化为社会发展提供精神动力。在人们的实践运动的具体过程当中,文化可以对主体起到鼓舞和激励作用,就像我们通常所说的是一种精神食粮、精神支柱,能够在遇到各种艰难困苦时,支撑着人们不退缩、不放弃。同时,先进文化能够推动实践的深度、广度全面提升,实践主体需要不断学习,提高知识水平、管理水平和创新能力,不故步自封。

第三,文化为社会发展提供凝聚力量。实践的主体不是一个抽象的大概念"人",而是由一个个具体的、现实的人构成的社会的各种组织和层级。主体作为一种社会力量,需要有文化上的认同感来进行凝聚和整合,文化是民族的血脉,是人民的精神家园,能够促使人们团结一致、并肩战斗。

第三讲 社会历史发展的主体力量

(一)人民群众是历史的创造者

1. 英雄史观和群众史观两种历史观的对立

人类长期以来的历史叙述实际上都贯彻着一种"英雄史观",认为是少数英雄人物,少数在政治舞台、精神文化领域的精英人物主宰了历史,同他们比较起来,广大劳动人民只能作为背景板来衬托这些精英人物。马克思主义的唯物史观恰恰和这种传统的历史观相反,把人民群众在历史当中的正面地位和积极作用展现出来,是一种群众史观。

英雄史观的产生有其深刻的认识根源、社会历史根源和阶级根源。从认识根源来看,主要是因为人们的认识停留在历史现象的表面,把活跃在历史前台的少数英雄人物的作用尤其是他们的意识的作用加以夸大并绝对化,而无视广大人民群众及其历史活动的作用。从社会历史根源来看,英雄史观的产生同社会生产力水平较低,大多数人从事物质资料的生产活动,少数人从事政治统治、垄断精神文化生活有关。广大人民群众在私有制社会处于被支配的地位,受剥削、受压迫,其历史创造性得不到充分发挥和社会应有的承认。从阶级根源

来看,剥削阶级的思想家为了维护本阶级的利益,需要宣扬唯心史观,抹杀广大人民群众的历史作用。

2. 唯物史观考察历史创造者的原则

第一,唯物史观立足于现实的人来看待历史的创造过程。人有物质需要,从而必须进行物质生产,改造自然创造财富,人在生产过程当中结成了现实的生产关系,并进而构建出全部的社会关系。现实的人就否定了唯心主义对英雄、圣贤、救世主的崇拜,否定了少数人凌驾于人民之上的超然地位,历史是人民在实践过程中逐步创造出来的。

第二,唯物史观立足于整体性的视角来看待历史的创造过程。《马克思主义基本原理》教材中引用了恩格斯的一个形象说明,他把历史的形成说成是所有人的各种影响作用的合力,这里的合力是中学物理学中学过的一个概念。

第三,唯物史观从社会历史发展的必然性入手来看待历史的创造过程。恩格斯谈到的社会合力,并不是说只要人们齐心协力就可以力大无穷、任意妄为,还要注意其中的客观性、必然性、规律性。人的力最根本的就是生产力,它是人类社会发展最终的动力源泉。人们创造历史、改造社会必须遵循其中的客观规律性,利用规律,发挥能动性,而不能无视规律、跳出规律。

第四,唯物史观并不否认具体个人对历史的卓越贡献,但注意考察群体与个体的历史作用,区分决定力量与非决定力量、主导力量与非主导力量。很显然,我们欢迎优秀个体做出的比较突出的业绩,以比较大的分力帮助总的合力得到更大提升,但从总的态势上看,少数个体不能取代大多数人、抹杀大多数人,独木不成林。

按照上面这四条科学方法看待社会历史当中人所发挥的作用,唯物史观就提出了一个根本的命题,即人民群众是历史的创造者。

3. 人民群众的界定

唯物史观在近代以来兴起的政治词汇"人民群众"的基础上,从哲学高度界定了作为历史创造者的"人民群众"概念。在不同的历史时期,人民群众有着不同的内容,包含不同的阶级、阶层和社会集团,但其中最稳定的主体部分始终是从事物质资料生产的劳动群众。

因为劳动群众从事物质资料生产,而生产力是历史前进的最终动力,所以劳动群众代表物质生产力,发展生产力,这是他们先进性的根本保证。从生产力这个原点出发,社会基本矛盾逐步展开,劳动群众就是在这个矛盾运动当中,随着生产力的前进,推动变革旧的生产关系、变革旧的社会制度、变革旧的思想观念,从而推动了历史的全面进步。在社会当中,其他一些集团和个人愿意和劳动群众一起推动历史前进,他们也被划入人民群众的范畴。在当代中国,全体社会主义劳动者、社会主义事业的建设者、拥护社会主义的爱国者、拥护祖国统一和致力于中华民族伟大复兴的爱国者,都属于人民群众的范畴。

4. 人民群众历史创造作用的主要体现

第一,人民群众是社会物质财富的创造者。唯物史观从社会存在的第一性出发来看待人类的存在和社会历史的发展，认为这种存在和发展的基础是物质资料的生产方式。人民群众之所以是历史的创造者，是因为人民群众当中的基本主体——劳动群众——是物质资料生产活动的主体，创造了人们吃、穿、住、行等必需的生活资料，创造了人们进一步从事政治、科学、文化艺术等活动所必需的物质前提。劳动群众以外的其他社会集团和人士，当他们和劳动群众一起努力发展生产力、提供美好生活水平时，也就同样属于人民群众的范畴，都在推动历史前进。

第二，人民群众是社会精神财富的创造者。不仅物质生产活动的主体是人民群众，精神生产活动的主体也是人民群众。一方面，这是从间接的意义上说的，例如我们谈到文学艺术，可能最终创作出一个成熟的、高水准的作品成果，是在少数具有较高知识水平和专业技艺的"大师"手中产生的，但这是"来源于生活而高于生活"，人民群众通过物质生产实践为创造精神财富提供了必要的物质条件和设施，人民群众的生活、实践活动是一切精神财富、精神产品形成和发展的源泉，少数专业人才的提炼当然也是很重要的，但之前必须有广大人民群众在火热的生活当中孕育出生动的素材。另一方面，人民群众还可以直接参与社会精神财富的创造，他们中直接产生了不少伟大的科学家、思想家和艺术家。

第三，人民群众是社会变革的决定力量。人民群众在创造社会财富的同时，也创造并改造着社会关系，他们并不是像老黄牛那样"只管低头拉车，不管抬头看路"，不是"劳心者治人，劳力者治于人"，他们当中也蕴藏着巨大的规划社会、建章立制的潜能，只是需要去引导、启发。生产关系的变革、社会制度的更替，最终取决于生产力的发展，但不会随着生产力的发展自发地实现和完成，而必须借助人民群众的力量。在特定的社会环境中，人民群众通过推动生产力的发展而不断要求改进生产关系。人民群众是社会革命的主力军，他们在社会形态更替的过程中发挥了巨大作用。

(二) 个人在历史上的作用

1. 个人在历史上的作用

唯物史观从人民群众创造历史这一基本前提出发，首要地明确了人民群众是历史的创造者，但与此同时也不否认个人在历史上的作用，但是个人的作用是第二位的，并且个人绝不能脱离人民群众这一基本主体而起作用。与"人民群众"这一整体形象相对而言，每个人都是创造历史的那个"合力"当中的一个分力，是整体当中的一个部分。不过，确实具体个人在历史上所发挥的作用、起到的推动力存在差别，有的人作用大些，可称为"历史人物"，有的人作用小些，可称为"普通个人"。

2. 历史人物在历史上的作用

历史人物是一定历史事件的主要倡导者、组织领导者或思想文化领域的重要代表人物，也就如同古人所说的"立德、立功、立言"。历史人物对历史发展有深刻影响，甚至有时能够决定个别历史事件的结局，从而导致历史发生这样或那样的重大变化。当然，我们也要注意，"历史人物"是一个中性概念，只是从他在历史进程中产生了较大影响而言的，从其发挥作用的具体性质来看,有些是贡献正能量的,是推动历史前进的,是进步的,而有些则是阻碍历史前进的,是反动的。

对于历史人物当中那些发挥正能量的,我们又称他们为"杰出人物"。杰出人物是历史人物中对推动历史发展做出重要贡献或起到重要作用的人。在历史发展进程中,新的历史任务往往是由具有进步意义的历史人物首先发现或提出来的。他们比一般人站得高、看得远,解决历史任务的愿望比一般人强烈。

先进阶级的政治代表人物,特别是无产阶级的领袖人物所提出的思想能够成为社会变革的先导,他们为群众指明革命斗争的方向,在革命斗争中起着领导核心的作用。有些占统治地位的剥削阶级的政治代表,在特定的条件下运用其权力满足了社会某些方面的需要,对历史发展也会起到某种甚至是重大的促进作用。杰出的科学家、思想家、艺术家、教育家等的创造性活动,对于人类科学文化的发展和社会进步有着巨大的推动作用。

必须明确,不管什么样的历史人物,在历史上发挥什么样的作用,都要受到社会发展客观规律的制约,他们凭借自己比较高超的才能可以使具体历史事件的外貌或某些后果发生变化,而不能决定和改变历史发展的总进程和总方向。

3. 辩证地理解和评价个人的历史作用

正如中国古语所说,"时势造英雄",马克思主义的唯物史观则是科学地说明了"时势"的现实内容。历史人物在历史进程当中所发挥的作用的性质,要取决于他们的思想、行为是否符合社会发展规律,是否符合人民群众的意愿。只有顺应这种"时势",历史人物才能起到推动社会前进的积极作用。

根据历史人物所具有的历史特征和阶级特点,唯物史观主张,评价历史人物时应该坚持历史分析方法和阶级分析方法。历史分析方法要求从特定的历史背景出发,根据当时的历史条件,对历史人物的是非功过进行具体的、全面的考察。要尊重历史事实,如实反映历史人物与当时社会历史条件的关系,如实反映历史人物的历史作用和历史地位。既不能无视历史人物的历史局限性,对其过分夸大、美化或拔高;也不能脱离具体的历史条件,用现代人的标准苛求前人。判断历史人物的历史功绩,要看历史人物比他们的前辈提供了什么新的东西。历史人物本身是变化发展的,应当用发展的观点给予如实的评价。同一个历史人物在不同的历史时期可能会有不同的历史作用,有时甚至会有性质相反的历史作用。

在阶级社会中,贯彻历史分析方法与坚持阶级分析方法是一致的。在阶级社会中具体地考察社会历史条件与历史人物的关系,必然包含分析一定的阶级条件和历史人物的关系。阶级分析方法要求把历史人物置于一定的阶级关系中,同他所属的阶级联系起来加以考察和评价。一定的阶级总是要把自己的代表人物推到历史的舞台中央、聚光灯下,以表达整个阶级的利益和愿望,而历史人物的作用受到所属阶级的制约。聚光灯下的历史人物是少数人,多数人只是黑色的背景,但其实少数人是代表着多数人的,离开了一定的阶级背景,就难以理解历史人物的产生、作用及其性质。

三、教学案例

 教学案例1：习近平总书记论新质生产力

【案例呈现】

2024年1月31日，习近平总书记在二十届中央政治局第十一次集体学习时发表重要讲话指出：

自去年7月以来，我在四川、黑龙江、浙江、广西等地考察调研时，提出要整合科技创新资源，引领发展战略性新兴产业和未来产业，加快形成新质生产力。12月中旬，在中央经济工作会议上，我又提出要以科技创新推动产业创新，特别是以颠覆性技术和前沿技术催生新产业、新模式、新动能，发展新质生产力。我提出新质生产力这个概念和发展新质生产力这个重大任务，主要考虑是：生产力是人类社会发展的根本动力，也是一切社会变迁和政治变革的终极原因。高质量发展需要新的生产力理论来指导，而新质生产力已经在实践中形成并展示出对高质量发展的强劲推动力、支撑力，需要我们从理论上进行总结、概括，用以指导新的发展实践。

什么是新质生产力？如何发展新质生产力？我一直在思考，也注意到学术界的一些研究成果。概括地说，新质生产力是创新起主导作用，摆脱传统经济增长方式、生产力发展路径，具有高科技、高效能、高质量特征，符合新发展理念的先进生产力质态。它由技术革命性突破、生产要素创新性配置、产业深度转型升级而催生，以劳动者、劳动资料、劳动对象及其优化组合的跃升为基本内涵，以全要素生产率大幅提升为核心标志，特点是创新，关键在质优，本质是先进生产力。

新质生产力的显著特点是创新，既包括技术和业态模式层面的创新，也包括管理和制度层面的创新。必须继续做好创新这篇大文章，推动新质生产力加快发展。

【案例点评】

习近平新时代中国特色社会主义思想实现了马克思主义中国化时代化新的飞跃，习近平总书记遵循唯物史观关于生产力是人类社会发展的根本动力、是一切社会变迁和政治变革的终极原因的基本原理，并结合新时代、新问题、新挑战，对新质生产力作出了一系列重要论述。

习近平总书记指出，新质生产力以劳动者、劳动资料、劳动对象及其优化组合的跃升为基本内涵，这契合了唯物史观关于生产力的三个组成部分以及科学技术是如何作用于各组成部分并提高生产率的相关理论，是马克思主义守正创新的重要成果。

【教学建议】

（1）此案例适用于向学生阐释生产力的三个组成部分以及科学技术是第一生产力的相关原理。

（2）在教学阐述当中要凸显守正和创新两个方面，既凸显习近平总书记对唯物史观的生产力理论的守正，新质生产力作为先进生产力再次确证了唯物史观基本原理的科学性，又凸显习近平总书记的理论创新要点，新质生产力之"新"推进了马克思主义中国化时代化，让马克思主义理论之树长青。

 **教学案例2：私有制的产生和国家的起源**

【案例呈现】

恩格斯的《家庭、私有制和国家的起源》一书第九章阐释了私有制和阶级产生、氏族制解体以及国家起源的一般过程。在最初的氏族部落时代，在社会管理中实行的是原始民主制，没有统治和奴役存在的余地。部落在处理外部矛盾时"由战争来解决，这种战争可能以部落的消灭而告终，但决不能以它被奴役而告终"，因为战胜者也并没有奴役他人的必要性和可能性。氏族部落在处理内部关系时，则实行民主、平等的原则，公共事务由选出的氏族长负责，重大问题（如血亲复仇、收容养子等）由氏族成员集体参加的会议来决定。

这种氏族制的经济基础在于经济极不发达，"分工是纯粹自然产生的"，仅存在于两性之间，男子是森林中的主人，妇女是家里的主人。在这个阶段，"家庭经济是共产制的"，土地和共同制作、共同使用的东西（生产资料和房屋）都是共同财产，因此，氏族社会实行的是生产资料的公有制。

恩格斯认为，私有制的出现同社会分工和交换的发展密切联系在一起。畜牧业和农业的分工是第一次社会大分工，由于大分工的出现，提高了劳动生产率，人们有了剩余产品，并且由于劳动生产率提高导致了人的劳动能够生产出超过维持劳动力所必需的产品，这就可以通过吸收新的劳动力来为自己所用，于是在战争中俘虏的敌人"变成了奴隶"。恩格斯指出，"从第一次社会大分工中，也就产生了第一次社会大分裂，分裂为两个阶级：主人和奴隶、剥削者和被剥削者"。

金属工具（铁犁和铁斧）的使用提高了劳动生产率，产品逐渐多样化，于是"如此多样的活动，已经不能由同一个人来进行了"，这样就"发生了第二次大分工：手工业和农业分离了"。新的社会分工进一步提高了对劳动力的需求，使第一次分工"刚刚产生并且是零散现象的奴隶制，现在成为社会制度的一个本质的组成部分"。第二次社会大分工促生了商品生产，商品交换的发展造成各家庭间贫富差别，"除了自由人和奴隶之间的差别以外，又出现了富人和穷人间的差别,随着新的社会分工,社会又有了新的阶级划分"。各家庭间的财产差别,炸毁了"共产制家庭公社"和"共同耕作制",个体家庭开始成为社会的经济单位。

由于私有制和阶级的发生与发展,部落间掠夺战争成为"民族生活的正常职能"。内外矛盾的驱动导致亲属部落的联盟建立起来,军事首长、议事会和人民大会构成新的氏族社会军事民主制的各个机关。以前战争只是为了对侵犯进行报复或扩大已经感到不够的土地,"现在进行战争,则纯粹是为了掠夺"。掠夺战争加强了部落各级首长的权力,他们的职位由选举制而逐渐转变成世袭制。这样"世袭王权和世袭贵族的基础奠定下来了",氏族制机关也"从一个自由处理自己事务的部落组织转变为掠夺和压迫邻人的组织,而它的各机关也相应地从人民意志的工具转变为旨在反对自己人民的一个独立的统治和压迫机关了"。

【案例点评】

恩格斯关于国家起源的一系列环节与各环节之间的因果关系的论述,从一般趋势上而言仍然是正确的,虽然今天愈加丰富的史前考古材料可以帮助我们在许多细节上做出修正,但这些不仅不能推翻恩格斯和马克思的基本思路,反而越来越多地证明其思路的正确性,即私有制、阶级和国家不是从来就有的,而是人类长期生产进化、社会进化、思想进化的产物。

归根结底,国家是从社会中脱胎出来而设立的公共权力。当社会陷入不可解决的自我矛盾、分裂为经济利益互相冲突的阶级时,就需要一种表面上凌驾于社会之上的力量把冲突保持在秩序的范围以内,这种从社会中产生但又自居于社会之上并且日益同社会脱离的力量,就是国家。国家的实质是暴力机器,国家在护卫国土安全和国内秩序时需要暴力作为工具,统治者凭借暴力来对被统治者进行压迫。

【教学建议】

(1)此案例适用于向学生阐释政治上层建筑是如何建立在经济基础之上的,特别是作为政治上层建筑核心的国家政权,归根结底起源于经济动因。

(2)讲授时可用学生在历史课上学习过的君权神授论、社会契约论等唯心史观进行对比分析,并结合中外史前史最新证据材料,呈现唯物史观的科学性。

教学案例3:8小时的回城之路,百年前的鲁迅先生用了54小时

【案例呈现】

1919年12月,鲁迅从北京启程回绍兴,收拾家当,变卖旧物,举家南迁。此番经历后来被写成了著名短篇小说《故乡》。鲁迅的这段出行,在他的日记里有详细的记录,结合当时各类交通时刻表,大致耗时如下:

第一段:京奉线(北京—天津)　　　　　　6个小时
第二段:津浦线(天津—浦口)　　　　　　24个小时
第三段:坐船渡江换乘宁沪线　　　　　　2个小时
第四段:宁沪线(南京—上海)　　　　　　7个小时
第五段:沪杭线(上海—杭州)　　　　　　5个小时
第六段:渡钱塘江乘船至绍兴　　　　　　8个小时
第七段:乘轿子回到老家祖屋　　　　　　2个小时

从12月1日清晨6点出发,到4日晚上8点到家,共用86个小时,其中在路上的时间为54个小时。这是当时社会精英的典型出行表,其中铁路已经扮演长途旅行的主要工具。但这份出行表,对于大教授、大文豪的鲁迅尚能承担,对于普通百姓则是天文数字。

2018年,让一个"90后"青年再走一遍鲁迅先生1919年的回乡之路,更加可能是这样的安排:

第一段:骑共享单车去地铁站15分钟
第二段:乘坐地铁到高铁车站1个小时
第三段:北京开往绍兴的高铁6个小时
第四段:下车用滴滴打车回家45分钟

满打满算,路上共用8个小时。从鲁迅先生的54个小时,到如今的8个小时,这节省出来的46个小时,就是百年间数代人的奋斗成果。筑路英雄、铁道劳模、创业精英等,这些人用自己的努力,把国人出行的钟表拨快了一点又一点。

【案例点评】

此案例生动反映了科学技术在社会发展中的作用,是对马克思关于科学是"伟大的历史杠杆"、是"最明显的字面意义而言的革命力量"的确证,与《共产党宣言》中对第一次工业革命为资产阶级社会所造成的巨大生产力及其深远社会影响的论述有异曲同工之妙。

近代以来,科技革命极大地推动了社会历史的进步,深刻改变着全世界的生产方式、生活方式和社会治理方式。同时,也需要有合理的社会制度保障科学技术的正确运用,始终坚持使科学技术为人类社会的健康发展服务,让科技为人类造福。

高铁的发展以及共享单车、滴滴打车所代表的移动支付场景的发展,是新一轮科技革命中的重要内容,也是我国在这一轮竞争中的优势领域,体现了我们在唯物史观科学理论指导下掌握历史主动,发挥科技的正面作用,为人民造福。

【教学建议】

(1)此案例适用于向学生阐释科学技术对社会发展的积极作用。

(2)以鲁迅的回乡经历和今天学生的日常出行经验作为参照,可以激发学生的学习兴趣,可以结合《故乡》的背景开展讲解,贯彻"大思政课"和大中小学思政教育一体化理念。

 教学案例 4:"之江新语"论《文化育和谐》

【案例呈现】

习近平同志在担任浙江省委书记期间,自 2003 年 2 月至 2007 年 3 月曾在浙江省委机关报《浙江日报》"之江新语"专栏发表 232 篇短论,提出了一系列推进浙江经济社会科学发展的理论思考。2005 年 8 月 16 日,习近平同志发表了《文化育和谐》一文,文中论述说:

构建和谐社会,从以人为本的理念出发,关注人与自我、人与人、人与社会、人与自然之间的和谐,进一步明确经济发展以社会发展为目的,社会发展以人的发展为归宿,人的发展以精神文化为内核。

文化即"人化",文化事业即养人心志、育人情操的事业。人,本质上就是文化的人,而不是"物化"的人;是能动的、全面的人,而不是僵化的、"单向度"的人。人类不仅追求物质条件、经济指标,还要追求"幸福指数";不仅追求自然生态的和谐,还要追求"精神生态"的和谐;不仅追求效率和公平,还要追求人际关系的和谐与精神生活的充实,追求生命的意义。我们的祖先曾创造了无与伦比的文化,而"和合"文化正是其中的精髓之一。"和"指的是和谐、和平、中和等,"合"指的是汇合、融合、联合等。这种"贵和尚中、善解能容,厚德载物、和而不同"的宽容品格,是我们民族所追求的一种文化理念。自然与社会的和谐、个体与群体之间的和谐,我们民族的理想正在于此,我们民族的凝聚力、创造力也正基于此。因此说,文化育和谐,文化建设是构建和谐社会的重要保证和必然要求。

【案例点评】

习近平同志的这篇哲理短文,对精神文化即人的精神生活、"精神生态"的重要性进行了深刻的论述。他既"顶天",坚持了马克思主义关于人的全面发展的理论,又"立地",结合当时新提出的构建和谐社会的时代任务,强调了文化在这两方面不可或缺的作用。文化即"人化",文化可以促进自然与社会的和谐、个体与群体之间的和谐,增强中华民族的凝聚力、创造力,这是对唯物史观关于文化在社会发展中作用的理论的生动呈现。

【教学建议】

(1)此案例适用于向学生阐释文化为社会发展提供思想指引。经济发展以社会发展为目的,社会发展以人的发展为归宿,人的发展以精神文化为内核,这是中国化时代化的马克思主义对社会发展目标的科学概括。

(2)同时,此案例也阐释了文化为社会发展提供凝聚力量。实践的主体作为一种社会力量,需要有文化上的认同感来进行凝聚和整合,文化是民族的血脉,是人民的精神家园,文化提供了民族的凝聚力、创造力。

四、题海游弋

(一)单项选择题

1. 唯心史观从人的思想动机来解释历史发展,唯物史观则认为(　　)。

　　A. 人的活动并不受思想动机支配

　　B. 历史发展是无序的、随机的,人的思想无关紧要

　　C. 人的思想动机背后还有更深刻的物质动因和经济根源

　　D. 人本质上是一种非理性的动物,历史活动是受肉体本能支配的

2. 习近平指出:"我们既要绿水青山,也要金山银山。宁要绿水青山,不要金山银山,而且绿水青山就是金山银山。"这一论断说明(　　)。

　　A. 自然地理环境是经济社会发展的决定性力量

　　B. 经济社会发展中要保持人与自然关系的平衡

　　C. 自然地理环境可以自动转化为人类社会财富

　　D. 在自然财富和社会财富中最重要的是自然财富

3. 在社会意识形式中,以下不属于意识形态的是(　　)。

　　A. 艺术　　　　　　B. 道德　　　　　　C. 宗教　　　　　　D. 自然科学

4. 社会经济发展水平较高的国家或地区,其社会意识的发展水平未必都是最高的,而某些经济水平相对落后的国家或地区,其社会意识的某些方面却可以领先于经济发达的国家或地区,这说明(　　)。

　　A. 社会意识与社会存在的发展不完全同步

　　B. 社会意识具有自身完全独立的发展规律

　　C. 社会意识对社会发展起着积极促进作用

　　D. 社会意识具有不断进步的历史趋势

5. 生产力是指人们(　　)。

　　A. 改造自然使之适应社会需要的能力

　　B. 改造社会使之符合人类理想的能力

　　C. 付出劳动从而获得美好生活的能力

　　D. 发展经济从而提高人民生活水平的能力

6. 生产力中最活跃的要素是(　　)。

　　A. 劳动工具　　　　B. 劳动对象　　　　C. 劳动者　　　　　D. 科学技术

7. 在生产关系中,最基本的是(　　)。

　　A. 不同劳动者之间的分工协作关系

　　B. 不同市场主体的交换和消费关系

　　C. 社会的政治与法律关系

　　D. 生产资料所有制关系

8. 关于生产力决定生产关系,理解不正确的是(　　)。

　　A. 生产力状况决定生产关系的性质

　　B. 生产力的发展决定生产关系的变革

　　C. 生产关系是为适应生产力发展需要而产生的

　　D. 生产关系必须完全适合生产力的发展才能存在

9. 在马克思主义看来,判断社会进步的最高标准是(　　)。

　　A. 生产力的发展

　　B. 人的自由全面发展

　　C. 人的道德水平提升

　　D. 人的幸福感提升

10. 在马克思主义看来,国家的本质是(　　)。

　　A. 一定的地域、血缘、文化认同所形成的人群共同体

　　B. 人类社会自古以来就一直具有的社会交往形式

　　C. 发达的文明社会所必须具有的公共管理机构

　　D. 维护统治阶级根本利益的暴力机关

11. 马克思主义认为,一直到近代,世界各地的人们才打破孤立隔绝的状态,进入相互依存、相互联系的整体化进程,真正形成了"世界历史"。世界历史形成和发展的基础是(　　)。

　　A. 世界各个民族、各个国家之间的相互影响、相互渗透和相互制约

　　B. 资本主义条件下机器大生产和全球分工体系的发展

　　C. 人类在近代进行大航海并实现了地理大发现

　　D. 人类不同文明间的交往在近代空前密切

12. 把人类社会划分成原始社会、奴隶社会、封建社会、资本主义社会和共产主义社会这五种不同的社会形态,最根本的依据是它们具有不同的(　　)。

　　A. 政治制度　　　　　　　　　　　　B. 社会文化

　　C. 生产力发展水平　　　　　　　　　D. 生产资料所有制关系

13. 马克思指出:"当文明一开始的时候,生产就开始建立在级别、等级和阶级的对抗上,最后建立在积累的劳动和直接的劳动的对抗上。没有对抗就没有进步。这是文明直到今天所遵循的规律。"中国特色社会主义创造了人类文明新形态,这种文明新形态之所以超越了

既往的文明,最根本的是它( )。

　　A. 是人类文明史上最新、最年轻的文明

　　B. 代表了人类文明发展的唯一正确道路

　　C. 是由中华民族遵循自身传统独立创造的

　　D. 不再建立在私有制经济和阶级对抗的基础之上

14. 马克思主义用"阶级"范畴来划分社会成员的不同集团及其相互关系,不同的"阶级"从根本上来说是以特定的( )为标准来划分的。

　　A. 生产关系　　　　B. 政治立场　　　　C. 文化认同　　　　D. 思想观念

15. 马克思主义认为,"革命是历史的火车头",是"社会进步和政治进步的强大推动力",这是指( )。

　　A. 社会革命是人类社会历史发展的根本动力

　　B. 社会革命是社会历史发展的首要目标

　　C. 社会革命是实现社会形态更替的重要手段和决定性环节

　　D. 社会革命是一定社会制度自我完善和自我发展的基本形式

(二) 多项选择题

1. 物质资料的生产方式是社会发展的决定性力量,这是因为( )。

　　A. 物质资料的生产方式是人类社会赖以存在和发展的物质基础,是人类其他一切活动的首要前提

　　B. 物质资料的生产方式决定着社会的结构、性质和面貌

　　C. 物质资料的生产方式发展变化决定整个社会历史的发展变化和社会形态更替

　　D. 物质资料的生产方式使得人超越于物质世界,摆脱了物质性的约束,真正成为社会的人

2. 我们说科学技术是第一生产力,科学技术对生产力的积极影响可以包括( )。

　　A. 提高劳动者素质　　　　　　　　B. 改进劳动工具的效率

　　C. 扩展劳动对象范围　　　　　　　D. 提高生产组织效率

3. 依据生产资料所有制的性质,可以把生产关系分为两种基本类型,它们是( )。

　　A. 以生产资料公有制为基础的生产关系

　　B. 以生产资料私有制为基础的生产关系

　　C. 以生产资料国有制为基础的生产关系

　　D. 以生产资料民营制为基础的生产关系

4. 正像达尔文发现有机界的发展规律一样,马克思发现了人类历史的发展规律,即直接的物质的生活资料的生产,从而一个民族或一个时代的一定的经济发展阶段构成了基础,人们的( )都是从这个基础上发展起来的。

　　A. 国家设施　　　B. 法的观点　　　C. 艺术　　　D. 宗教观念

5.社会基本矛盾,即(　　)贯穿并制约着社会发展的全过程,规定社会发展过程的基本性质。

　　A. 生产力和生产关系的矛盾

　　B. 经济基础和上层建筑的矛盾

　　C. 人民日益增长的物质文化需要同落后的社会生产之间的矛盾

　　D. 人民日益增长的美好生活需要和不平衡不充分的发展之间的矛盾

6.恩格斯指出:"所谓的'社会主义社会'不是一种一成不变的东西,而应当和任何其他社会制度一样,把它看成经常变化和改革的社会。"这段话的核心意思是(　　)。

　　A. 社会主义改革促进社会主义这一社会形态的根本变化

　　B. 社会主义改革是社会主义制度的自我完善、自我发展

　　C. 社会主义改革是社会发展中的量变和部分质变

　　D. 社会主义改革是社会发展中的质变

7.科学技术的发展标志着人类改造自然能力的增强,对社会发展有巨大的推动作用,但是科学技术在运用于社会时也会给社会带来一定的消极影响。其中的原因包括(　　)。

　　A. 科技发展导致了社会信仰和礼俗的崩坏

　　B. 人们对自然规律和人与自然的关系认识不够深入

　　C. 人们缺乏对科学技术消极后果的强有力的控制手段

　　D. 在资本主义制度下,科学技术常常被用作剥削压迫人民的工具

8.唯物史观认为文化是一个国家、一个民族的灵魂,是一种推动社会发展的重要力量,这是因为(　　)。

　　A. 文化为社会发展提供思想指引

　　B. 文化为社会发展提供精神动力

　　C. 文化为社会发展提供制度保障

　　D. 文化为社会发展提供凝聚力量

9.19世纪初,英国的土地贵族和资产阶级这两个阶级争夺统治的斗争,是英国全部政治斗争的中心。从1830年起,在英国和法国,工人阶级已被承认是争夺统治的第三个阶级。恩格斯评价指出:"这三大阶级的斗争和它们的利益冲突是现代历史的动力,至少是这两个最先进国家的现代历史的动力。"恩格斯的这个论断说明(　　)。

　　A. 当时英法等国的三大阶级代表了三类不同的生产资料所有制情况

　　B. 当时英法等国的三大阶级的斗争是社会基本矛盾的表现

　　C. 三大阶级的斗争根源于夺取政治权力的冲突

　　D. 三大阶级的斗争根源于经济利益的冲突

10.人民群众是历史的创造者,这集中体现在(　　)。

　　A. 人民群众是社会物质财富的创造者

B. 人民群众是社会精神财富的创造者

C. 人民群众是社会变革的决定力量

D. 人民群众是历史规律的创造者

专题四　题海游弋答案

五、参考资料

1. 马克思:《〈政治经济学批判〉序言》,《马克思恩格斯选集》(第2卷),人民出版社2012年版。

2. 习近平:《坚持历史唯物主义不断开辟当代中国马克思主义发展新境界》,《求是》2020年第2期。

3. 习近平:《发展新质生产力是推动高质量发展的内在要求和重要着力点》,《求是》2024年第11期。

4. 陈先达:《历史唯物主义与当代中国》,中国人民大学出版社2019年版。

5. 郝立新、陈世珍:《我们为什么需要历史唯物主义》,江苏人民出版社2018年版。

6.《马克思主义基本原理》编写组:《马克思主义基本原理》,高等教育出版社2023年版。

专题五　资本主义论（上）

一、学习目标

1. 知识目标：从总体上把握马克思主义政治经济学的理论框架与脉络，了解马克思主义经济学的重大理论创新，深刻理解马克思主义经济学是揭示资本主义生产方式的内在矛盾，揭示资本主义剥削的秘密，揭示资本主义产生、发展、灭亡规律的学说。

2. 能力目标：从马克思主义经济学的立场、观点出发，辨别各种观点，分析实践中的经济现象。

3. 世界观目标：树立生产力决定生产关系、经济基础决定上层建筑的历史唯物主义世界观和方法论，即生产力决定生产关系的矛盾运动规律是人类社会发展的一般规律。

二、教师导航

马克思主义政治经济学是马克思主义理论的三大组成部分之一，它的研究对象是资本主义生产关系。马克思和恩格斯在批判性地吸收和借鉴前人研究成果的基础上，实现了劳动价值论上的科学革命和剩余价值理论的伟大发现，这样的一个理论体系揭示的是资本主义生产关系发生、发展和灭亡的规律。我们一般把《资本论》看作马克思主义政治经济学的奠基之作，在这部著作当中，以剩余价值为中心，对资本主义进行了彻底批判。

第一讲　　马克思劳动价值论及其当代价值

（一）马克思是怎样分析劳动创造价值的？

关于劳动创造价值的观点，在马克思之前的资产阶级经济学家就曾提出过，如英国古典政治经济学的代表人物之一威廉·配第提出了劳动是价值的源泉的观点，英国古典政治经济学的另一个重要代表人物亚当·斯密也提出了劳动创造价值的观点。这些重要观点，成为马克思劳动价值论的重要思想来源。

马克思之前的资产阶级经济学家关于劳动创造价值的观点并不科学。如在威廉·配第看来，只有生产金银的劳动才创造价值，这就把创造价值的劳动局限在一个生产部门了。再如亚当·斯密虽然把劳动创造价值的观点扩展到了所有生产部门,但他认为只有在简单商品经济中,劳动创造价值的观点才成立。到了资本主义社会,商品价值的源泉就不再是劳动,而是由工资、利润和地租共同构成的。这样,亚当·斯密就陷入了两种相互矛盾的价值理论之中。

资产阶级经济学家之所以不可能形成科学的劳动价值论,主要有两方面的原因:一是他们不能对劳动进行科学认识,而马克思提出的"劳动二重性"学说,彻底解决了这一问题;二是他们代表资产阶级利益,这一阶级立场决定了他们不可能承认劳动是价值的唯一源泉,而马克思则站在无产阶级的立场,敢于把劳动创造价值的真理坚持到底。

马克思分析劳动如何创造价值,是从分析商品入手的。这是因为资本主义制度下的社会财富表现为一种惊人的、庞大的商品堆积,单个的商品表现为它的元素形式。

1. 商品和商品经济

商品是马克思主义政治经济学理论分析的一个逻辑起点。在《资本论》的第一卷第一章中就写了这样一段话:"资本主义生产方式占统治地位的社会的财富,表现为'庞大的商品堆积',单个的商品表现为这种财富的元素形式。因此,我们的研究就从分析商品开始。"马克思从资本主义生产方式的普遍联系和复杂结构中,把商品这个细胞形态抽取出来,并把商品的概念作为理论分析的起点,就是要从对事物的细胞形态的分析当中,揭示它所包含的一切矛盾的运动和发展,这是方法,也是贯穿于整个政治经济学分析的一种辩证方法。资本主义制度下的社会财富表现为"庞大的商品堆积"。商品是社会财富,社会财富就是"庞大的商品堆积",它的表现形式就是商品。

(1) 商品与产品

产品是人类的劳动产物,它是有用的,是为了满足人类的某种使用需要;而商品有一个更重要的特征,它既是有用的,又是以交换为目的的,也就是说,提到商品,就意味着交换。

例如,大家可以思考一下:鲁滨逊在荒岛上生产的产品是商品吗?

在荒岛上,鲁滨逊与他的劳动产品的关系就非常简单,他的生产就是为了满足自己的需要,由于他所处的环境的限制,他无法与别人进行交换。这个时候,他生产的东西就只是产品。

(2) 商品的二重性

商品是用来交换的、能够满足人的某种需要的劳动产品,它具有使用价值和价值这两种属性,是使用价值和价值的矛盾统一体。使用价值就是指具体的劳动成果,它可以用来满足人们的某种需要。在商品生产条件下,财富的物质内容总是由使用价值构成的。使用价值同时是交换价值和经济关系的载体,是价值的物质承担者。

简单到一件衣服,复杂到一台电脑,它们都具有使用价值。使用价值是看得见、摸得着的,它能直接满足我们的物质需要,只要人类社会和劳动产品存在,使用价值就存在。也就是说,使用价值是商品的自然属性、自然形态。

(3)商品经济

商品经济是以交换为目的而进行生产的经济形式,是一定社会历史条件的产物。与商品经济相对立的是自然经济,即自给自足经济。

商品经济的发展经历了简单商品经济和发达商品经济。资本主义商品经济属于发达商品经济。

(4)商品经济产生的社会历史条件

商品经济产生的条件有两个:一是社会分工。社会分工是生产力发展的产物。生产力越发展,社会分工越细,生产出来满足人们需要的劳动产品就越丰富。社会分工为商品生产和交换提供了前提条件。二是生产资料和劳动产品属于不同的所有者。在私有制下,生产资料和劳动产品归私人所有,一个人要想得到别人的产品以满足自己的需要,就只能进行交换。

2.使用价值和价值

商品的使用价值和价值这个范畴,是马克思用来说明商品的自然属性和社会属性的概念,用这样对立统一的二因素揭示了商品的本质。

使用价值是指商品能满足人的某种需要的有用性。使用价值反映人与自然之间的物质关系,是商品的自然属性,是一切劳动产品所共有的属性。正如马克思在《资本论》第一卷中所说:"不论财富的社会形式如何,使用价值总是构成财富的物质内容。"商品的使用价值与一般劳动产品的使用价值区别在于:是以交换为目的满足他人需要,还是用来满足生产者自身需要。

这里就涉及交换价值。交换价值是两种不同性质的使用价值相交换时量的比例关系,比如,1只绵羊＝2把斧头,2把斧头叫作1只绵羊的交换价值。

价值是凝结在商品中的无差别的一般人类劳动,即人的脑力和体力的耗费。价值是商品所特有的社会属性。价值是所有商品共有的东西,因为有了这个共同的东西,商品才能以一定的比例互相交换。马克思从质和量两个方面分析了商品的价值。从质上来说,价值的实体是劳动的凝结,这个劳动指的是抽象劳动的凝结;从量上来说,价值量是指商品中凝结的劳动量,因为作为无差别的抽象劳动,无论生产方式怎样变化,其作为人的体力与脑力的耗费这一本质是不会改变的。当劳动产品进入交换成为商品时,生产这种商品的劳动才能表现为价值,商品的交换,实质上是劳动的交换,也就是表现为一种社会关系,所以,价值是商品的社会属性,这里的社会属性指的是生产关系的性质。没有交换,商品卖不出去,就实现不了它的价值,也就不具有社会价值,这是我们把交换价值作为价值形式的意义。大家要注意的是,价值本身不是物,不是使用价值,价值的本质体现的是商品生产者之间的社会关系。

商品的使用价值和价值是一种对立统一的关系。对于同一商品来说,在商品交换过程中,使用价值和价值是相互排斥的,二者不可兼得。要获得商品的价值,就必须放弃商品的使用价值;要得到商品的使用价值,就不能得到商品的价值。这是二者对立的一面。商品必须同时具有使用价值和价值两个因素,使用价值是价值的物质承担者,价值寓于使用价值之中。一种物品如果没有使用价值,就是无用之物,即使人们为它付出了大量的劳动,也没有价值;一种物品尽管具有使用价值,但如果不是劳动产品,也没有价值。这是二者统一的一面。

【课堂讨论】 哲学上的价值和经济学上的价值有何不同?

二者的区别在于,价值的涵盖范围和评价标准不同。从范围上看,哲学上的价值是最为普遍意义上的主客体关系,主体一般意义上是人,而客体可以是任何事物。经济学上的价值是撇开了劳动的具体形式的无差别的人类劳动,它表示的不是人与物的关系,而是商品经济条件下人与人之间交换劳动的经济关系。从评判标准上看,哲学上价值的评判,主要依赖于主体的需要和利益,因此哲学上的价值具有一定的主观性。经济学上的价值是由生产该商品的社会必要劳动时间决定的,是较为客观的。

通过商品的二因素我们了解了作为有形的商品,表面看来是一种物,但在物的背后,它蕴含了丰富的经济关系。商品作为具有多种经济和社会属性、具有多种形式和作用的一种所谓"魔幻物",它不仅是人类劳动创造的产品,而且是劳动交换的中介和社会经济关系的载体。透过商品的物的表象,揭示其中所包含的经济关系,正是马克思主义政治经济学的伟大之处。

3.具体劳动和抽象劳动

在马克思看来,劳动具有二重性,即具体劳动与抽象劳动。劳动的二重性是指生产商品的劳动既是具体劳动过程,又凝结抽象劳动。为什么商品会具有使用价值和价值这二重因素呢?是因为劳动具有二重性。生产商品的劳动既是具体劳动,又是抽象劳动。具体劳动生产出使用价值,抽象劳动形成商品的价值。也就是说,劳动的二重性,创造了商品的二重性。使用价值体现为财富,价值体现商品中凝结的劳动,体现着劳动交换关系。我们知道劳动价值论并不是马克思最先创立的,但是劳动的二重性是马克思在经济思想史上首先发现的。

具体劳动,简单来说就是看得见、摸得着的劳动。具体劳动是人们使用具体的劳动工具,采用不同的劳动手段,出于特定的劳动目的所进行的劳动。比如说,我缝制衣服、你耕种土地、他建造房子,这些都是具体劳动。

抽象劳动,指的是抽象掉了一切具体形式的劳动,只能通过劳动时间来计量,也就是说,商品的价值量是用劳动时间来计量和表示的。我们再来看关于价值的定义,价值就是商品中凝结的人类劳动。这里所说的人类劳动有几种含义:第一,它必须是抽象劳动而不是具体劳动。具体劳动千差万别,每个劳动都不一样。用来描述商品的价值的劳动,一定是把这个具体劳动抽象后的劳动。第二,它是凝结的劳动,作为价值的人类劳动,必须是凝结状态的而不是流动状态或者潜在状态的劳动。第三,它必须是简单劳动,把复杂劳动进行折合以后的简单劳动,把复杂劳动作为倍加的简单劳动,这一点我们在后文解释。第四,它是社会劳动,而不是个别的劳动。

这里我们要注意的是,具体劳动和抽象劳动并不是两次劳动或者两种劳动,它们是生产商品的同一过程的两个方面,或者说二重属性。

还有一点要注意,马克思的劳动创造价值并不是说只有体力劳动才创造价值,科学技术或者说脑力劳动也是一种劳动形式,而且属于复杂劳动。至于复杂劳动与具体劳动的关系,它们是一种倍数关系。那到底是多少倍呢,这个不是资本家"拍脑袋"来决定的,而是由市场决定的。也就是说,虽然生产这种商品可以根据自己的成本和预期利润来确定价格,但最终还是需要市场的检验。同时,劳动也离不开物质基础,只有当劳动与自然物相结合时,才能创造出财富。这里要特别强调的是,良好的自然条件是提高劳动生产率的一个基本前提。当然,如果脱离了人的劳动,不管是体力劳动还是脑力劳动,再好的自然条件也不可能自动地产生人们所需要的产品。

具体劳动和抽象劳动具有对立统一关系。马克思曾经说过,把价值看作只是劳动时间的凝结和物化的劳动,对认识价值本身具有决定性意义。我们在前文已经讲过了,商品的二重性就是使用价值和价值,价值是商品的社会属性,商品的自然属性是使用价值。而商品又是社会财富的表现形式,这样一来,与商品的二重性相对应的,就是人类财富的二重性,或者说是两种状态。比如一把椅子,我们看到的椅子的实物,也就是它的自然物体,它的使用价值或者说效用就是供人们坐的。所谓使用价值,一是指商品本身,二是指它的效用,这是商品的自然属性。物质财富的另外一种形态是从商品的价值来说的,指的是制造这把椅子时所消耗的人类无差别的劳动。具体劳动和抽象劳动不是各自独立存在的两种劳动或两次劳动。具体劳动和抽象劳动在时间上和空间上是统一的,是商品生产者同一劳动过程中不可分割的两个方面。这是二者统一性的一面。正如马克思在《资本论》中指出的:"一切劳动,一方面是人类劳动力在生理学意义上的耗费;就相同的或抽象的人类劳动这个属性来说,它形成商品价值。一切劳动,另一方面是人类劳动力在特殊的有一定目的的形式上的耗费;就具体的有用的劳动这个属性来说,它生产使用价值。"

4. 商品价值量的决定、变动和比较

商品的价值量由劳动者生产商品所耗费的劳动量决定,而劳动量由劳动时间来计量。这个劳动时间不是每个生产者自己耗费的自然意义上的劳动时间,而是社会认可的劳动时间,即社会必要劳动时间。生产商品所需要的社会必要劳动时间随着劳动生产率的变化而变化。

劳动生产率指的是劳动者生产使用价值的效率。它的高低可以用单位劳动时间内生产的商品数量来测量,也可以用单位商品中所耗费的劳动时间来测量。劳动生产率水平越高,单位时间内生产的商品数量越多,生产每件商品所需要的社会必要劳动时间就越少,单位商品的价值量就越小;反之就越大。商品的价值量与生产商品所耗费的社会必要劳动时间成正比,与劳动生产率成反比。当然,影响劳动生产率的因素包括劳动者的平均劳动熟练程度、科学技术的发展水平及其在生产中的应用程度、生产过程的社会结合、生产资料的规模和效能以及自然条件。

复杂劳动生产出来的商品和简单劳动生产出来的商品相交换时,交换的比例关系是以简单劳动为尺度计算的。在相同的劳动时间里,复杂劳动创造的价值大于简单劳动创造的价值。复杂劳动等于自乘的或多倍的简单劳动,这个换算过程是在商品交换过程中自发实现的。

(二)如何理解金银和货币的关系

商品的价值形式是不断发展演变的。从历史上看,商品价值形式的发展经历了四个阶段,即简单的或偶然的价值形式、总和的或扩大的价值形式、一般价值形式以及货币形式。货币是在长期交换过程中形成的固定充当一般等价物的商品,是商品经济内在矛盾发展的产物,货币的本质体现为一种社会关系。

1. 价值形式的发展

价值的实质是商品中所能体现的人和人之间的经济关系。人和人的经济关系在商品经济、市场经济中就是商品和商品的关系,就是劳动和劳动的关系,就是物和物的关系。反过来说,在物和物进行交换的时候所体现的就是人和人的关系。马克思主义经济学的先进之处,正是认识到了商品流动背后的人和人的关系,以及劳动者和劳动者之间的关系。马克思说,经济关系是在物的掩盖下的人和人的关系,只看见物,只看见商品、货币、资本,而看不见人,就会产生"商品拜物教"。

马克思是从"20码麻布＝1件上衣"这个等式讲起一种商品的价值是通过另一种商品来表现的。也就是"X 量商品 A＝Y 量商品 B",这就是简单的价值形式,简单价值形式存在于物物交换时期,有些原始部落开始有了剩余产品,不同的部落之间开始交换。这样一个"X 量商品 A＝Y 量商品 B"的简单价值形式,它的本质就是,一种商品的价值表现在另一种商品的使用价值上,这时,抽象劳动和具体劳动的矛盾、社会劳动和私人劳动的矛盾开始展开了,使用价值和价值的矛盾也开始展开了。也就是说,本来内在于商品之中的矛盾,物化为两个商品之间的关系。还有一点,这个时期的交换是偶然的,因为真正意义上的商品还没有出现,就是说生产出来的产品在交换之前都不是商品,只有通过交换才能成为商品,所以,在这个时候价值量的确定相对不那么科学,它的偶然性比较大。这样一来,在简单价值形式下,具体劳动成为它的对立面——抽象的人类劳动——的表现形式,私人劳动成为它的对立面——社会劳动——的表现形式。

随着人类的生产力水平的不断提高,越来越多的部落开始有了各式各样的剩余产品,交换行为逐渐活跃起来。这个时候,一个部落的20码麻布不止可以换来1件上衣,在其他的部落可以换来10只绵羊,或者再换一个部落可以换来5斤谷物,等等。这个时候我们发现,一种商品的价值可以表现在一系列商品的价值上,也就是"Z 量商品 A＝U 量商品 B,或＝V 量商品 C,或＝W 量商品 D,或＝X 量商品 E,或＝其他",这就是扩大的价值形式。之所以有这种变化,就是我们刚才提到的,交换已经成为一种具有经常性的现象,而且有一部分商品是为交换而生产的。

随着交换活动的进一步增加,人们需要找到一种在这一地区普遍认可和接受度比较高的商品当作一般等价物。如在有的地区,把珍珠当作一般等价物,这个阶段叫作一般价值形式,全社会的各种商品的价值都用统一的一个商品来表现。

但是,随着交换范围的扩大又出现了新的问题。如不同地区所认可的一般等价物不一样,还有就是许多一般等价物的性质不是那么理想。逐渐地,人们开始把一般等价物的选择聚焦在金银这种特殊商品上。此时,价值形式最终发展到了货币形式。

从上述过程可以看出,货币是从商品中分离出来固定充当一般等价物的商品。货币是最高的价值形式,也是最完整的价值形式。用货币表示商品的价值称为价格,也就是说,价格是商品价值的货币表现。

2.货币的本质和职能

货币之所以能够表现其他商品的价值,是由于金或者银本身也是商品,具有价值。因此,货币的本质是固定地充当一般等价物的商品,体现商品生产者之间的社会经济关系。

货币的本质体现在货币的职能之中,货币的职能是指货币在社会经济生活中的作用。在市场经济条件下,货币具有五个职能:价值尺度、流通手段、贮藏手段、支付手段和世界货币。其中,价值尺度和流通手段是货币的两个基本职能。

(1)价值尺度。货币充当计量其他一切商品价值量大小的尺度。如1匹布价值:100小时;100克黄金价值:100小时。当商品的价值用货币来表现的时候,商品的内在价值就外化为价格。货币作为价值尺度,只需要观念货币,不需要现实中的货币。

(2)流通手段。货币充当商品交换的媒介。

(3)贮藏手段。货币退出流通领域而被作为社会财富的一般代表。可以无限制地被保存起来,并可以随时变成任何其他商品。货币作为贮藏手段可以自发地调节货币量。正如马克思在《资本论》中所说:"货币贮藏的蓄水池,对于流通中的货币来说,既是排水渠,又是引水渠,因此,货币永远不会溢出它的流通的渠道。"

充当贮藏手段的货币,必须是实在的、足值的金银货币。只有金银铸币或金银条块才能发挥货币的贮藏手段的职能。纸币可以储存,例如银行储蓄,但纸币不具备贮藏手段的职能。

(4)支付手段。货币具有清偿债务和支付赋税、租金、工资等职能。某些商品生产者在需要购买时没有货币,只有到将来某一时间才有支付能力。同时,某些商品生产者又急需出售其商品,于是就产生了赊购赊销关系。

(5)世界货币。在国际市场上发挥一般等价物作用的货币。其具有支付国际收支差额、购买外国商品和作为财富转移到别国的职能。当货币执行世界货币职能时,能充当世界货币的必须是有价值的货币商品——黄金、白银。但随着世界经济的发展,一些经济实力强大的国家的纸币也具有某种世界货币的职能,如美元。

此时,我们就对"劳动是创造价值的源泉"这句话有了更深刻的理解。如前所述,价值就是人类抽象劳动的凝结。同时,从使用价值的定义可知,劳动并不是使用价值的唯一源泉,要生产出有用的物质财富,也就是使用价值,只有具体的劳动是不够的,没有生产资料的参与,就相当于巧妇难为无米之炊了。因此,马克思赞同威廉·配第所说的一句话,即"劳动是财富之父,土地是财富之母"。

(三)为什么说价值规律是商品经济的基本规律?

1.价值规律及其作用

价值规律是商品生产和商品交换的基本经济规律,即商品的价值量取决于社会必要劳动时间,商品按照价值相等的原则互相交换。价值规律的基本内容是:(1)商品的价值量是由生产这种商品的社会必要劳动时间决定的。(2)商品交换要以价值量为基础,实行等价交换。价值规律的作用:一是价值规律调节生产资料和劳动力在各生产部门的分配;二是价值规律刺激商品生产者改进生产技术、改善经营管理、提高劳动生产率;三是价值规律促使商品生产者在竞争中优胜劣汰。

2.价值规律是商品经济的基本规律

价值规律贯穿于商品经济的全部过程,价值规律是价值决定规律和价值实现规律的统一,支配着商品生产者的命运。

价值决定规律支配商品生产。商品的价值量由生产商品的社会必要劳动时间决定,这是价值决定的规律,它对商品生产起着决定性作用。在商品经济社会,一种商品的价值量并不由某个生产者的主观意志决定,而是通过市场上的交换和竞争形成的,社会只承认生产这种商品的社会必要劳动时间。

价值实现规律支配商品流通。商品交换以商品的价值量为基础,实行等价交换,这是价值实现的规律,对商品交换起着决定性作用。在实际交换中,商品价格符合价值的情况是偶然的,不符合的情况却是经常的,多数是商品供过于求或供不应求的情况。市场上各种商品的价格虽然涨落不定,但总是围绕一个中心上下波动,这个中心就是价值。

3.价值规律的表现形式

价值规律的表现形式是,商品的价格围绕商品的价值自发波动。价格总是以价值为基础,围绕价值上下波动。从长期来看,价格高于或者低于价值的部分会相互抵消,从而价格总量等于价值总量。

4.价值规律的作用

价值规律在贯彻过程中会产生相应的社会结果,对社会经济产生作用。

(1)价值规律在市场配置资源过程中的积极作用。具体表现为,自发地调节生产资料和劳动力在社会各生产部门之间的分配比例;自发地刺激社会生产力的发展;自发地调节社会收入的分配。

(2)价值规律在自发调节经济活动时的消极作用。具体表现为,导致社会资源浪费;阻碍技术进步;导致收入两极分化。

(四)马克思劳动价值论的理论和实践意义

马克思劳动价值论扬弃了英国古典政治经济学的观点,为剩余价值论的创立奠定了基础。英国古典政治经济学家们虽然认识到了商品的二因素,提出了劳动创造价值的观点,认识到决定商品价值量的是社会必要劳动量,而不是生产商品实际耗费的劳动量,但是他们没有区分劳动的二重性,所以不能回答什么劳动创造价值,不能明确区分价值和交换价值不是通过生产商品所耗费的劳动来解释价值,而是通过该商品所换来的另一种商品包含的劳动量来解释该商品的价值,不理解社会必要劳动量是如何决定商品价值量的。

马克思创立了劳动二重性理论,第一次确定了什么样的劳动形成价值、为什么形成价值以及怎样形成价值,阐明了具体劳动和抽象劳动在商品价值形成中的不同作用,从而为揭示剩余价值的真正来源、创立剩余价值理论奠定了基础。马克思劳动二重性理论成为"理解政治经济学的枢纽"。

马克思劳动价值论通过对私有制商品经济条件下生产商品的劳动所特有的社会性质及其表现形式的分析,揭示了商品经济的内在矛盾及其运动规律,揭露和批判了商品拜物教观念,从物与物的关系背后揭示了人与人的关系。马克思劳动价值论所包含的关于价值的本质和价值量的规定的理论、关于价值形式的演变和货币的产生及其本质的理论、关于价值规律的理论等,都是对商品生产、商品交换和市场经济发展一般规律的揭示,对理解社会主义市场经济具有指导意义。

(五)资本主义的形成及以私有制为基础的商品经济的矛盾

1.资本主义生产关系的产生

(1)在封建社会末期小商品生产者两极分化基础上资本主义生产关系的产生。小商品经济即简单商品经济,它是建立在生产资料个体私有制基础上、以手工劳动进行商品生产的经济。典型的小商品经济是个体手工业和个体农民经济。

(2)商业的发展对资本主义生产关系的产生起到了重要促进作用。

(3)资本原始积累加速了资本主义生产关系的形成。资本主义生产关系的形成在经济上需要具备两个基本条件:一是大量的有人身自由但失去生产资料的劳动者;二是少数人手中积累起为组织资本主义生产所需要的大量货币财富。这两个条件通过小商品生产者的两极分化已逐渐准备着,但是,单纯依靠小商品生产者的两极分化来实现这两个条件,是一个相当缓慢的过程。新兴资产阶级为了促进资本主义的发展,便采取暴力手段加速这两个条件的形成。这个过程发生在资本主义经济制度确立之前,所以叫作资本的原始积累。

资本原始积累的实质是用暴力手段剥夺小生产者的生产资料,强迫劳动者同生产资料相分离,使生产资料和货币财富在少数资本家手中迅速积累起来,并使劳动者沦为出卖劳动力的雇佣工人。

新兴资产阶级为了加速货币财富的积累,还用暴力手段掠夺社会财富,从而积累起大量货币资本。

2. 资本的原始积累、资本主义生产方式的形成

资本主义生产关系产生之后,其成长是一个缓慢的过程。15世纪末美洲通往印度航道的新发现、世界市场的迅速扩大,要求商品生产以更大的规模和更快的速度发展,这一任务只能靠资本主义社会化大生产来实现。新兴资产阶级便开始进行资本的原始积累,利用暴力手段为资本主义的迅速发展创造条件。所谓资本原始积累,就是生产者与生产资料相分离、货币资本迅速集中于少数人手中的历史过程。在西欧,资本原始积累开始于15世纪后30年,经过16世纪的高潮,一直延续到19世纪初才告以结束。资本原始积累主要是通过两个途径进行的:一是用暴力手段剥夺农民的土地;二是用暴力手段掠夺货币财富。资本原始积累的事实表明,资产阶级的发家史就是一部罪恶的掠夺史,正如马克思所说:"资本来到世间,从头到脚,每个毛孔都滴着血和肮脏的东西。"[①]

资本主义生产关系产生之后不断发展和成熟,反过来又促进了生产力的进一步发展。生产力和生产关系的进一步发展,对上层建筑的彻底变革提出了强烈要求,这就是:在政治上完成资产阶级革命,用资产阶级政权取代封建地主阶级的政权。在地主阶级同农民的矛盾极端尖锐、封建统治已被农民战争严重动摇的情况下,新兴资产阶级利用广大农民和其他城乡劳动者的力量,通过暴力手段,展开夺权斗争。17世纪中期和18世纪后半期,英、法等国先后进行了资产阶级革命,经过复辟和反复辟的长期斗争,建立了资产阶级的政治统治,进而在资产阶级政权的帮助下,实现了产业革命,机器大工业代替了工场手工业,促进了社会生产力和资本主义生产关系的空前大发展,最终建立起了资本主义生产方式。

3. 商品经济产生的历史条件

商品经济是人类社会发展到一定历史阶段的产物。它的产生,必须具备两个条件:一是社会分工。它是商品经济产生的基础。因为社会分工,才提出了进行交换的要求,也才有了进行交换的可能。社会分工的特征表现为每一个劳动者只从事某种局部的、单方面的劳动,只生产某些甚至某种单一的产品。而人们的需要或需求则是多方面的。为了满足多方面的需求,生产者便必然要相互用自己生产的产品去交换自己不生产而又需要的产品。这种商品生产和商品交换就是商品经济。二是所有权不同。它是商品经济产生的前提。因为生产资料和劳动产品属于不同的所有者,所以才发生了交换行为。由此可见,商品经济既是社会分工的产物,又是私有制的产物。在私有制的条件下,产品交换的双方成为独立的利益主体,成为经济利益的对立面。这就决定了双方的交换不能是不等式的,而只能是等式的,即

[①] 马克思:《资本论》(第一卷),人民出版社2018年版,第871页。

商品经济中的等价交换原则。劳动产品的交换既然是等价的商品交换,那么,生产者的生产过程就成为以直接交换为目的的商品生产过程。

4. 私有制基础上商品经济的基本矛盾

(1)以生产资料私有制为基础的商品经济的基本矛盾,是私人劳动和社会劳动的矛盾。

(2)在以私有制为基础的商品经济中,生产资料私有制和社会分工这两个条件的存在,客观上决定着商品生产者的劳动必然具有私人劳动和社会劳动的双重属性。

(3)私人劳动与社会劳动的矛盾,之所以是以私有制为基础的商品经济的基本矛盾,是因为这一矛盾决定着以私有制为基础的商品生产者的命运。

5. 劳动力成为商品与货币转化为资本

(1)劳动力成为商品

在资本主义社会出现之前,人们过着自给自足的自然经济生活,自己生产,自己消费,并上交自己的劳动产品给统治阶级。但到了资本主义社会,一个重大的变化发生了——随着生产力的发展,以及社会财富的急速分化,多数人成为表面上拥有人身自由但是两手空空的赤贫劳动者,他们没有生产资料,没法再过自给自足的生活,他们必须走向市场,把自己的劳动力出卖给拥有生产资料的资本家。也就是说,劳动力成了商品,它存在于劳动者体内,在劳动力市场上像其他普通商品一样出售。

(2)劳动力商品的特殊性

劳动力成为商品,并与其他商品一样,也具有商品的二因素,即使用价值和价值。劳动力商品的使用价值是劳动,是创造交换价值的要素。马克思说:"劳动能力自身作为一种能力,是创造价值的活动,并且作为这样的活动,它不是从过程中才产生的,而相反地是过程的前提。它是作为创造价值的能力被人购买的。"[1]关于劳动力的价值,马克思也从质和量两个方面进行了论述,他认为,"劳动力的价值可以归结为一定量生活资料的价值","同任何其他商品的价值一样,劳动力的价值也是由生产从而再生产这种特殊物品所必需的劳动时间决定的"[2]。劳动力只是作为获得个体的一种能力而存在,因此,劳动力的生产要以获得个体的存在为前提。假设个体已经存在,劳动力的生产就是这个个体本身的再生产或维持。那么这个个体要维持自己,就需要有一定量的生活资料。因此,生产劳动力所需要的劳动时间,就可以换算为为生产这些生活资料所需要的劳动时间,或者说,劳动力的价值,就是维持劳动力所有者所需要的生活资料的价值。这样我们就可以看到,劳动力在使用价值上与其他商品不同,劳动力商品的使用价值具有特殊性。这种特殊性就在于,劳动力商品在使用时,也就是工人在进行劳动的时候,会创造出价值,并且能够创造出比劳动力自身的价值更大的价值。"资本家购买劳动力时,正是看中了这个价值差额。"剩余价值,就是雇佣工人在生产

---

[1] 马克思:《资本论》(第二卷),人民出版社2018年版,第200页。
[2] 马克思:《资本论》(第二卷),人民出版社2018年版,第200页。

过程中创造的、超过他自身的劳动力价值的、被资本家无偿占有的那部分价值。剩余价值是在资本的生产过程中生产出来的,换句话说,资本的生产过程就是剩余价值的生产过程。

(3)资本主义生产关系下的劳动力商品

在人类社会的发展史上,资本主义生产是第一个以商品生产和商品交换作为普遍形式的社会。为什么资本主义社会普遍采用这一生产方式呢?马克思说:"它之所以如此,在它的发展中之所以越来越如此,只是因为在这里,劳动本身表现为商品,因为工人出卖劳动,即他的劳动力的职能,并且如我们所假定的,是按照它的再生产的费用决定它的价值出卖的。"①由此可见,劳动力商品资本化,是资本主义生产方式赖以存在的基础。货币转化为资本的秘密,或者说,剩余价值生产的前提,就在这里,也就是劳动力成为商品,并且劳动力商品具有它的特殊性。

那么,为什么资本家把他的一部分资本价值转化为劳动力、转化为可变资本就能产生剩余价值呢?从劳动力买卖的形式上看,资本是在流通中发生了价值增殖。但按照价值规律的要求,资本在流通领域是不能增殖的。解决这个矛盾的关键是劳动力成为商品。对此,马克思说:"具有决定意义的,是这个商品独特的使用价值,即它是价值的源泉,并且是大于它自身的价值的源泉。"②

(4)劳动力成为商品的条件

同时我们要知道,劳动力并不是在任何社会条件下都要成为商品的,资本所有者要在市场上找到作为商品的劳动力,必须存在各种条件。劳动力成为商品,需要两个基本的条件。第一,劳动力所有者要把劳动力当作商品出卖,他就必须能够支配它,从而必须是自己的劳动能力、自己人身的自由的所有者。作为劳动力所有者的雇佣工人和作为货币所有者的资本家,在市场上相遇,彼此是作为身份平等的商品所有者发生关系的,一个是买者,另一个是卖者。这种关系要保持下去,劳动力所有者就必须始终把劳动力出卖一定时间,因为他要是把劳动力一次全部卖光,他就出卖了自己,就从自由人成为奴隶,从商品所有者变成商品。因此,必须把自己的劳动力当作自己的财产,从而当作自己的商品。而要做到这一点,他必须始终让买者只是在一定期限内暂时支配他的劳动力、使用他的劳动力,也就是说,他在让渡自己的劳动力时不放弃自己对劳动力的所有权。第二,劳动力所有者没有可能出卖有自己的劳动物化在内的商品,而不得不把只存在于他的活的身体中的劳动力本身当作商品出卖。劳动者已经与生产资料相分离,所以我们说他们的人身自由只是表面上的自由,只有选择把自己的劳动力卖给谁的自由,而没有卖与不卖自己劳动力的自由。

(5)货币转化为资本

货币转化为资本,就好像是一个化蛹为蝶的过程。货币是商品交换的产物,也是资本的

---

① 马克思:《资本论》(第二卷),人民出版社2018年版,第47页。
② 《马克思恩格斯文集》(第5卷),人民出版社2009年版,第226页。

最初表现形式，商品生产活动都必须首先使用一定数量的货币，用来购买生产资料和劳动力。资本在最初总是表现为一定数量的货币，也正因为这样，人们往往容易把货币说成是资本。但是，货币本身不是资本，作为货币的货币和作为资本的货币，这两者是有本质区别的。作为货币的货币，只是商品交换的媒介；作为资本的货币，是带来剩余价值的手段。货币转化为资本的根本标志就在于它带来了剩余价值。

马克思的劳动价值论，是马克思主义政治经济学的基础，是马克思在批判和继承古典经济学劳动价值论的基础之上创立的，是一个完整的、科学的理论体系，包括诸多范畴，例如商品的二重性、劳动的二重性、价值的本质、价值实体、价值量、价值形式、价值构成、价值规律等。

第二讲 马克思的剩余价值理论与经济危机

（一）生产剩余价值是资本主义生产方式的绝对规律

马克思采用先研究货币再研究资本的方法确立了剩余价值的概念，并且指出，出现在市场上的不是劳动，而是劳动力。那么，资本家在市场上买到了生产资料和劳动力商品之后，怎样在生产过程中获得价值的增殖呢？

资本主义生产过程具有二重性：一方面是生产使用价值的劳动过程；另一方面是生产剩余价值的价值增值过程。资本主义劳动过程的特点表现在这样两个方面：一是工人是在资本家的监督和指挥下进行劳动的，他们的劳动归属于资本家；二是劳动产品归资本家所有。在这当中，真正体现资本主义生产实质的并不是劳动过程，而是价值增殖过程。

1. 资本主义生产过程的本质特征

资本主义生产过程的本质特征在于，它是价值的形成过程和价值增殖过程的统一。我们先来看价值形成过程，价值形成过程是价值增殖过程的基础。在资本主义生产过程中，资本家最看重的是价值增殖过程，也就是工人在劳动过程中创造的新价值。一开始，这部分新价值的量会先达到工人工资的水平，而生产这个价值量的时间就被称为必要劳动时间，也就是新增加的价值只够用来给工人发工资，如果生产到这里就结束的话，那资本家就没有多余的价值可以赚，因此，资本家会要求工人继续这个生产过程。达到工人工资这个点的价值形成过程，也就是预付资本价值的补偿过程。但是仅仅达到这样一个点，资本家是不会满意的，他们一定要使这个价值形成过程转变为价值增殖过程。什么是价值增殖过程呢？马克思说："价值增殖过程不外是超过一定点而延长了的价值形成过程。"[①]这里就出现了必要劳动时间和剩余劳动时间的概念。必要劳动时间就是工人用于再生产劳动力价值的时间，也就是维持自身的劳动力所需要的社会必要劳动时间；剩余劳动时间就是超过生产这个必要劳动时间的生产剩余价值的时间。这种价值就是由雇佣工人在剩余劳动时间创造的、被资

---

① 马克思：《资本论》（第一卷），人民出版社2018年版，第227页。

本家所无偿占有的、超过劳动力价值的那部分价值。因此,剩余价值的源泉就是雇佣工人的剩余劳动。资本主义劳动过程的特殊性在于,它不仅是使用价值的生产过程,而且是价值和剩余价值的生产过程。在劳动过程当中,生产资料转移了自身的价值,与此同时,活的劳动创造了新的价值,这两者结合在一起形成了产品的总价值。这样一个存在资本与劳动相交换的资本主义劳动过程,同时也是一个价值增殖的过程。价值增殖的关键就在于存在劳动力这样一种特殊商品,劳动力的价值和劳动力的使用与劳动在劳动过程中创造的价值是两个不同的量,资本家购买劳动力的时候,正是看中了这个价值差额。劳动力的卖者和任何别的商品卖者一样,为了实现劳动力的交换价值,而让渡劳动力的使用价值,但是具有决定性意义的是这个商品独特的使用价值,因为劳动力的使用价值是价值的源泉,并且是大于它自身价值的源泉。比如,资本家支付了劳动力的日价值,所以说劳动力一天的使用,或者说劳动者这一天的劳动就归他所有了。但是,要让这个劳动力能够维持一天,假定它只需要花费半个工作日,而实际上,劳动者是劳动了一整天,这样,劳动力使用一天所创造的价值比劳动力自身一天的价值就大了一倍,那么这个超过劳动力价值的部分就是价值的增殖部分,也就是被资本家白白占有的剩余价值。所以说,价值增殖过程不外是超过一定点而延长了的价值形成过程。如果资本所支付的劳动力价值被新的等价物所补偿,那就是单纯的价值形成过程,如果价值形成过程超过了这一点,那就成为价值增殖过程。因此,生产剩余价值是资本主义生产的实质,而无偿占有剩余价值则是资本家发财致富的秘诀。

前文在分析商品的时候,我们说商品有使用价值和价值这个对立统一的二因素,并且,商品的二因素是由劳动的二重性决定的,生产商品的劳动,既是生产使用价值的具体的、有用的劳动,同时又是生产价值的抽象的人类劳动。分析剩余价值的时候,我们说包含在商品以及商品劳动中的这种对立,又在这里把自己表现为商品生产过程当中不同方面的差别,也就是说,从简单商品的生产过程来说,它是劳动过程和价值形成过程;从资本主义商品的生产过程来说,它是劳动过程和价值增殖过程,对于整个资本主义生产过程,我们都要从对立统一的角度来理解。

2. 生产剩余价值的具体方法

对于资本家来说,剩余价值的具体生产方法有两种,即对剩余价值的生产与相对剩余价值的生产。我们首先来看一个概念,就是剩余价值率,指的是剩余价值与可变资本的比率,用来反映资本家对工人的剥削程度。用公式来表示就是:

$$剩余价值率(m') = 剩余价值(m)/可变资本(v)$$

追求剩余价值是资本主义生产的实质,也是资本主义生产方式的绝对规律。资本家增加剩余价值的基本方法就是绝对剩余价值的生产和相对剩余价值的生产。

先来看绝对剩余价值。绝对剩余价值的生产,是在劳动生产力和劳动强度不变的前提下,通过劳动者工作日的绝对延长而实现的,工作时间越长,形成的剩余价值就越多。所以说,工作日的长度是绝对剩余价值生产的中心问题。在资本野蛮生长的早期历史中,资本家对绝对剩余价值的榨取是相当残酷的。在《资本论》中马克思对这些现象有所记载,比如"资本由于无限度地盲目追逐剩余劳动……不仅突破了工作日的道德极限,而且突破了工作日的纯粹身体的极限。它侵占人体成长、发育和维持健康所需要的时间。它掠夺工人呼吸新鲜空气和接触阳光所需要的时间"。另外,由于童工工资低廉,也易于管理,资本家大量使用童工,"一个7岁的孩子竟然劳动15个小时!"在整个资本主义社会,围绕工作日长度的斗争一直都存在,资本家力求延长工作日,工人则反对延长工作日。马克思对工作日的研究是以他对人与人之间的现实生产关系的研究为基础的。他认为,工作日的长度在一定的劳动力生理和社会道德的界限之内,是一个可变的量。在这个限度内,资本家力求延长工作日的界限;反之,劳动者则要求标准长度的工作日。在资本主义生产的历史上,工作日的逐渐正常化过程,就表现为围绕规定工作日界限的斗争,这是全体资本家(资产阶级)和全体工人(工人阶级)之间的斗争。斗争的结果取决于这两个阶级的力量对比,在这种情况下,工人的联合就产生了作用,很多国家的工人通过罢工等形式的运动,争取到了工作日长度的缩短,英国、美国等在这一时期颁布了关于工人工作日缩短的相关法令。

从工人阶级和资产阶级相互斗争的总体的历史进程上看,工人的工作日是在逐步缩短的,那资本家还能一直获得剩余价值吗?答案是肯定的,而且资本家还获得了更多的剩余价值,这是通过相对剩余价值的生产而实现的。相对剩余价值的生产,是指在工作日长度不变的条件下,资本家通过缩短必要劳动时间在总劳动时间中的占比,也就是增加剩余劳动时间的占比来实现的,即资本家通过提高劳动生产率和劳动强度来榨取更多的剩余价值。进行相对剩余价值生产的关键,就是要缩短必要劳动时间而相应延长剩余劳动时间。要缩短必要劳动时间,就必须提高社会劳动生产率,所以相对剩余价值是社会劳动生产率提高的结果。先进科学技术的应用可以提高生产力水平,不断升级的生产组织形式也会大大提高劳动生产力水平。在资本主义发展的历史上,最先出现的是资本主义的简单协作,之后是工场手工业的分工协作,又发展到机器大工业的协作。在这个过程中,劳动生产力水平在质和量上都有了很大的提高。到了机器大工业时期,就出现了资本主义生产的典型形式,即机器开始被广泛地使用,并且成为工业生产的主宰,传统的手工劳动逐渐减少。在资本主义制度下,机器的应用所带来的生产方式的变革,也使得工人彻底地被资本所控制和吞没,人成了机器的附庸,更多的剩余价值被榨取。

讲到这里,我们就了解了剩余价值生产的几个核心问题,包括:劳动力成为商品是剩余价值生产的前提;剩余价值的生产过程是劳动过程与价值增殖过程的统一;资本家获取剩余价值的方法有两种,即相对剩余价值的生产和绝对剩余价值的生产。

3. 剩余价值理论的意义

在马克思之前的很多经济学家的理论体系当中,虽然也曾经涉及剩余价值方面的问题,但他们基本上聚焦在现象上,关注的是比如利润、利息、地租等,这些都只是剩余价值的表现形式。马克思透过现象看到了本质,他从各种具体形式的干扰中,抓住了剩余价值这个根本概念。

(二)资本的循环周转与再生产

前面的内容对资本的直接生产过程进行了分析,接下来,将进入对资本流通过程的研究。资本家进行生产的终极目的就是对剩余价值的追求,这种追求可以用"狂热"来形容,就是占有的剩余价值越多越好。资本家所占有的剩余价值,一部分用于个人消费,但更重要的和占绝大部分比例的,是用于再生产,像滚雪球一样,获得更多剩余价值。前文我们把生产抽象为一个独立的过程来研究资本,这里,我们要考察的是在不断重复进行的生产中,资本展现了哪些特性。

资本主义再生产的特点,不是简单再生产,而是扩大再生产。这种扩大再生产的实现,依靠的是资本积累。资本家将无偿占有的剩余价值转化为资本,然后追加购买更多的劳动力和生产资料来扩大生产规模,每一轮生产获得的剩余价值都会一而再,再而三地转化为资本,获得更多的剩余价值。这样的资本积累过程会让社会两极分化:一极是更多或者是拥有更大规模资本的资本家,另一极就是更多隶属于资本的雇佣工人,这就是资本积累的一般规律,即造成资产阶级一极的财富积累和无产阶级一极的贫困积累。

1. 产业资本运动的三个阶段和三种形式

马克思在分析资本的运动时,是从货币资本的循环开始的。他对于资本运动的观察是从最具有代表性的产业资本的循环开始的。所谓产业资本,指的是投放在工业、农业、建筑业等物质资料生产部门的资本。产业资本的运动形式如式(5—1)所示:

$$G-W\genfrac{}{}{0pt}{}{\nearrow A}{\searrow P_m}\cdots P\cdots W'-G' \qquad (5-1)$$

产业资本的循环依次经过购买、生产、销售三个阶段,相应地采取货币资本、生产资本、商品资本三种职能形式。从一种职能形式出发,依次经过三个阶段,变换三种职能形式回到原来的起始形式。产业资本就是在这样不断的循环运动当中实现自身的增殖的。

任何一个产业资本家要想开始他的经营活动,他总要用一定数量的货币去购买一定数量的生产资料和劳动力,这是货币资本循环的第一个阶段,属于流通过程,用符号表示就是G—W的运动[见式(5—2)]。这个阶段的实质,就是货币资本转化为生产资本,货币转化为商品。从形式上看,G—W表示一个货币额转化为一个商品额,对于买者来说,P_m是他的货币转化为商品;对于卖者来说,是他的商品转化为货币,属于一般的商品流通,这是从形式上看的。但是,当从具体的物质内容上看的时候,我们就会发现,货币所购买的劳动力A和生产资料P具有不同的使用性质,A具有特殊的使用性质,它能够创造出比它自身价值更大的价值,是资本增殖的真正源泉。

$$G-W\genfrac{}{}{0pt}{}{\nearrow A}{\searrow P_{m'}} \qquad (5-2)$$

G—W 阶段完成以后，货币资本形式就转化为生产资本形式。这个转化过程的关键之处不在于 G—P，而在于 G—A，也就是资本家购买到了劳动力这种特殊商品，才为生产剩余价值做好了准备，从而使资本主义生产成为可能。

资本循环在完成了购买阶段后，就进入了第二个阶段，也就是生产阶段。生产阶段是资本循环过程的决定性阶段，因为只有在这个阶段才能生产出剩余价值，这时候的循环运动表现为：

$$W\begin{matrix}\nearrow A \\ \searrow P_m\end{matrix}\cdots P\cdots W' \tag{5-3}$$

这里的虚线表示流通过程被中断，但资本循环 P_m 的过程在继续。

在生产过程中，劳动力和生产资料以一种特殊形式结合在一起。实行这种结合的具体条件有三个：一是资本家不仅是货币所有者，还是商品生产者；二是工人必须是劳动力的出卖者，而且能够把劳动力当作商品来出卖；三是商品生产的普遍化，社会分工和生产的专业化不断发展，不但生产资料和工人相对立，而且生产资料作为商品和每一个商品生产者本身相对立。

产业资本循环的第三个阶段是商品资本到货币资本的转化，也就是 $W'—G'$。通过第三个阶段，资本由商品形式又回到货币形式，结束货币资本的循环，资本家就实现了赚钱的目的。在资本循环的第三个阶段商品所执行的商品资本的职能，与在第一个阶段货币所执行的货币资本的职能是有质的区别的。在第一个阶段，货币之所以具有资本的性质，是由于在流通行为中它购买了一种特殊性质的商品——劳动力，还购买了具有特定用途的生产资料，为生产剩余价值做好了准备。但是在第三个阶段，商品之所以具有资本的性质，是由于在流通开始之前，在生产阶段产出的新商品当中，已经包含有剩余价值，从而取得了资本的性质。W' 表示一种价值关系，表示商品的价值与生产它所耗费的资本价值有关，也可以说表示它的价值是由资本价值和剩余价值构成的，所以才成为商品资本。

货币资本、生产资本和商品资本是产业资本循环采取的三种职能形式，在产业资本的统一循环中，各自完成自己的循环。可以用式(5—4)来表示。

$$G—W\begin{matrix}\nearrow A \\ \searrow P_m\end{matrix}\cdots P\cdots W'—G' \tag{5-4}$$

产业资本的循环运动是反复进行、没有终结的。这三种职能形式只是资本运动过程中采取的不同形式，因此，可以将其中任何一种形式作为资本循环的起点和终点。表 5.1 是对资本循环的三个阶段、三种职能形式以及它们在剩余价值生产中所起的作用的对比。

表 5.1　　　　　　　　　　　资本循环的三个阶段和三种职能形式

资本循环的三个阶段	购买阶段	生产阶段	售卖阶段
资本的三种职能形式	货币资本	生产资本	商品资本
在剩余价值生产中所起的作用	为生产价值和剩余价值做准备	生产价值和剩余价值	实现价值和剩余价值

2.资本循环的条件

到这里我们会发现,资本循环问题研究的核心是资本循环的连续性问题。这种连续性,可以说是资本的生命和活力的源泉,对于单个资本来说是这样,对于社会资本来说更是这样。但是,在现实中,资本循环的连续性并不总是能够无条件地实现的。那么它需要哪些条件呢?

第一个条件就是同一资本必须按比例地分配在三种职能形式上,也就是说,三种资本要在空间上并列存在,并且顺利运转。大家可以想一下,现实当中,没有哪个企业会在生产出一批商品之后,就把生产线关掉只去市场上销售,等到产品全部卖完了,再去采购生产资料组织下一轮生产。因此,这是资本循环的第一个条件,三种资本按照一定的比例,在空间上并存。

第二个条件就是三种资本具有时间上的继起性。就像接力跑一样,接力棒要非常连贯地传递给下一名选手,三种资本在时间上能够衔接起来。比如,如果商品资本不能及时地转变成货币资本,通俗点讲,就是生产了商品卖不出去的话,那这个资本家就要面临破产了。

这是资本循环的两个条件,这两个条件是相互联系和互为条件的,空间上的并存性决定时间上的继起性,而并存性又是继起性的结果。

3.资本的周转

资本周转理论和资本循环理论的研究对象都是单个资本的流通。周转,是把循环作为周期的循环、作为周期反复的过程来考察的。循环和周转这两者之间既有联系,也有区别。联系表现在它们的共同点上,它们都是单个资本的流通过程,都包括购买、生产和售卖三个阶段。差异在于资本循环的周期重复就是资本周转。这里的关键就在于,资本周转加入了时间的尺度,使得问题现实了许多。因为对于一个产业资本家来说,以一定的时间为限,比如在一年的时间里,他预先投入的那些资本循环了多少次,与他能够得到多少剩余价值直接相关,也就是说,在一定的期限内,预付总资本的周转速度决定了资本家所能获得的剩余价值的总量。因为资本每循环一轮,资本家得到的剩余价值就会增大,在一年里他的预付资本能够循环更多轮,也就是周转速度越快,他得到的剩余价值自然就越多。

决定资本周转速度的关键因素有两个:一是周转的时间,资本的周转要经过生产领域和流通领域,资本周转时间就是在这两个领域经历的时间之和。二是在生产资本当中固定资本和流动资本的构成。像厂房、大型机器设备都属于固定资本,在实际生产中,这些固定资本可以用很多年,它们的价值是分批次地转移到产品当中去的,也就是说,固定资本的周转速度相对比较慢。还有一部分生产资本,要么以劳动力的形式存在,要么以原料、燃料这样的形式存在,这部分资本的特征就是,在一次生产过程中价值全部转移到新产品中去,这部分资本就是流动资本。与固定资本相比,流动资本的周转速度显然比较快,在一年里可以周转很多次。这样大家就很容易得到结论了,即预付总资本中固定资本占比越大,周转速度就会越慢;反过来,流动资本占比越大,周转速度就会越快。

(三)资本主义经济制度的本质

1. 劳动力成为商品的基本条件

(1)劳动者有人身自由。劳动者必须有权支配自己的劳动力,才可能把其作为商品出卖。

(2)劳动者丧失了一切生产资料和生活资料,除了自己的劳动力以外一无所有,必须靠出卖劳动力为生。

劳动力是商品,它和其他商品一样具有使用价值和价值。劳动力商品的价值是由生产和再生产劳动力商品的社会必要劳动时间决定的。劳动力商品的价值包括三部分:维持劳动者自身生存所必需的生活资料的价值,用以再生产他的劳动力;劳动者繁衍后代所必需的生活资料的价值,用以延续劳动力的供给;劳动者接受教育和训练所支出的费用,用以培训适合资本主义再生产需要的劳动力。此外,劳动力商品的价值还受历史和道德因素的影响。

2. 货币转化为资本

劳动力成为商品是货币转化为资本的前提。货币和资本有着本质的区别。货币一旦具有了价值增殖的功能,它就转化成了资本。因此,货币要转化成资本就必须找到价值增殖的载体,马克思在经过一系列考察论证之后,最终在自由出卖劳动力的劳动者身上找到了这个载体,即劳动。因此,作为生产资料和生活资料的占有者,即资本家,要想把货币转化为资本,就必须在商品市场上找到自由的劳动力。这里说的自由,具有双重意义:一方面,劳动者是自由人,能够把自己的劳动力当作自己的商品来支配;另一方面,劳动者没有别的商品可以出卖,自由得一无所有,没有任何实现自己的劳动力所必需的东西,而且必须维持这种特殊的商品能够在商品市场上永远存在。同其他任何商品的价值一样,劳动力的价值也是由生产从而再生产这种独特商品所必需的劳动时间决定的。劳动力的价值,就是维持劳动力占有者所必需的生活资料的价值,因此,生活资料的总和应当足以使劳动力能够在正常生活状况下维持自己,同时为了不断地补充这种特殊的商品以及提高劳动者的必要技能,生产劳动力所必要的生活资料的总和,就必须包括工人子女的生活资料和劳动力的教育费用。只有满足了这些条件,劳动力才能作为一种商品而存在,且通过劳动实现其价值和使用价值的统一。

3. 所有制和所有权

所有权是由所有制决定的,所有制是所有权的客观经济基础,所有权是所有制的法律形式。二者的区别是:第一,所有制是生产关系的核心,属于经济基础;所有权是所有制经过法律确认和调整后的法律形式,属于上层建筑。第二,所有制存在于一切社会,与人类社会共始终;而所有权只是人类社会一定历史阶段的产物,是一种历史现象。虽然所有权是由所有制决定的,所有制决定了所有权的性质和内容,但是,所有权绝不是所有制的简单反映。相反,所有权一旦形成,就对所有制的巩固和发展起着巨大的反作用。

资本家凭借对生产资料的占有,在等价交换原则的掩盖下,雇佣工人从事劳动,占有雇佣工人的剩余价值,这就是资本主义所有制的实质。

4.资本积累的含义

把剩余价值转化为资本,或者说,剩余价值的资本化,就是资本积累。马克思关于资本积累的学说是剩余价值理论的重要组成部分,揭露了资本主义制度下贫富两极分化的原因,揭示了资本主义失业现象的本质,深刻地阐明了资本主义制度必然走向灭亡的历史命运。

资本家瓜分到剩余价值后,如果将其完全用于个人消费,则生产就在原有规模的基础上重复进行,这叫资本主义简单再生产。资本主义简单再生产,不仅生产商品和剩余价值,而且还生产和再生产资本关系本身:一方面是资本家,另一方面是雇佣工人。因此,资本主义简单再生产,就其实质而言,是物质资料再生产和资本主义生产关系再生产的统一。但是,资本主义再生产的特点是扩大再生产。资本家获得无偿占有的剩余价值后,并不是将其完全用于个人消费,而是将一部分转化为资本,用以购买追加的生产资料和劳动力,使生产在扩大的规模上重复进行,这就是资本主义的扩大再生产。在这里,资本积累是资本主义扩大再生产的源泉。剩余价值本来是雇佣工人的剩余劳动创造的并为资本家所无偿占有的那部分新价值,现在,资本家又用从工人那里剥削来的钱购买工人的劳动力,进行更大规模的生产,以榨取更多的剩余价值。资本积累的本质,就是资本家不断地利用无偿占有的工人创造的剩余价值来扩大自己的资本规模,进一步扩大和加强对工人的剥削和统治,从而再无偿地占有更多的剩余价值。

5.资本积累的源泉

资本积累的源泉是剩余价值,资本积累规模的大小取决于对工人的剥削程度、劳动生产率的高低、所用资本和所费资本之间的差额以及资本家垫付资本的大小。显然,这些因素都是加强和扩大对工人剥削的因素。因此,资本积累就是依靠剥削工人所创造的剩余价值而实现的,没有剩余价值,就不可能有资本积累。随着资本积累和生产规模的扩大,社会财富日益集中到资产阶级手中,而社会财富的直接创造者——无产阶级——则只占有少部分社会财富。这样,随着资本积累必然加剧社会的两极分化,即一极是财富越来越集中于少数人手中,另一极是多数人只拥有社会财富的较小部分。

资本积累不但是社会财富占有两极分化的重要原因,而且是资本主义社会失业现象产生的根源。随着资本积累而产生的失业是由资本追逐剩余价值引起资本有机构成的提高所导致的。在资本主义企业内部,资本家投入资本主义生产过程中的资本,从自然形式上看,总是由一定数量的生产资料和劳动力构成的。在生产资料和劳动力之间存在着一定比例，这个比例取决于生产技术的发展水平。生产技术水平越高，每个劳动力所推动的生产资料的数量就越多；反之，生产技术水平越低，每个劳动力所推动的生产资料的数量也就越少。这种由生产技术水平所决定的生产资料和劳动力之间的比例，叫作资本的技术构成。从价值形式上看，资本可分为不变资本和可变资本，这两部分资本价值之间的比例，叫作资本的价值构成。在资本的技术构成和资本的价值构成之间存在着密切的联系。一般来说，资本的技术构成决定资本的价值构成，技术构成的变化往往会引起价值构成的相应变化，而价值构成的变化通常反映着技术构成的变化。这种由资本的技术构成决定并反映技术构成变化的资本价值构成，叫作资本的有机构成，通常用 $c:v$ 来表示。

6. 资本主义工资的本质和形式

在资本主义制度下，工人的工资是劳动力的价值或价格，这是资本主义工资的本质。在这种制度下，资本家购买工人的劳动力是以货币工资形式支付的，工人为资本家劳动，资本家付给工人工资，工资表现为"劳动的价格"，或工人全部劳动的报酬，这就模糊了工人必要劳动和剩余劳动的界限，掩盖了资本主义的剥削关系。"这种假象，就是雇佣劳动和历史上其他形态的劳动的不同之处。"

资本主义工资的形式主要有两种，即计时工资和计件工资。除此之外，资本家还建立了各种形式的血汗工资制度，其特点是利用"科学的劳动组织"，最大限度地提高工人的劳动强度，从他们身上榨取更多的血汗。这种工资制度的典型形式，就是19世纪末、20世纪初流行的"泰罗制"和"福特制"。关于血汗工资制度的实质，列宁曾一针见血地指出，它的实行"意味着榨取血汗的艺术的进步"。

7. 马克思剩余价值理论的意义

马克思通过分析剩余价值的生产、积累、流通以及分配，揭示了剩余价值的运动规律及其作用，创立了剩余价值理论。剩余价值理论深刻揭露了资本主义生产关系的剥削本质，阐明了资产阶级与无产阶级之间阶级斗争的经济根源，指出了无产阶级革命的历史必然性。剩余价值理论是马克思主义经济理论的基石，是无产阶级反对资产阶级、揭示资本主义制度剥削本质的锐利武器。由于唯物史观和剩余价值理论的发现，社会主义由空想变为科学。

马克思在分析剩余价值的生产、积累、流通以及分配过程，揭示资本主义经济特殊规律的同时，也揭示了商品经济和社会化生产的一般规律，例如资本循环周转规律、社会再生产规律、积累规律等。这些规律，在资本主义条件下，由于受到资本主义制度的制约，具有了特殊的表现形式。如果撇开制度因素，则对发展社会主义市场经济也具有重大指导意义。

(四)资本主义经济危机

1. 资本主义经济危机的实质和根源

生产过剩是资本主义经济危机的本质特征，但是这种过剩是相对过剩，即相对于劳动人民有支付能力的需求来说，社会生产的商品显得过剩，而不是与劳动人民的实际需要相比的绝对过剩。

经济危机的抽象的、一般的可能性,首先是由货币作为流通手段和支付手段引起的。以货币为媒介的商品买卖在时间上分为两个相互独立的行为。如果有一些商品生产者在出卖了自己的商品后不接着购买,就会有其他商品生产者的商品卖不出去。同时,在商品买卖有更多的部分采取赊购赊销的方式的情况下,如果某些债务人在债务到期时不能支付,就会使整个信用关系遭到破坏,但是,这仅仅是危机的形式上的可能性。资本主义经济危机爆发的根源是资本主义的基本矛盾,这种基本矛盾具体表现在以下两个方面:第一,表现为生产无限扩大的趋势与劳动人民有支付能力的需求相对缩小的矛盾。第二,表现为个别企业内部生产的有组织性与整个社会生产的无政府状态之间的矛盾。正如马克思指出的:"一切现实的危机的最后原因,总是群众的贫穷和他们的消费受到限制,而与此相对比的是,资本主义生产竭力发展生产力,好像只有社会的绝对的消费能力才是生产力发展的界限。"

2. 资本主义经济危机的周期性

资本主义经济危机具有周期性,这是由资本主义基本矛盾运动的阶段性决定的。当资本主义基本矛盾达到尖锐化程度时,社会生产结构严重失调,引发了经济危机。经济危机的爆发,使企业纷纷倒闭,生产大大下降,从而使供求矛盾得到缓解,逐步度过经济危机。但是,经济危机只能暂时缓解而不能根除资本主义基本矛盾。这样,随着资本主义经济的恢复和高涨,资本主义基本矛盾又重新激化,必然导致经济危机的再一次爆发。只要存在资本主义制度,经济危机就是不可避免的。

资本主义经济危机周期性爆发的特点,使社会资本再生产也呈现了周期性的特点,从一次危机开始到另一次危机的爆发,就是再生产的一个周期。社会资本再生产的周期一般包括四个阶段,即危机、萧条、复苏和高涨,这四个阶段是相互联系的,其中危机阶段是周期的基本阶段或决定阶段。资本主义再生产不一定都经过四个阶段,但危机阶段则是必经阶段,没有危机阶段,就不存在资本主义再生产的周期性。

第三讲 资本主义的政治制度和意识形态

(一)资本主义国家的职能和实质

1. 资本主义国家的职能

(1)对内实行政治统治和社会管理;(2)对外进行国际交往和维护国家安全及利益。

2. 资本主义国家的实质

(1)资本主义国家是资产阶级利益的体现。在经济上要求自由竞争、等价交换,在政治上要求形式上的自由民主、正义平等,这些特征与奴隶制和封建制国家相比,是人类社会政治生活上的一大进步。但是,这种进步并没有改变资本主义国家作为剥削阶级对人民群众进行阶级统治和阶级压迫的工具的性质,并没有消除人们在政治生活方面实际上的不自由、不平等、不民主、不公正。(2)资本主义国家只是以一种新的阶级剥削和压迫形式取代了以往的阶级剥削和压迫形式而已。

(二)资本主义政治制度的进步作用和局限性

1.资本主义政治制度的进步作用

(1)推动了社会生产力的大幅度发展,促进了社会进步。(2)历史性地促进了人的发展,促进了人类的进步。(3)积累了丰富的政治统治和社会管理的经验。

2.资本主义政治制度的历史和阶级局限性

(1)资本主义民主是金钱操纵下的民主,是资产阶级精英统治下的民主。(2)资本主义法律将事实上的不平等合法化。(3)资本主义政党制是一种维护资产阶级统治的政治制度。

3.资本主义政治制度的构成及本质

资本主义政治制度的构成:资本主义民主制度与法制、政权组织形式、选举制度、政党制度。(1)资本主义民主制度是与资本主义生产方式相适应而发展起来的。(2)资本主义法制是与资本主义民主结合在一起的。宪法是资本主义国家法律制度的核心,它所依据的基本原则有私有制原则、"主权在民"原则、分权与制衡原则和人权原则。(3)资本主义国家政权采取的是分权制衡的组织形式,即国家的立法权、行政权、司法权分别由三个权力主体独立行使,形成各主体之间的"制衡"。(4)资本主义国家的选举是资产阶级制定某种原则和程序,通过竞选产生议会和国家元首的一种政治机制。(5)资本主义国家的政党是阶级和阶级斗争发展到一定历史阶段的产物,在国家政治生活中发挥着重要的作用。当代资本主义国家实行的基本上是政党制。从政党制度的类型看,大致有两党制和多党制等形式。

(三)资本主义国家意识形态的形成和本质

1.资本主义国家意识形态的形成

资本主义意识形态是在资本主义国家中占统治地位的、反映了作为统治阶级的资产阶级的利益和要求的各种思想理论和观念的总和。作为资本主义国家意识形态的各种资产阶级的思想理论和观念,是资产阶级在长期的反对封建专制主义和宗教神学的斗争中逐步形成和发展起来的。这些思想理论和观念后来成为资本主义的意识形态,则是在资本主义国家产生之后由统治阶级根据自己政治统治的需要,在以往形成的资产阶级思想理论和观念的基础上自觉地建立起来的。

2.资本主义国家意识形态的本质

资本主义意识形态是资本主义社会条件下的观念上层建筑,是为资本主义社会形态的经济基础服务的。资本主义意识形态是资产阶级的阶级意识的集中体现。

3.辩证地分析资本主义意识形态

资本主义社会在长期发展中创造出大量物质财富的同时,也创造出丰富的精神成果。在资本主义国家建立起来并经过一段时期的巩固和发展以后,资本主义意识形态主要起着巩固资产阶级的政治统治、维护资本主义的政治制度、为资产阶级的阶级剥削和阶级压迫做论证的作用,因而其社会作用就开始走向反面。我们应该学习、参考和借鉴资本主义意识形态中那些正确反映人类社会生活的一般规律的思想理论和观念;必须分析鉴别和批判其中反映资产阶级利益和要求的、对社会生活进行扭曲反映的、为了维护资产阶级政治统治需要而有意编造出来欺骗民众的虚假理论。

三、教学案例

 教学案例1:资本主义生产方式的形成过程

【案例呈现】

英国侵略印度,始于17世纪初。1600年成立的"东印度公司"是英国殖民者侵略和掠夺印度的主要工具。18世纪,印度中央政权衰微,陷入诸侯混战的状态,1757年,英国乘机占领了当时印度最富庶的省份孟加拉,这是印度沦为英国殖民地的开端;到19世纪中期,英国殖民者吞并旁遮普,整个印度都沦为英国的殖民地了。英国对印度进行了大规模的殖民掠夺。从剥削方式上看,既有以暴力为基础的赤裸裸的抢劫,也有用倾销廉价商品的方法进行的经济剥削。征收高额土地税,是英国殖民者增加收入的主要来源。印度广大农民在英国殖民者和本国地主、高利贷者的双重压榨下,挣扎在死亡线上。仅1757—1815年,英国就从印度榨取了10亿英镑的财富,其中2/3是以土地税的形式从农民身上榨取来的。英国殖民者的残酷掠夺,使印度农业衰落、土地荒芜、饥荒频发、人口锐减。而英国殖民者则在印度人民流血流汗的基础上,过着骄奢的生活。

【案例点评】

资本原始积累的事实表明,资产阶级的发家史就是一部罪恶的掠夺史,正如马克思所说:"资本来到世间,从头到脚,每个毛孔都滴着血和肮脏的东西。"所谓资本原始积累,就是生产者与生产资料相分离、货币资本迅速集中于少数人手中的历史过程。资本原始积累主要是通过两个途径进行的:一是用暴力手段剥夺农民的土地;二是用暴力手段掠夺货币财富。这一切大大促进了资本主义的发展,缩短了封建生产方式转变为资本主义生产方式的历史过程。

资本主义生产关系产生之后,其成长是一个缓慢的过程。15世纪末美洲通往印度航道的新发现、世界市场的迅速扩大,要求商品生产以更大的规模和更快的速度发展,这一任务只能靠资本主义社会化大生产来实现。新兴资产阶级便开始进行资本的原始积累,利用暴力手段为资本主义的迅速发展创造条件。

【教学建议】

(1)此案例适用于向学生阐释马克思所说的"资本来到世间,从头到脚,每个毛孔都滴着血和肮脏的东西"。

(2)让学生思考资本主义生产方式的形成过程说明了:第一,资本主义代替封建制度具有历史的必然性,新生的资本主义制度优于封建制度,能够促进生产力的发展。第二,资本主义制度的历史是一部充满了血与火的历史,是一部资产阶级残酷剥削无产阶级和广大劳动人民的罪恶史。这种以一种剥削制度所取代的另一种剥削制度,随着社会生产力的发展,必然要走向反面,必然被社会主义制度所取代。让学生进一步思考我国为什么不能走资本主义道路。

 教学案例2:资本家与工人的对话

【案例呈现】

资本家:你们工人对我们这些老板应怀报恩之心,因为没有我们投资的厂房、机器、原材料,你们即使有力气和技术,也生产不了任何产品,结果只能失业、饿死。

工人:胡说八道! 没有我们工人的劳动,你们的厂房、机器、原材料都将是一堆死物。是我们用智慧和体力生产出各类劳动产品供你们享受。没有我们的劳动,你们将破产倒闭,直至饿死。

【案例点评】

从马克思主义的观点来看,厂房、机器、原材料属于不变资本,它们在剩余价值的生产过程中是被转移到新产品中去的,其本身的价值量没有发生任何改变;工人的劳动,即以劳动力形式存在的资本(称为可变资本),它的价值在生产过程中由工人的劳动再生产出来,并且生产出大于自身的价值。由此可知,只有工人的劳动才能创造价值和财富,是工人阶级世世代代养活了大大小小的资本家。

【教学建议】

(1)运用马克思主义政治经济学有关原理剖析以上资本家和工人的对话。在资本主义现实生活中,资本总是表现为一定数量的货币和物品,如机器、设备、厂房、原材料、制成品等。但是,这些物品本身并不就是资本,它们作为物,其自然属性并不能使它们成为资本,只是在特定的历史条件下,当它们担负特殊的社会经济职能时,才成为资本。

(2)运用马克思主义经济学理论阐述厂房、机器、原材料以及工人的劳动各自在生产产品中的不同作用。厂房、机器、原材料确实是一堆死物,如果没有工人的劳动,厂房、机器、原材料不会自动生产出任何产品,只有靠工人阶级的劳动,才能使原材料在机器运转下变成各类供人类需要的劳动产品,所以说"工人养活了资本家"。

 **教学案例3：国际金融危机**

【案例呈现】

2007年4月，美国第二大次级房贷公司——新世纪金融公司——的破产，暴露了次级抵押债券的风险。美联储于2007年8月开始采取措施，向金融体系注入流动性以增加市场信心，使美国股市得以继续在高位维持。到了2008年8月，美国房贷两大巨头——房利美和房地美——股价暴跌，持有"两房"债券的金融机构大面积亏损。政府为表明应对危机的决心，美国财政部和美联储被迫接管"两房"。美国许多金融机构在这次危机中难以幸免，由美国次贷危机引发的"华尔街风暴"进而演变为全球性的金融危机。

【案例点评】

随着西方国家垄断资本主义经济金融化和全球化，虚拟经济成为金融资本获利的主要领域。不断以越来越大规模的社会资产谋取资本自己的利益，是资本主义进入金融垄断阶段的一大特点。当代资本主义危机波及范围更广，全球范围内的金融掠夺成为常态。当代资本主义是国家垄断资本主义，其中金融资本发挥了不可替代的作用。在国际分工深化的背景下，金融资本将触角伸向了全世界几乎所有的角落，致使资本主义危机容易诱发为世界性危机。

【教学建议】

（1）马克思主义政治经济学认为，以私有制为核心的资本主义制度本质上是维护资本家的利益，资源的配置以资本追求最大剩余价值为导向，尽管相比20世纪20年代生产力水平大幅提升，但并不能从根本上改变资本主义制度的腐朽性及其所存在的系统性危机。

（2）从主要西方发达国家所采取的应对金融危机的措施来看，基本上都停留在如何处置或改善金融运作的技术层面上，如通过技术手段来稳定市场、改善环境。这种舍本逐末的行为效果只能是短期的，无法从根本上改变资本的逐利本质，也不能根本性地消除危机。

 **教学案例4：五一国际劳动节的来历**

【案例呈现】

1880年，美国工人游行集会要求8小时工作制。1884年，联邦贸易组织通过了一项解决方案，以立法的形式规定，从1886年5月1日开始执行每日8小时工作制，但此后，工人们仍然被强迫每天工作 10 小时、12 小时,甚至 14 小时,这使得该项立法名存实亡,各地的联邦首脑对此却表示出十分冷淡和不友好的态度,于是一场为争取 8 小时工作制的罢工开始了。

1886 年 5 月 1 日,芝加哥的 216 000 余名工人为争取实行 8 小时工作制而举行大罢工,经过艰苦的流血斗争,终于获得了胜利。为纪念这次伟大的工人运动,1889 年 7 月,第二国际宣布将每年的 5 月 1 日定为国际劳动节。这一决定立即得到世界各国工人的积极响应。

【案例点评】

此案例揭示了剩余价值生产是如何通过工作日问题在现实的资本主义生产中表现出来的,也揭露了资产阶级为了获取更多的剩余价值,在工作日长度上表现出的"狼一般的贪欲",揭露了剩余价值生产对工人阶级的直接影响。

"资本是根本不关心工人的健康和寿命的,除非社会迫使它去关心。"正常工作日的获得,只能是工人与资本家斗争的结果。工作日是一个可变量,它的长度受剩余劳动时间的影响。工作日的最低界限是无法确定的,工作日的最高界限取决于劳动力的生理界限和社会的道德界限。工作日在身体界限和社会界限内变动,其长度是不确定的。资本家为了获得更多的剩余价值要求延长工作日,工人为了正常地、反复地出卖劳动力,要求把工作日限制在一定范围内,历史上工作日的长度是工人阶级和资本家阶级斗争的结果。

【教学建议】

(1)此案例作为工厂工人劳动的实例,可用于通过与徭役劳动相对比,揭示资本主义生产方式下剥削阶级对剩余劳动的占有特征,进而揭示资本主义生产通过延长工作日和实行换班制度两种形式来满足对剩余劳动更大程度的吮吸及其给工人带来的危害。

(2)资本主义生产的目的是生产剩余价值并追求剩余价值的最大化。在资本主义生产关系中,工人是资本增值的手段,资本家对剩余价值的剥削和占有不仅突破了工作日的道德界限,而且突破了工作日的身体界限。

(3)此案例适用于展示无法律限制的工业部门剥削工人的历史事实,以及历史上不同时期工人为争取合理的工作日而进行的斗争。

四、题海游弋

(一)单项选择题

1.资本原始积累的实质是(　　)。

　　A.资本家靠自身勤劳致富,兴办资本主义企业

　　B.劳动者自愿脱离土地到城市做工,为资本家进行积累

C. 资本家用经济手段诱使农民脱离土地成为雇佣劳动者

D. 通过暴力手段迫使劳动者与生产资料分离,把大量财富集中在资本家手中

2. 商品经济产生和存在的决定性条件是( )。

　　A. 社会分工　　　　　　　　　　　B. 劳动力成为商品

　　C. 生产资料和产品属于不同的所有者　　D. 货币转化为资本

3. 商品的二因素是( )。

　　A. 使用价值和价值　　　　　　　　B. 具体劳动和抽象劳动

　　C. 交换价值和价值　　　　　　　　D. 私人劳动和社会劳动

4. 马克思指出:"如果物没有用,那么其中包含的劳动也就没有用,不能算作劳动,因此不能形成价值。"这段话说明( )。

　　A. 价值的存在以物的有用性为前提　　B. 价值的存在与物的有用性互为前提

　　C. 只要物有用就有价值　　　　　　D. 物越有用就越有价值

5. 解决商品的使用价值和价值矛盾的关键是( )。

　　A. 劳动力成为商品　　　　　　　　B. 货币的出现

　　C. 商品交换的实现　　　　　　　　D. 社会分工的存在

6. 两种不同的商品可以按一定比例互相交换的原因,在于它们( )。

　　A. 有不同的使用价值　　　　　　　B. 都是具体劳动的产物

　　C. 对人们有共同的使用效用　　　　D. 在生产中都耗费了一般人类劳动

7. "劳动是财富之父,土地是财富之母。"对这句话的正确理解应该是( )。

　　A. 劳动和土地是价值的源泉

　　B. 劳动创造使用价值,土地形成价值

　　C. 劳动是创造价值的外部条件,土地才是价值的真正源泉

　　D. 劳动不是它所生产的使用价值及物质财富的唯一源泉

8. 社会必要劳动时间是在现有的社会正常的生产条件下,在社会平均的劳动熟练程度和劳动强度下制造某种使用价值所需要的劳动时间,决定商品价值量的社会必要劳动时间( )。

　　A. 以抽象劳动为尺度　　　　　　　B. 以私人劳动为尺度

　　C. 以剩余劳动为尺度　　　　　　　D. 以简单劳动为尺度

9. 商品经济的基本规律是( )。

　　A. 竞争规律　　B. 货币规律　　C. 价值规律　　D. 剩余价值规律

10. 私有制商品经济的基本矛盾是( )。

　　A. 私人劳动和社会劳动的矛盾　　　B. 具体劳动和抽象劳动的矛盾

　　C. 简单劳动和复杂劳动的矛盾　　　D. 必要劳动和剩余劳动的矛盾

11. 如工作日为 8 小时,其中必要劳动时间与剩余劳动时间各 4 小时,采取绝对剩余价

值生产和相对剩余价值生产方法各延长剩余劳动时间 2 小时,它们的剩余价值率分别由原来的 100% 变为(　　)。

  A. 150%,100%　　　　　　　　B. 150%,200%
  C. 100%,200%　　　　　　　　D. 150%,300%

12. 在资本主义生产过程中,价值增殖过程是超过一定点的价值形成过程。在这里,"超过一定点"指的是(　　)。

  A. 收回了预付资本的价值后,继续进行投资
  B. 剩余价值转化为追加资本后,扩大生产规模
  C. 企业劳动生产率高于部门平均劳动生产率
  D. 把工人的劳动时间延长到必要劳动时间以上

13. 马克思指出,扩大再生产过程中的追加资本,"它一开始就没有一个价值原子不是由别人的无酬劳动产生的"。这句话表明(　　)。

  A. 资本积累是资本家节欲的结果
  B. 追加资本来源于资本家自己的劳动积累
  C. 剩余价值是资本积累的唯一源泉
  D. 资本积累是资本主义扩大再生产的重要源泉

14. 资本主义再生产的特点是扩大再生产,这是由(　　)。

  A. 资本有机构成提高决定的
  B. 追逐剩余价值的内在动力和竞争的外部压力决定的
  C. 资本周转速度加快决定的
  D. 剩余价值率提高决定的

15. 资本主义经济危机的实质是(　　)。

  A. 生产相对过剩　　B. 生产绝对过剩　　C. 生产相对短缺　　D. 生产绝对短缺

(二)多项选择题

1. 马克思认为:"商品形式的奥秘不过在于:商品形式在人们面前把人们本身劳动的社会性质反映成劳动产品本身的物的性质,反映成这些物的天然的社会属性,从而把生产者同总劳动的社会关系反映成存在于生产者之外的物与物之间的社会关系。由于这种转换,劳动产品成了商品,成了可感觉而又超越感觉的物或社会的物。"这表明(　　)。

  A. 商品本质上体现的是人与人之间的关系
  B. 商品把人与人之间的关系物化了
  C. 商品的"天然的社会属性"就在于人们本身劳动的社会性质
  D. 商品之所以成为商品的根本原因在于它是劳动产品

2. 关于具体劳动和抽象劳动的表述,正确的是(　　)。

  A. 不同的具体劳动的质不同,抽象劳动没有质的差别

B. 具体劳动反映人与自然的关系,抽象劳动体现商品生产者之间的关系

C. 具体劳动不是使用价值的唯一源泉,抽象劳动是价值的唯一源泉

D. 具体劳动是永恒的范畴,抽象劳动是历史的范畴

3. 价格受供求的影响围绕价值上下波动,不是对价值规律的否定,而是价值规律作用的表现形式,这是因为(　　)。

A. 商品交换都是按等价交换原则进行的

B. 各种商品价格的变动,是以各自的价值为基础的

C. 从商品交换的总体看,价格总额与价值总额是相等的

D. 从商品交换的较长时间看,价格和价值是趋于一致的

4. 资本主义基本矛盾具体表现在(　　)。

A. 各个企业内部生产的有组织性与整个社会生产无政府状态之间的矛盾

B. 社会生产无限扩大的趋势与有支付能力的需求相对狭小的矛盾

C. 无产阶级与资产阶级之间的矛盾

D. 生产社会化与生产资料资本主义私人占有形式之间的矛盾

5. 资产阶级意识形态的本质是(　　)。

A. 人民的意志和愿望的集中体现

B. 资产阶级的阶级意识的集中体现

C. 为资本主义社会的经济基础服务

D. 资本主义国家思想理论和观念的总和

6. 私人劳动和社会劳动的矛盾构成私有制商品经济的基本矛盾,因为(　　)。

A. 私人劳动和社会劳动的矛盾贯穿商品经济发展过程的始终,决定着商品经济的各种内在矛盾及其发展趋势

B. 私人劳动和社会劳动的矛盾决定着商品经济的本质及其发展过程

C. 私人劳动和社会劳动的矛盾是商品经济的其他一切矛盾的基础

D. 私人劳动和社会劳动的矛盾决定着商品生产者的命运

7. 全面地认识资本主义制度下资本的本质,对资本应理解为(　　)。

A. 资本是能带来剩余价值的价值　　B. 资本不是静止的,而是运动的

C. 体现资本家剥削雇佣工人的阶级关系　　D. 资本是一个历史的范畴

8. 第二次世界大战后,发达资本主义国家工人工作日有所缩短,这表明(　　)。

A. 对工人剥削程度有所减轻　　B. 劳动生产率明显提高

C. 必要劳动时间大为缩短　　D. 相对剩余价值成为主要剥削形式

9. 马克思通过分析剩余价值的生产、积累、流通以及分配,揭示了剩余价值的运动规律及其作用,创立了剩余价值理论。剩余价值理论的意义是(　　)。

A. 它是马克思主义经济理论的基石

B. 它深刻揭露了资本主义生产关系的剥削本质

C. 它阐明了资产阶级与无产阶级之间阶级斗争的经济根源

D. 它是无产阶级反对资产阶级、揭示资本主义制度剥削本质的锐利武器

专题五　题海游弋答案

五、参考资料

1. 卫兴华、林岗：《马克思主义政治经济学原理》，中国人民大学出版社 2016 年版。

2.《马克思主义政治经济学概论》编写组：《马克思主义政治经济学概论》（第二版），人民出版社 2021 年版。

3. 大卫·哈维：《资本社会的 17 个矛盾》，中信出版社 2016 年版。

4. 托马斯·皮凯蒂：《21 世纪资本论》，中信出版社 2017 年版。

5.《马克思主义基本原理》编写组：《马克思主义基本原理》，高等教育出版社 2023 年版。

专题六　资本主义论（下）

一、学习目标

了解资本主义从自由竞争发展到垄断的进程，科学认识国家垄断资本主义和经济全球化，正确认识第二次世界大战后资本主义的变化及其实质、当代资本主义变化的新特征、世界大变局下资本主义的矛盾与冲突，深刻理解资本主义的历史地位及其为社会主义所代替的历史必然性，坚定资本主义必然灭亡、社会主义必然胜利的信念。

1. 知识目标：私人垄断资本主义的形成及特点、国家垄断资本主义的特点和实质、经济全球化的表现及其影响、第二次世界大战后资本主义的变化及其实质、当代资本主义变化的新特征、世界大变局下资本主义的矛盾与冲突、资本主义的历史地位及其为社会主义所代替的历史必然性。

2. 能力目标：认识垄断资本主义的特征，了解经济全球化的过程，剖析当代资本主义新变化。

3. 世界观目标：正确把握资本主义发展的历史趋势。

二、教师导航

同奴隶社会、封建社会一样，资本主义社会也有一个产生、发展和走向衰亡的过程。19世纪末20世纪初，资本主义从自由竞争阶段发展到垄断阶段。第二次世界大战后，国家在资本主义发展中发挥了重要作用，资本主义由此经历了"黄金三十年"的繁荣期，使经济和社会生活也发生了一些变化。不过近年来，资本主义世界又频频发生以金融危机为标志的经济和社会危机。因此，通过认识垄断资本主义的特征，了解经济全球化的过程，剖析当代资本主义的新变化，能帮助我们正确把握资本主义发展的历史趋势。

第一讲　垄断资本主义的形成及发展

(一)资本主义从自由竞争走向垄断

当谈到资本主义时，有一幅经典漫画，画的是一位大腹便便的男子，他的衣服上写着 Big

Business(大企业主),这样一位企业主是资本主义的典型形象。在资本主义发展的任何一个阶段都有这样的一些企业主,他们雇佣工人,组织社会生产,起到主要的经济行为人角色的作用。那么,在资本主义的不同历史阶段,这些经济行为人的形象会发生怎样的变化呢?

我们要先了解一下资本主义发展经历了哪些阶段。在学界主要将它划分为两个发展阶段:自由竞争资本主义和垄断资本主义。19 世纪 70 年代以前,资本主义处于自由竞争阶段;从 19 世纪 70 年代开始,自由竞争资本主义逐步向垄断资本主义发展;19 世纪末 20 世纪初,垄断代替了自由竞争并占据统治地位,垄断资本主义得以形成。这一时期,垄断资本主义主要以私人垄断资本为基础,所以又叫私人垄断资本主义。

其中,关于自由竞争资本主义,可以从三个方面来理解:

第一个方面是竞争主体。主体毫无疑问是资本家,也就是漫画中所画的那个人,他既直接拥有生产资料,又直接组织资本主义生产,他们构成了竞争的主体。

第二个方面是竞争形态。自由竞争资本主义是由资本家组成的,而且这些资本家之间的企业实力不相上下,这是自由竞争资本主义的一个关键特征,这些企业为了追求更多的剩余价值,竞相剥削劳动者,扩大积累的规模。

第三个方面是竞争结果。竞争的结果就是生产集中和资本集中,当生产集中和资本集中发展到一定阶段时,就必然引起垄断,进而从自由竞争资本主义转向垄断资本主义。

这里又出现两个关键的概念:一是生产集中;二是资本集中。

什么是生产集中?它是指生产资料、劳动力和商品的生产日益集中于少数大企业的过程,其结果是大企业在整个社会生产中所占的比重不断增加。我们曾引用过《资本论》第一卷当中的一句话,即商品的价值取决于劳动生产率,而劳动生产率又取决于生产规模,因此较大的资本战胜较小的资本。如果一家企业的生产规模越大,它的劳动生产率可能就越高,结果是大企业所占的比重不断增加,也就是说,大企业不断地排挤小企业,小企业越来越少,大企业则越来越集中。

大企业的集中,所伴随的就是资本的集中。随着资本主义生产方式的发展,在正常条件下,经营某种行业所需要的单个资本的最低限量就提高了。竞争的结果,总是许多较小规模的资本家垮台,也就是刚才我们所讲的生产集中的结果,与此同时还出现了信用。信用把社会中分散的货币资金加速吸引到单个的或者是联合的资本家手中,换言之,在生产集中之外,还出现了资本集中,这个资本集中不仅仅是通过企业之间的竞争而实现的,同时也是通过信用事业对社会资金的再分配而实现的,最终的结果就是越来越多的资本为少数大资本家所支配,生产和资本的集中,发展到一定阶段,自然而然地走向垄断。

关于垄断,我们可以从其定义和成因两方面来理解:

所谓垄断,是指少数资本主义大企业,为了获得高额的利润,通过相互的协议或联合,对一个或几个部门商品的生产、销售和价格进行操纵和控制。

就其产生的原因而言,在生产、销售和价格当中,最为关键的就是价格。垄断的成因,在于大企业可以影响和左右市场价格,在后文我们会提到。

垄断价格的含义,可以概括为三个方面:

第一个方面,当生产集中的程度相当高的时候,极少数企业就会联合操纵和控制本部门的生产和销售,以获得高额利润。在现实生活中,我们会看到有形形色色的价格联盟,这些价格联盟无非就是为了垄断定价,从而获得垄断利润。

第二个方面,当企业规模巨大时,就形成了对竞争的限制,也就是说,如果某一个行业只有一家或两家超大企业的话,那么就不会再出现以价格为标的的竞争,这样的竞争结果必然是形成垄断。

第三个方面,为了避免激烈的竞争带来严重损失,企业之间可能会达成妥协。前文我们所讲的在同一个行业当中只有超大规模企业的这种情况下,由于企业的数量比较少,它们比较容易开展谈判,开展价格联盟,最后实现一个共同处于垄断地位的结局。

在理解了自由竞争资本主义和垄断资本主义的形成时间及其特征后,我们还需要知道自由竞争资本主义和垄断资本主义之间的逻辑关系。它们的逻辑关系集中体现在垄断与竞争的关系当中,虽然说垄断是自由竞争的对立面,但是垄断并不能消除竞争,反而使得竞争更加复杂和激烈,为什么这么说呢?

一是垄断没有消除产生竞争的经济条件。垄断本身并没有改变生产资料的资本主义私有制,我们知道自由竞争资本主义是以资本主义私有制,尤其是以生产资料的资本主义私有制为基础的,但是垄断资本主义不仅没有改变这一点,还促进了商品经济的继续发展,所以不可能消除竞争。

二是垄断必须通过竞争来维持。垄断并没有消除竞争,在重重压力的引导下,各垄断组织必须增强竞争的实力,以巩固自身的垄断地位。

三是垄断只是一个相对的概念,没有任何一家垄断的企业、垄断的组织可以包办社会中所有的生产,在垄断组织之外,还存在为数众多的中小企业,在这些非垄断企业之间同样也存在着竞争。也就是说,由于垄断是相对概念,它的出现不可能把竞争全部取代,反而使得竞争形式更为复杂、竞争程度更为激烈。

那么,自由竞争与垄断条件下的竞争到底有何不同呢? 第一,竞争目的不同。自由竞争主要是为获得更多的利润或超额利润,以扩大资本的积累;而垄断条件下的竞争则是为了获取高额利润,为了继续巩固和扩大自己的垄断地位和统治权力。第二,竞争手段不同。自由竞争主要以各种形式的经济手段为主;而垄断条件下的竞争除了经济手段外,还采取非经济手段。第三,竞争范围不同。在自由竞争时期,主要集中在国内市场的经济领域;而在垄断时期,竞争则扩大到国际领域和许多非经济领域。

此外,在讨论垄断资本主义和自由竞争资本主义的时候,我们需要明确,垄断资本主义有两个比较重要的概念:一是垄断利润;二是垄断价格。

从逻辑关系上来看,垄断利润主要是通过垄断组织制定的垄断价格来实现的。垄断利润是指垄断组织凭借其在社会生产和流通中的垄断地位而获得的超过平均利润的高额利润。垄断组织通过制定垄断价格,阻碍资本在各部门之间自由转移,限制利润率平均化趋势而获得长期利润。由此我们看到,垄断利润是限制利润率平均化、限制资本自由流动的产物。然而,这样一个垄断利润并不是凭空得来的,而是源于无产阶级和其他劳动人民所创造的剩余价值,它本身是对无产阶级和其他劳动人民的掠夺。换言之,垄断价格是垄断组织在销售或者购买商品的时候,凭借其垄断地位所规定的、旨在保证获取最大限度利润的市场价格。我们还需要看到两个关键词:一是销售商品;二是购买商品。销售的是垄断组织所生产的商品,购买的则是垄断组织所需要的生产要素,而围绕着它生产的商品以及生产要素,分别会出现垄断高价和垄断低价,我们在后文会讲到。此外,我们还需要了解一个公式:垄断价格=成本价格+平均利润+垄断利润,这里平均利润和垄断利润构成了垄断厂商的两大利润来源。其中,成本价格和平均利润是对于完全竞争资本主义而言的,也就是说,社会当中某一个特定行业,它的定价都是以成本价格和平均利润的总和作为标准的,然而垄断厂商的不同之处在于,垄断厂商除了在成本价格和平均利润之外,还可以攫取一部分利润,我们称为垄断利润。垄断利润是通过限制利润率平均化、限制资本在各部门之间自由转移而形成的。

垄断价格包含两种形式,即垄断高价和垄断低价。垄断高价是指垄断组织出售商品时所规定的高于生产价格的价格;垄断低价是指垄断组织在购买非垄断企业所生产的原材料,也就是生产要素的时候所规定的低于生产价格的价格。垄断高价和垄断低价在现实生活当中也不难发现,比如,在全球资本主义体系当中,很多发达国家会联合起来以价格联盟的方式压低来自发展中国家的农产品和矿产品的价格,通过提高自己产品的价格,压低生产资料的价格,垄断厂商不断获得垄断利润。值得注意的是,垄断厂商垄断利润的增加,既不能增加也不能减少整个社会所生产的价值总量,它无非是再分配的一个结果,只是这个再分配是有利于垄断资本的。

通过上文的梳理和分析,我们可以看到自由竞争资本主义和垄断资本主义的关系:从时间关系来看,自由竞争资本主义和垄断资本主义在历史上是有一个先后顺序的,先有自由竞争资本主义,然后由自由竞争资本主义向垄断资本主义过渡,最后到垄断资本主义。从逻辑关系来看,自由竞争资本主义向垄断资本主义的过渡,并没有改变资本主义的实质,它只是帮助垄断厂商进一步突破竞争的限制,制定垄断高价或垄断低价,获取垄断利润,在这种利润的背后,其实就是垄断地位的一个象征,它进一步体现了资本主义私有制的经济效益。

(二)垄断资本主义的发展

资本主义由自由竞争进入垄断阶段之后,国家在经济发展中的角色发生了怎样的变化?与自由竞争资本主义相比,垄断资本主义的形式更为纷繁复杂,在一定程度上更为成功地遮掩了资本主义的本质特征,给外界造成了一种资本家不再掌控经济主导权的假象。如何结合垄断资本主义的典型事实,深化对资本主义本质的理解?这里将通过解剖两只"麻雀",即国家垄断资本主义和金融垄断资本,来回答这一问题。

1. 国家垄断资本主义和金融垄断资本

随着垄断资本主义的发展,逐渐形成了几种不同的形态。其中最为主要的有两种:一种是国家垄断资本主义,另一种是金融垄断资本。

国家垄断资本主义是指国家政权和私人垄断资本融合在一起的、新形式的垄断资本主义。国家垄断资本主义这一概念是由列宁提出来的,它产生于第一次世界大战期间,资本主义交战国的政府借助国家的力量扩军备战,推行国民经济军事化。比如,作为西欧发达国家的英国和德国,对全部生产实行最严格的统计和监督。对此,列宁在全俄苏维埃财政部门第一次代表大会的报告中指出,"以自由竞争为基础的旧资本主义已被这场战争彻底摧毁,它已经让位于国家垄断资本主义"。经过1929年的世界经济大萧条和第二次世界大战,国家垄断资本主义在理论和现实中进一步发展,到第二次世界大战后,国家干预深入资本主义的各个环节,作为一种新的垄断资本主义生产关系体系最终得以确立。

在自由竞争资本主义的特征当中,竞争主体是资本家,然而,在国家垄断资本主义之下,主体成为国家。那么,国家是如何转变为竞争主体之一的呢?这就需要我们了解国家垄断资本主义产生的原因。

科技进步和生产社会化程度的不断提高,加上资本主义基本矛盾的进一步尖锐化,必然导致国家垄断资本主义的产生。原因在于,垄断资本主义的私有制无法适应垄断资本主义阶段社会化大生产的要求,它需要在一定程度上调整自由竞争资本主义阶段的生产关系,从而达到两个方面的效果:

第一个方面,通过国家的力量来建设基础设施,服务于私人垄断资本。因为基础设施往往需要很大的投资规模,而这是超出大部分私人资本的能力范围的。

第二个方面,在垄断资本获得垄断利润的背景下,垄断利润是对劳动人民和其他社会阶层的剥夺,这样会导致收入分配的结果趋向于两极分化,由此带来阶级矛盾不断尖锐化。为此,资本主义国家往往会介入国民收入的再分配当中。比如,福利国家通过偏向于劳动人民来缓和阶级矛盾,提高劳动人民的生活水平,从而实现资本主义国家政权的稳固。

国家垄断资本主义的类型较多,主要包括以下五种:

第一种是国家所有并直接经营企业。

第二种是国家与私人合营企业。

第三种是国家通过各种形式参与到私人垄断资本的再生产过程中,这里主要的一点就是国家通过新建基础设施来服务于私人垄断资本。

第四种是宏观调节。我国有一个类似的概念,叫作宏观调控,即通过实行财政政策、货币政策等经济手段,调节社会的总供给和总需求,从而实现宏观经济的目标。

第五种是微观规制。通过反托拉斯法等方式,限制企业的行为,通过实施各种各样的社会经济规制,比如国家介入劳资谈判、工资形成机制当中,提高工资水平,提升劳动人民的生活水平。

关于国家垄断资本主义的效应,可以概括为两个方面:

一方面,国家垄断资本主义对资本主义经济发展的积极作用。在国家垄断资本主义条件下,掌握巨额资本的政府可以兴办由私人资本无法兴办的,并且又适应新科技发展要求的大型企业,从而在一定程度上克服社会化大生产与私人垄断资本之间的矛盾。由于资本主义国家代表的是垄断资产阶级的整体利益,国家在对经济进行干预的时候,在一定范围内可以突破私人垄断资本的狭隘界限,缓解资本主义生产的无政府状态,促进社会经济较为协调发展。通过国家再分配,一定程度上改善和提高劳动人民的生活水平。

另一方面,国家垄断资本主义本质上是资产阶级国家力量同垄断组织力量结合在一起的垄断资本主义,并没有从根本上消除资本主义的基本矛盾。虽然在一定程度上促进生产力发展,但强化了对劳动人民的剥削和掠夺,同普通形式的垄断资本主义一样,它使得竞争更加激烈。由于厂商面临更加激烈的竞争,他们又会增加对无产阶级的剥削和掠夺,以获得高额的垄断利润,进而巩固和维护资本主义的制度。

金融垄断资本的产生,可以从布雷顿森林货币会议说起,这次会议召开于 1944 年,它最为重要的成果就是构建了布雷顿森林体系,确立了美元和黄金挂钩的国际货币金融体系,从而维护了美国的世界经济霸权地位。但是在 20 世纪 70 年代初,由于发达资本主义国家普遍面临滞胀,布雷顿森林体系难以为继,最终崩溃。

在美元与黄金脱钩的背景下,西方国家开始普遍实行金融自由化政策,这些政策在广义上来看,又被归为新自由主义的经济政策,主要包括如下几个方面的内容:第一,放松对银行利率的管制。第二,实行浮动的汇率制度,打破原有的固定汇率制。第三,取消外汇管制。第四,国家之间相互开放金融市场。除了采取金融自由化政策外,还注重金融创新制度,不断提高融资技术并推出包括远期合约、期货合约、期权合约等在内的信用风险防范工具,金融机构综合经营的业务范围不断扩大,金融工具不断创新,传统信贷业务比重逐年下降,债券业务迅速增长,融资方式的证券化势头迅猛。

这种政策改变了布雷顿森林体系所设置的重置限制,实行自由的、去管制化的一些政策。金融自由化的结果就是它促使工业资本,尤其是工业垄断资本与银行垄断资本相融合而成的金融寡头发生分化,以银行和非银行金融机构为主体的金融垄断资本就有一个脱离实体经济独立发展的趋势。

由此产生的形形色色的金融衍生工具,使得财富在这些金融寡头当中以惊人的速度膨胀,这种财富的膨胀已经超出了资本主义生产的范围,不断对社会的剩余价值总量进行再分配,金融业在国民经济中的地位大幅提升,金融资本在资本主义国家的国民生产总值和利润总额中所占的比例越来越大。

根据马克思主义经济学家巴兰和斯威齐所列举的数据,在 20 世纪 60 年代,美国的金融业、保险业和房地产业在美国国民生产总值中所占的比例已经超过了 10%,这个在历史上是前所未有的。在金融部门获得大量金融垄断利润的情况下,很多原本从事实业经营部门的资本开始逐渐流向金融部门,从而导致脱实向虚,这是各国普遍面临的一个问题。它的本质是金融垄断资本不断扩张,资本不但掌握了越来越多的社会财富,而且还通过控制政府决策部门,实现了对整个国家的政治控制。金融寡头的出现,虽然说促进了资本主义经济的发展,但是也造成了经济过度虚拟化,导致金融危机频繁发生。

2. 垄断资本主义的实质

在分别了解国家垄断资本主义和金融垄断资本之后,我们再从一般的层面来分析垄断资本的扩张以及垄断资本主义的实质。垄断资本具有不断扩张的趋势,其扩张的边界就是全世界。从 20 世纪 80 年代开始,有大量的发达国家向发展中国家投资,它们利用发展中国家廉价的人力资源,获得高额利润。在这个过程中,发达国家会将一些非要害技术转移到国外,以取得在发展中国家的垄断优势,并攫取高额垄断利润。垄断资本扩张到其他国家,尤其是发展中国家,可以争夺这些国家的销售市场,并将这些国家作为农产品和矿产品的来源地。垄断资本通过转移资本,也可以确保原材料和能源的可靠来源,向世界范围内扩张。它有如下基本形式:

一是借贷资本输出,也就是向这些发展中国家提供贷款,从中获得利息。

二是生产资本输出,也就是在发展中国家增设工厂,以利用这些国家廉价的人力资源。

三是商品和资本输出,也就是在这些发展中国家不断地倾销商品,从而获得高额的垄断利润。

输出资本的主体有两种:一种是私人资本输出,包括私人对外直接投资、各种对外证券投资等;另一种是国家资本输出,包括政府及其所属金融机构的对外贷款、政府的对外援助以及向国际机构的投资等。私人资本输出是为了获取高额垄断利润或利息,同时进一步加强对发展中国家的经济剥削和控制。国家资本输出除了为私人垄断资本服务外,也为维护资本主义世界体系服务。

垄断资本向世界范围的扩张,给资本输出国和资本输入国都带来了一系列的社会经济后果。对资本输出国来讲,在资本输出的同时带动了商品输出,巩固和扩大了垄断资本的销售市场和投资场所,赚取了巨额利润,增强了其垄断优势。但在资本输出过程中,会带来资本输出国产业空心化,加深其与他国之间的矛盾。对资本输入国来讲,主要是发展中国家,资本输入确实为其经济和社会发展起到了积极作用,比如,获得了经济发展启动资金,引进了先进技术和设备,培训了现代化工人和管理者,优化了产业结构,提高了外贸水平,提供了更多的就业机会,提高了人民生活水平。但是,在享受资本输入好处的同时也承担了其带来的不利影响,比如,环境污染以及能源资源消耗的代价、民族工业发展受阻并逐渐萎缩等。

在现实生活中,我们经常会看到一些国际组织,如国际联盟和国际性协调组织。前者是为了规避各国之间激烈竞争而形成的国际垄断资本的联盟,主要目的是寻求世界范围内的垄断,其代表有西方八国集团和欧盟,主要是以发达国家为主;后者主要是组织协调一些国际性工作,其代表有国际货币基金组织、世界银行和世界贸易组织。两者都是在第二次世界大战以后逐渐形成的,主要目的是增强国际经济协调、维护国际经济秩序。各种形式的国际垄断组织、国际垄断同盟和国际协调机构的发展,确实加强了各国之间的经济联系,促进了经济全球化的发展。但是,这些只能对局部范围内的经济波动起到缓和作用,对全球性的经济波动和经济危机难以发挥有效的协调作用。

就垄断资本主义的实质而言,在19世纪末20世纪初,列宁曾指出帝国主义所具有的五个基本特征:一是垄断组织在经济生活中起决定作用;二是在金融资本的基础上形成金融寡头的统治;三是资本输出有了特别的意义;四是瓜分世界的资本家国际垄断同盟已经形成;五是最大资本主义列强已经把世界上的领土瓜分完毕。第二次世界大战以后,旧殖民主义体系瓦解,垄断资本主义对世界的统治转为新殖民主义。当代垄断资本主义国家以对外援助、对外借贷等隐蔽手段,实现其对发展中国家的剥削和控制。同时,为了维护垄断资本的既得利益和扩张势力范围,垄断资本主义国家依然推行霸权主义和强权政治,干预他国主权和独立,甚至发动军事侵略和武装占领,暴露出垄断资本主义扩张的本性。因此,虽然垄断资本主义的基本经济特征在表现形式上有所变化,但是其基本内容和实质没有发生根本变化。

3.资本主义与经济全球化

在谈到经济全球化的时候,我们需要首先回顾一下习近平总书记2017年1月18日在瑞士达沃斯论坛演讲中的一段话:"经济全球化是社会生产力发展的客观要求和科技进步的必然结果,不是哪些人、哪些国家人为造出来的。经济全球化为世界经济增长提供了强劲动力,促进了商品和资本流动、科技和文明进步、各国人民交往。"习近平总书记的这一重要论述告诉我们,经济全球化具有历史必然性。那么,我们如何理解这种历史必然性呢?

马克思和恩格斯在1848年出版的《共产党宣言》中写道:"资产阶级,由于开拓了世界市场,使一切国家的生产和消费都成为世界性的了。"这里生产和消费的世界性,主要指世界各国、各地区经济活动超出某一国和地区的范围,而具有相互联系、相互依赖的特征。冷战结束后,各国相互依存大幅加强,经济全球化得以快速发展。首先体现为生产全球化,国际分工的进一步深化使得生产某些高新技术产品需要多国协作完成;其次体现为贸易全球化,随着垄断资本在全球扩张,商品和劳务在全球范围内的重新配置也将得以实现;最后还体现为金融全球化,世界各国、各地区的金融政策、金融业务等相互联系不断加强,促进了金融市场更加开放、金融体系更加融合、金融交易更加自由。

经济全球化的成因主要包括三点:一是科技进步和生产力的发展为经济全球化提供了坚实的物质基础和根本的推动力;二是跨国公司的发展;三是经济全球化的体制保障促进了商品的再配置,世界贸易加快贸易自由化、加快商品和资本在全球范围内的流动。科技进步、跨国公司发展和经济体制变革是经济全球化的三大成因,简而言之,经济全球化是在垄断资本主义阶段发生的,它本质上是由垄断资本主导的,是以资本主义私有制为基础、以资本获取最大限度的利润为动力的。既然这些率先进入资本主义体系的国家通过暴力掠夺和殖民政府的方式从发展中国家获得巨大利益,那么这个过程的背后就是不平等。

资本主义的基本矛盾随着经济全球化在全球范围内也有所体现,主要有贫富分化、生产过剩和生态灾难等。面对经济全球化给世界造成的一些负面效应,我们就要抛弃经济全球化,回到本国生产和消费的状态吗?答案是否定的。习近平总书记的讲话已经明确指出,经济全球化并不是可以被随意逆转的,它本身就是历史趋势。中国提出了人类命运共同体的理念,这很好地契合了经济全球化的主题。经济全球化不是一部分国家唱独角戏,而是世界各国各民族共同实现发展的大舞台。人为切断各国经济的资金流、技术流,不仅是不可能的,也是不符合经济全球化的历史潮流的。既然垄断资本主义的经济全球化会带来危害,那么是否可以考虑构建新的经济全球化?当然可以,我们可以从人类命运共同体的理念中获得启发,以文明交流超越文明隔阂,以文明互鉴超越文明冲突,以文明共存超越文明优越,极大地拓展文明之间交往的深度和广度,朝着更加开放包容和共赢的方向发展。

我们在理解经济全球化的时候,要牢记存在两种经济全球化:一种是垄断资本所主导的经济全球化,它拥有来自资本主义基本矛盾本身的特征;另一种则是中国所倡导的以人类命运共同体理念引领的经济全球化,它归根到底是切实地帮助发展中国家实现经济发展,提高发展中国家人民的生活水平。

第二讲 正确认识当代资本主义的新变化

第二次世界大战后,资本主义迎来了一个黄金年代,这是我们考察当代资本主义经济政治变化的起点。接下来,我们将通过梳理战后资本主义的主要表现、当代资本主义的新特征以及发生这些变化的原因和实质,来认识和把握当代资本主义的现实变化。

(一)第二次世界大战后资本主义的变化及实质

第二次世界大战后,资本主义经济政治发生了很多的变化。

第一种变化是生产资料所有制的变化。无论是自由竞争资本主义还是垄断资本主义,都是以私人资本所有制占主导地位的。然而,在"二战"后出现了两个显著变化:一是国家资本所有制形成了并且发挥重要作用;二是法人资本所有制崛起并成为居主导地位的资本所有制的形式。国家资本所有制,正是前文我们所讲授的国家垄断资本主义的产物;而法人资本所有制,则是对私人资本所有制的新发展,法人资本所有制是法人股东化的产物。资本主义生产资料所有制的这些变化,大大提高了资本占有的社会化程度。

第二种变化是劳资关系和分配关系的变化。我们如果去翻看早期马克思和恩格斯的著作,就会发现早期的劳资关系非常紧张,资本家通过绝对剩余价值生产和相对剩余价值生产的方式,不断延长劳动者的劳动时间,提高劳动者的劳动强度,劳资之间经常会发生激烈冲突。在"二战"之后,随着社会生产力的发展和工人阶级反抗力量的不断壮大,资本家和他的代理人开始着眼于如何缓和劳资关系。为此,他们采取了多种激励措施,比如,职工参与决策,这一点在德国是非常明显的;终身雇佣,这是很多日本企业的一个基本的用工制度;职工持股,也就是在一定范围内使职工持有公司股份。从资本家所采取的这些措施来看,资本家不断地促使工人自觉服从资本家的意志,而不再采取简单的、激烈的反抗形式,从而更加有利于资本的增殖。

第三种变化是社会阶层和阶级结构的变化。随着生产资料的私人所有制转向法人所有制,资本家不再直接经营和管理企业。他们只管收钱,不管经营,那经营让谁去做呢?由高级职业经理人来经营,职业经理人虽然是经营活动的实际控制者,但他们本质上也是雇佣工人,只不过是一种特殊形式的雇佣工人而已。与此同时,知识型和服务型劳动者数量不断增加,在马克思和恩格斯的年代,生产线上的工人占据无产阶级的主要形式,而在"二战"后,有大量的白领工人进入生产过程当中,这意味着劳动方式发生了新的变化。

除了以上三个变化外,还有两个宏观层面的变化。

一是经济调节机制和经济危机形态的变化。自1929年大萧条之后,国家全面干预经济成为发达国家的共识,国家的经济政策主要是实现经济增长、充分就业、提高社会福利水平等。发达国家实行逆周期调控,即在经济增长颓势的情况下,国家要负起责任以实现经济的稳定增长。但是,在20世纪70年代之后,各国为了应对滞胀普遍走上了强化市场调节、弱化政府干预的道路。由此,又导致资本主义生产方式固有的生产社会化与生产资料资本主义私人占有之间的矛盾越发突出,使资本主义经济逐渐陷入衰退和停滞,主要表现在两极分化和社会对立加剧、经济发展活力不足、金融危机频发等。

二是政治制度的变化。政治制度变化的首要趋势是多元化,原本由垄断资本掌控的国家机器开始在一定程度上面向公民开放。改良主义政党在政治舞台上的影响日益扩大,比如,在"二战"之前英国主要的执政党是保守党,"二战"之后以维护工人利益为政策取向的工党很快登上了历史舞台。第二次世界大战以后,资本主义国家普遍加强了法治建设,公民权利范围也有所扩大。

变化的原因大致可以概括为四个方面:其一,科学技术革命和生产力的发展极大地促进了经济发展,使得资本家在让渡利益方面具有了空间。其二,工人阶级争取自身权利和利益的斗争迫使资产阶级做出重大让步,进行某些社会改革,比如,工人阶级通过集体谈判制度不断提高自身的工资水平。其三,社会主义制度初步显示的优越性对资本主义产生了重要影响,以苏联和东欧国家为代表的社会主义国家对西方资本主义国家构成了严峻挑战。在冷战期间,资本主义国家不断地对自身制度进行改良,且这种改良在一定程度上学习和借鉴了社会主义国家的经验。其四,主张改良主义的政党在执政时期凭借国家政权对资本主义制度进行部分改革。例如,英国的工党不断地推行福利制度和福利政策,在一定程度上提高了工人的生活水平。

第二次世界大战后资本主义发生变化的实质表现在两个方面。第一,从根本上说,是人类社会一般规律和资本主义经济规律作用的结果。第二次世界大战后迎来了第三次科技革命,那些不适应科学技术进步和生产社会化要求的旧的生产关系必须做出调整和变革。也就是说,在自由竞争资本主义阶段和垄断资本主义阶段,一些原有的社会关系逐渐被调整和改革了。

第二,这些变化是在资本主义制度基本框架内的变化,并不意味着资本主义生产关系的根本性变化。虽然说资本占有的社会性有所提高,但是我们仍然需要注意,生产资料的私有制和雇佣劳动依旧存在,资本在社会经济关系中的支配地位并没有根本改变。尽管资本主义国家的政府重视协调经济和提高人民的生活水平,但是为了维护资本主义私有制,政府的经济干预无法超越垄断资本家的核心利益。简而言之,资本主义的经济政治尽管发生了很多新的变化,但本质上仍然是服务于资产阶级的统治和压迫的需要,仍然是服务于垄断资本的增殖。

虽然说当代资本主义制度发生了一些新的变化,但是由于资本主义制度的本质没有发生改变,所以资本主义基本矛盾也无法得到克服。

(二)当代资本主义变化的新特征

进入21世纪以来,经济全球化更加深入发展,新一轮科技革命和产业变革使社会生产力极大地提高,这必然要求在世界范围内展开规模更大、范围更广、层次更深的社会化大生产。目前,资本主义呈现出以下四个方面的新变化、新特征:

一是科技创新极大地提高了劳动生产率,加速了资本主义生产方式的变化。信息数字技术、人工智能技术、生物技术等科学技术不仅开辟了生产力发展的新空间,也推动了资本主义生产方式的加速变化,使其向数字化、智能化方向发展。比如,在产业结构中,一般制造业比重逐渐降低,高新技术产业和金融业比重日趋上升。大数据、云计算、区块链等前沿技术被广泛地运用,驱动了资本主义生产组织和劳动形式的变化。现如今,数据已经成为一种新的生产要素,围绕数据的生产、管理、服务等在线化和智能化的工作岗位越来越多,以此为基础的数字劳动在社会中的地位越来越突出。随着信息革命的深入发展,出现了以数字经济、智能经济、共享经济等为代表的全球经济发展的新形态。这种新经济形态以数据资源为关键要素,以现代信息网络为主要载体,以信息通信技术融合应用、全要素数字化转型为重要推动力。

二是国际金融垄断资本主义的影响日益凸显。资本主义生产方式发生的新变化促使资本积累方式从一般产业资本积累向国际金融垄断资本积累转变,国际金融资本的垄断在当代资本主义中越发突出。这里的垄断不仅限于经济领域,还包括市场、资源、高科技、尖端军事技术等诸多领域,从而导致整体社会财富愈加向少数金融寡头及其相关利益集团积聚,造成金融垄断寡头化,进而由发达资本主义国家支持的国际金融寡头及其相关的金融垄断组织通过超巨型跨国公司控制着国际产业链、贸易链和优势产业。但是,垄断资本金融化、国际化会导致经济虚拟化和产业空心化。由包括商业银行、保险公司、证券公司等在内的金融机构、金融中介服务业聚合而来的金融垄断资本世界性体系,通过向政府贷款、代销、发行政府债券、持有公债等方式,强化对经济的控制,加重了资本主义的食利性和腐朽性。

三是社会阶级层级结构呈现复杂化、多样化。在国际金融垄断资本的支配下,以及由新自由主义主导的彻底私有化、绝对自由化和完全市场化的条件下,生产资料更加集中于少数大资产阶级及其代言人手中,导致日益严重的贫富差距和阶层固化等现象。在资产阶级内部,就形成了极少数国际金融垄断寡头阶层、产业垄断寡头阶层、产业垄断资本家阶层及一般资产阶级阶层。在工人阶层内部,受新一轮科技革命的影响,从事信息、金融等中介服务的"知识工人"数量快速增长,不论是数量还是增速均超过"非知识工人",工人阶级内部因技能、收入等方面的差异而逐渐分化。

四是发达资本主义国家凭借经济、科技、文化传播等优势,在世界范围内推行霸权主义和强权政治。进入21世纪以来,全球化进程进一步加快,拥有强大金融资本的发达资本主义国家牢牢地控制着国际性的投资、生产、流通、交换、市场等各个环节,尽可能盘剥和压榨发展中国家的经济;凭借超强的世界文化产业体系以及传播渠道,通过文化市场化和商业化运作,对别国输出、渗透资本主义价值观和"西式民主文化",对民族国家的文化认同和文化主权造成威胁,破坏其价值观的共同基础;借助知识产权和信息技术垄断,制造与别国之间的巨大鸿沟,形成"信息帝国主义"和"数字帝国主义";通过集团政治操纵国际组织干涉国际事务,对别国进行政治、经济、科技等全方位制裁,破坏全球和平与稳定。

尽管资本主义发生了许多新变化,拓展了其发展空间,但是由于资本主义生产资料私人占有的本质并未发生改变,因此这种变化会放大资本主义的系统性危机,导致更加激烈的世界性问题和全球性矛盾,进而引发世界范围内对资本主义制度及其价值观的质疑。

当今世界正在经历百年未有之大变局,国际格局深刻调整,国际力量对比发生革命性变化,世界进入了新的动荡期。在如此大变局下,资本主义内部经济、政治及社会各方面的矛盾与冲突也日益明显。

首先,经济上表现为发展失调。特别是自2008年金融危机以来,西方主要资本主义国家的经济发展面临着一系列问题。比如,由于金融行业的过度膨胀,导致虚拟经济与实体经济发展不平衡,产业空心化趋势越发严重。由于国家财政不堪重负,作为增进民众政治认同和维护社会稳定的福利制度风险不断增加。2008年国际金融危机发生后,西方发达资本主义国家为挽救大型金融机构而拨付巨额财政资金,同时出台大规模经济刺激计划等,这些救市措施造成了政府债务不断攀升,巨型政府债务也为下一轮金融危机埋下隐患。

其次,政治上表现为体制失灵。近年来,那些移植西式民主的国家纷纷陷入动荡,且西式民主输出国也出现了某些治理危机。为什么会出现这样的局面呢?这就在于西式民主固有的弊端和局限性。一是西式民主选举难以选出具有丰富从政经验的人。二是以政党为载体的政治运作呈现出钟摆效应,政党博弈激烈,为了获取选票而特立独行,导致缺乏理性和包容的"否决政治"盛行,加剧了政治极化和朝野矛盾。三是假借民主的名义阻碍国家治理和建设,由于少数民众的反对而导致一些既能提振经济又能改善民生的重要项目不断被拖延甚至"胎死腹中"。四是民粹主义思潮泛起,传统精英政治走向衰落。第二次世界大战以后,欧美国家权力结构中形成了由两党轮流执政的精英治国模式。但是面对经济长期不振、贫富差距扩大以及民众不满情绪的上涨,主流的政治精英们既提不出吸引选民的建议,也提不出良好的改革方案,导致大众政治与精英政治的日趋对立,精英政治陷入困境。

最后,社会上表现为融合机制失效。近年来,西方社会各种群体、阶层的矛盾与冲突大量涌现。经济危机、非法移民以及世界形势的变化引发了民众对国内政治的极端不满,导致社会极端思潮抬头。西方国家的贫富差距不断扩大、社会矛盾不断积聚、社会问题不断增多,各种群体性事件频繁爆发。

当代资本主义呈现出来的以上各种乱象,究其根源还是在于资本主义制度本身,在于资本主义的基本矛盾。

第三讲 资本主义的历史地位及其为社会主义所代替的历史必然性

资本主义从诞生至今已有几百年的历史,而且还具有很大的影响力。我们应该如何认识资本主义给世界带来的变化?如何理解资本主义的历史进步性和历史局限性?如何看待资本主义发展的未来趋势?针对这些问题,这一讲将做出相应解答。

(一)资本主义的历史进步性和历史局限性

在《共产党宣言》中有一句经典表述:"资产阶级在它的不到一百年的阶级统治中所创造的生产力,比过去一切世代创造的全部生产力还要多,还要大。"自然力的征服、机器的采用、化学在工业和农业中的运用、轮船的行驶、铁路的通行、电报的使用、整个大陆的开垦、河川的通航,这样的一些生产力的发展,使得在马克思、恩格斯所处的18世纪发生了生产力的极大跃迁,他们用非常热烈的语言去赞扬资本主义的历史进步性。

资本主义的历史进步性可以概括为如下三个方面:

第一,资本主义改变了原有的小生产,开始以社会化大生产作为基础,不断地将科学技术转变为强大的生产力。资本主义生产方式贯穿于第一次工业革命、第二次工业革命、第三次工业革命,以及为数更多的技术革命,这样的一些工业技术革命,不断地将资本主义的生产力推向新的更高水平。

第二,资本主义是以价值作为追求目标的,且对价值和剩余价值的追求不受财富使用价值形态的限制。由此资本家会想尽一切办法扩大剩余价值的生产,比如,扩大生产规模、改进生产技术、改善经营管理等。资本家所追求的不是使用价值,而是不受使用价值限制的价值增殖。商品包含使用价值和价值两个因素,在简单商品经济当中,人们追求的是商品的使用价值,因为生产出来的商品是被他自己所消费的,但是在资本主义生产方式下,商品生产出来,归根到底是要出售的,而出售的目的则在于获取更多的价值和剩余价值。

第三,资本主义的意识形态和政治制度,在经济上保护自由竞争、等价交换,在政治上推崇自由、民主、平等。尽管在资本主义意识形态下的自由竞争、等价交换,以及自由、民主、平等的理念仍然存在着诸多的问题,但与奴隶制和封建制国家相比,具有十分明显的历史进步性。

然而,我们不仅要认识到资本主义的历史进步性,更应该正确认识到它仍然存在着相当大的历史局限性,表现在如下三个方面:

其一,资本主义的基本矛盾阻碍社会生产力的发展。资本主义的基本矛盾是社会化大生产与生产资料私有制之间的矛盾,在生产过程当中生产什么、生产多少、何时生产,一律是服从于资本家攫取剩余价值的需要的。

其二,资本主义制度下财富占有两极分化,引发经济危机。巨额财富聚集在少数人手中,而广大工人阶级仅拥有少量财富,造成了广大劳动者有支付能力的需求远远追不上资本主义生产无序扩张趋势的矛盾。这一矛盾的激化必然引发经济危机,最终阻碍社会生产的正常运行和社会生产力的发展。

其三,资本家阶级支配和控制资本主义经济、政治的发展和运行,不断激化社会矛盾和冲突。由资产阶级掌控的国家机器在制定政策的过程中,往往制定有利于本阶级的政策,而同时侵占其他阶级的利益,如此一来,社会矛盾和冲突无法缓和,只会不断被激化。

以上资本主义的局限性决定了资本主义的经济、政治、文化和社会等各个领域,以及全球范围内必然会导致冲突、动荡和危机的产生。而这种局限性在资本主义制度框架下是不可能得到根本解决的,由此也决定了资本主义社会的历史过渡性。

(二)资本主义的发展趋势

如前文所述,既然资本主义社会也是一个过渡性社会,那么它的下一站在哪里?答案必然是社会主义。为什么资本主义必然会被社会主义所代替呢?

首先,资本主义的基本矛盾"包含着现代的一切冲突的萌芽"。资本主义生产方式越是占统治地位、越是发展,"社会化生产和资本主义占有的不相容性,也必然越加鲜明地表现出来"。资本主义的基本矛盾表现为无产阶级和资产阶级之间的对立,以及个别企业生产的有组织性和整个社会生产的无政府状态之间的对立。无产阶级和资产阶级之间的对立是始终存在的,只要资本主义生产方式存在一天,这种对立就不会消失,而且这一矛盾发展的必然结果就是经济危机。经济危机的爆发说明了资本主义生产方式无法驾驭这种进一步提高了的社会生产力,而且这种生产力的日益增长要求新的生产方式代替旧的资本主义生产方式。只有用社会主义生产方式取而代之,才能解决资本主义生产方式的基本矛盾。

其次,资本积累推动资本主义基本矛盾不断激化并最终否定资本主义自身。当资本主义的基本矛盾及其派生的各种矛盾在资本积累中不断被激化时,显示出资本主义生产关系不再适应生产力的状况。在生产力与生产关系这对范畴中,生产力是积极能动的因素,由于生产力在资本主义生产方式的驱使下不断发展,最终将会使得资本主义生产关系成为资本主义生产力的桎梏,于是公有制取代私有制、社会主义取代资本主义就成为不可避免的结果。这是资本积累过程所具有的客观历史趋势。

再次,国家垄断资本主义是资本社会化的更高形式,将成为社会主义的前奏。它是资本主义生产方式的自我完善、自我调整,目的在于使资本主义国家在资本主义生产方式中起到更为积极、更为显著的作用。然而,资本主义国家代表的是资本家的总体利益,为提高人民生活水平、为实现平权运动提供空间。这也反映出资本主义社会本身就孕育着某些社会主义的因素,无论是提高人民生活水平还是扩大社会决策的范围,都是如此。

最后,资本主义在造就了社会化大生产的同时,也产生了推动和运用这一先进生产力的无产阶级。资本家阶级是不从事生产的,只有无产阶级才从事社会生产,无产阶级在掌握了先进生产力的情况下,必将彻底推翻资本主义和资产阶级的统治,废除资本主义私有制,逐步建立消灭一切阶级、确保人人得以自由而全面发展的联合体。资产阶级的灭亡和无产阶级的胜利是同样不可避免的。

资本主义必然为社会主义所代替,是一个复杂的、长期的历史过程。任何社会形态的存在都具有相对的稳定性,从产生到衰亡都要经历相当长的时间跨度。原始社会、奴隶制社会、封建社会都经历了相当长的历史时间,同样,资本主义社会也将经历一段相当长的时间。社会形态的更替是不以人的意志为转移的,它本身是生产力和生产关系相互作用的结果。当代资本主义的发展意味着生产关系对生产力仍然具有容纳空间,资本主义为社会主义所代替的过程必将非常漫长,但发展的总趋势是必将为社会主义所取代。

2013年,习近平总书记在《关于坚持和发展中国特色社会主义的几个问题》中指出:"事实一再告诉我们,马克思、恩格斯关于资本主义社会基本矛盾的分析没有过时,关于资本主义必然消亡、社会主义必然胜利的历史唯物主义观点也没有过时,这是社会历史发展不可逆转的总趋势,但道路是曲折的。资本主义最终消亡、社会主义最终胜利,必然是一个很长的历史过程。我们要深刻认识资本主义社会的自我调节能力,充分估计到西方发达国家在经济、科技、军事方面长期占据优势的客观现实,认真做好两种社会制度长期合作和斗争的各方面准备。"把握社会主义和资本主义的逻辑关系,把握社会主义和资本主义的历史先后顺序,是我们需要牢记的一个参照系。

本节描述了资本主义的发展及其历史趋势,是伴随着资本主义发展的历史来展开的,如何理解不同历史时期的逻辑关系,是我们掌握本节知识点的一个关键。我们要深刻认识到资本主义生产方式虽然不断进行调整,但是无论如何都改变不了资本主义的基本矛盾,阻止不了社会主义代替资本主义的历史趋势。

三、教学案例

 **教学案例1：国际垄断资本主义对外扩张的方式及本质**

【案例呈现】

从资本开拓世界市场和国际垄断资本主义形成特点来看，无论是在自由竞争资本主义阶段还是在垄断资本主义阶段，资本家们都在拼命地进行扩张。资本的本质就是不断地增殖和扩张，否则它就不可能存在。资本主义制度确立后的发展史，就是一部不断对外进行扩张和侵略的历史。不过，直到进入垄断资本主义阶段和进行重新瓜分世界为止，这种对外扩张的特点都是以军事实力为基础并带有强制性的，即资本主义国家以武力手段为资本家们开拓世界市场。这种扩张以大炮和战车开道，把扩张对象变成殖民地，然后进行经济掠夺。而在国际垄断资本主义阶段，资本对外扩张的武器已经主要不是大炮，而是雄厚的资本、先进的科技以及以此为核心的高度发达的生产力。这时，其对外扩张的特点是携带资本、商品、技术和管理知识的垄断资本家，以和平方式长驱直入地进入全球各地，有人称为典型的"经济帝国主义"。

此时，国家在资本对外扩张中依然起着很大作用，主要是保护国际垄断资本在全球的利益。无论在世界何地，只要这些垄断资本的利益受到损害，或因利害关系同当事国或地区发生矛盾和冲突时，它们就会进行武力干涉，以保护垄断资本的利益，表现出赤裸裸的政治霸权主义。国家和垄断资本的结合是内在的、本质的，只是在不同发展阶段有不同的表现形式罢了。

——摘自《国际垄断资本主义的本质特征和历史地位》，《马克思主义研究》，2006年第1期

【案例点评】

资本国际化是垄断资本主义向国际扩张的主要形式，是伴随生产国际化同步发展起来的，是同一过程的两个方面：生产国际化是生产力的国际扩张，资本国际化是资本主义生产关系的国际扩张。它们相互依赖、相互融合，构成整个经济生活的国际化。一方面，对于资本输出国而言，垄断资本借此获得了高额利润，不仅控制了世界范围内的商品市场和原料产地，而且在世界范围内形成了以少数发达资本主义国家的金融资本为中心的世界资本主义经济体系，进一步加强了垄断资本在世界范围内的剥削和统治；另一方面，对于资本输入国而言，加大了其在经济上甚至政治上对垄断资本主义国家的依赖性。但是我们也应该看到，垄断资本主义的国际扩张确实在客观上促进了世界范围内商品经济的发展和科技文化的交流。

【教学建议】

(1)资本主义从自由竞争走向垄断阶段,为了赚取更多的剩余价值,资本从国内到国外不断进行扩张。对于现今生长于和平年代的学生来说,对于跨国公司的普遍认识是福利好、待遇高,很难看清其背后隐藏的资本扩张逻辑。因此,有必要给学生讲清楚资本主义发展各阶段的对外扩张方式,即在国际垄断资本主义形成以前通过暴力武器实现对扩张对象的经济殖民,在这之后则是通过资本、商品、科技和管理知识等以和平方式实现经济掠夺。

(2)在认识到资本对外扩张的方式和本质后,还需要了解为什么资本能够实现对外扩张,即无论是哪一个阶段,背后都是国家与垄断资本的深度结合。

 教学案例 2:影响日益显著的国际金融垄断资本

【案例呈现】

材料1:2008年世界金融危机后,国际金融垄断资本加快膨胀增殖。以美国为例,金融业产值占国民生产总值(简称 GDP)的比重不断增长。2015年,金融业产值正式超过制造业产值,成为美国产值最大的行业。金融企业的国内信贷和国内债券占 GDP 比重一直处于上升趋势,尤其是在 2008 年后加速增长。据统计,金融企业的国内债券在 1998—2008 年翻了近四倍。2001—2021 年,金融企业存款从 60 490 亿美元膨胀到 223 562 亿美元。美国股票市值自 1998 年 4 月至 2009 年一直处于波动下降过程,在 2009 年 2 月达到最低,此时的股票市值仅占 GDP 比重的 51.8%,而后便开始在波动中上升,在 2021 年 12 月达到巅峰,股票市值占 GDP 比重的 199%,在 12 年内涨幅达到 148%。此外,国际金融垄断资本的国际垄断不断扩大,形成了以巨型跨国企业为载体的金融—产业垄断寡头。根据福布斯发布的数据,世界 500 强企业的营业收入从 2000 年的 12.7 万亿美元上涨到了 2021 年的近 31.7 万亿美元,涨幅达到 150%。

——摘自《世界百年未有之大变局下资本主义的新变化》,《毛泽东邓小平理论研究》,2023 年第 7 期

材料2:根据《财富》杂志历年发布的世界 500 强企业名单,2008 年金融危机前,美国上榜企业排名前 15 的主要分布于互联网和科技、制造业、金融和能源领域,在金融危机后则主要集中在互联网和科技、医疗保健和能源领域。互联网巨头如亚马逊、苹果、微软等成为 500 强企业中的高科技企业的中流砥柱,已连续几年进入美国企业前 15 强,而在此之前主要是美国电话电报公司、通用电气公司、威瑞森电信和惠普等传统科技制造企业。此外,传统制造业规模占比开始减小,G7 国家中制造业增加值占 GDP 比重趋于下降。

——摘自《世界百年未有之大变局下资本主义的新变化》,《毛泽东邓小平理论研究》,

2023年第7期

材料3：美国数字经济总产值自2005年至今逐年增长，涨幅达20 050亿美元，尤其是2008年金融危机后涨幅达18 281亿美元。数字经济占美国GDP比重也随之不断增长，以2009年为分水岭，12年内涨幅达到4个百分点。2018年，韩国、美国、英国、德国、法国、印度等国数字经济增长对GDP增长的贡献率超过50%，韩国高达100.8%，美国高达91.8%，英国和德国分别为76.5%和75.8%。

——摘自《世界百年未有之大变局下资本主义的新变化》，《毛泽东邓小平理论研究》，2023年第7期

材料4：谷歌2006年以16.5亿美元收购了油管网，2014年以32亿美元收购了智能家居公司——筑巢实验室(Nest Labs)。脸书2012年以7.15亿美元收购了13名员工的照片墙，2014年又以190亿美元收购了仅有55名员工的瓦次普。微软2016年以262亿美元、超50%溢价收购领英。亚马逊2017年以137亿美元收购美国全食超市。

【案例点评】

资本主义经过自由竞争、私人垄断后进入国家垄断时期，20世纪末至今则是国际金融垄断时期。随着生产力的发展以及国际形势的变化，国际金融垄断资本的影响日益显现。一方面，国际金融垄断资本不断膨胀增殖，借助巨型跨国企业和国际垄断组织对世界市场形成高度垄断；另一方面，资本主义生产方式发生新变化，以数据资源为关键要素的生产组织方式越来越突出，这也使得国际垄断资本的垄断方式出现部分调整，由传统的以"金融＋科技"方式转向以"金融＋数字"方式，主要表现在数字平台的金融化和金融资本的数字化。由于数字平台迅速而持续的扩张需要巨额资金，使其越来越离不开金融资本的支持，与此相对，国际金融资本则通过数字技术和数字平台垄断全球的网络资源和数据，以此获取巨额利润。

【教学建议】

(1)资本主义发展经历了不同的历史时期，从自由竞争到国家垄断再到现在的国际金融垄断。生产力决定生产关系，进入21世纪以来，科技发展跃上新台阶，进入数智时代，向学生说明生产力提高后生产关系的各方面发生了哪些新变化。

(2)关于国际金融垄断资本为何要垄断数据要素，它们又是如何垄断数据要素的，教材中并没有做详细的介绍，在这里教师可以通过案例分析和数据梳理呈现给学生，加深学生对国际金融垄断资本的认识。

教学案例3:资本主义国家的国有化及其性质

【案例呈现】

材料1:国有化早在自由竞争资本主义时期就已产生。当时如矿山、港口、河道、铁路、公路等私人资本难以经营的企业和设施就已部分地转归国家所有。到了帝国主义时期,国有化有了显著的发展。但是,第二次世界大战以前,国有化大多是在战争和经济危机期间发展得较快,一旦战争结束,经济危机过去,国有化企业就会大大收缩。第二次世界大战以后,资本主义的国有化有了长足的发展,通过国有化扩大资本主义国家所有制经济,已成为垄断资本主义国家发展国家垄断资本主义的主要形式。实行国有化的主要方法是,资本主义国家高价收买私人企业的产权,或由国家向私人企业投资。其形式主要有国营、国有私营和公私合营等。

材料2:20世纪80年代,法国工业国有化的程度达到了40%,意大利为35%,奥地利为28%,德国为21%,英国为11%。

材料3:1982年,法国推行国有化,除涉及基础工业和重化工业之外,还包括电子、原子能等新兴工业部门,以及纺织、造纸、建材等制造行业,甚至包括航空工程、信息技术、新材料、生物工程等高科技领域。1982年,法国国有企业在钢铁行业的比重为80%,航空运输行业为87%;在邮政、电信、铁路运输、烟草以及煤气生产方面,国有企业的控制程度甚至高达100%;在基础化学、人造纤维、有色金属等行业,国有企业的比重也超过了50%。

【案例点评】

当代资本主义生产资料所有制已经发生了一些新变化,特别是在第二次世界大战以后,国家资本所有制逐渐形成并发挥着重要作用。国家资本所有制就是生产资料由国家占有并服务于垄断资本的所有制形式,其主要特点是国家作为出资人拥有国有企业的所有权和控制权,国有企业的重要职能是推行政府的社会政策和经济政策,为私人垄断资本的发展提供服务和保障。但是在资本主义国家中,国家资本主义的比重本身并不大,因为主要存在于基础设施和公共事业部门,所以对整个社会经济的发展有着重要的影响。就国家资本所有制的性质而言,它仍然是资本主义形式,体现着资本家剥削雇佣劳动者的关系。国有制企业的工人,虽然不再受雇于和隶属于某一个别的或集团的资本家,但受雇于资产阶级的国家和国有企业。

【教学建议】

(1)第二次世界大战以后,资本主义在经济、政治和社会等方面发生了一系列变化。首先就表现在生产资料所有制的变化,国家资本所有制和法人资本所有制形成并发展。我们知道,国家资本所有制的发展其实在很大程度上是受当时社会主义国家特别是苏联的影响,深陷经济危机中的资本主义国家为寻找出路纷纷开始重视国家宏观调控,通过各种方式在基础设施和公共事业部门兴办国有企业。但要向学生讲清楚其根本目的是服务于私人资本,巩固和维护资本主义的统治地位。

(2)学生不仅要了解资本主义国家资本所有制的目的,还需要认识到其性质。在资本主义国家,国家资本所有制仍然是资本主义形式的,体现的是国家资本通过对雇佣工人的劳动剥削实现私人垄断资本的资本增殖。

教学案例4:经济全球化进程中的全球性社会公正问题

【案例呈现】

材料1:有关统计资料表明,40年前,全世界最富的人口和最穷的人口人均收入的比值是30∶1,而现在已上升到74∶1,目前,联合国成员国中有48个最不发达国家,而20年前仅20有余。

——摘自《人民日报》,2000年9月7日

材料2:现在,南北差距问题、贫富问题越来越突出。发达国家与发展中国家在科技发展水平上存在的严重不平等,更加大了南北差距。信息技术的发展,促进了信息产业的迅速成长,也带动了经济增长。但这种增长及其带来的利益主要集中在发达国家。全世界大量贫困人口还没有享受到信息技术发展的实惠。

——摘自《人民日报》,2000年8月6日

材料3:当代资本主义的发展不仅依赖于第三世界国家的廉价资源,而且离不开第三世界国家的廉价劳动力、廉价市场和廉价商品。这种不平等交换造成了贫富的两极分化,占世界人口17%的24个工业化国家拥有世界生产总值的79%,而占世界人口83%的发展中国家仅占世界生产总值的21%。第三世界国家外债高达2.5万亿美元。有13亿人生活在世界上最贫穷的国家,每天人均收入不足1美元,8亿人忍受着饥饿,8 000万人完全不能享受医疗服务,超过2.6亿人不能上学。

材料4:当前经济全球化的发展还很不平衡。在过去20年间,全球对外投资增长了6倍,但都在发达国家之间。与此同时,经济全球化使南北之间的贫富差距拉大。根据联合国1999年的统计,在过去30年间,最不发达国家的数量从25个增加到49个;世界绝对贫困人口从5年前的10亿增加到现在的12亿;工业化国家与30个最穷国家的人均收入相差至少70倍;世界上3个最富有的人的财富,超过了60个穷国国民生产总值之和……

经济全球化进程使全球性社会公正问题更加突出。经济全球化进程导致了一定范围内南北差距的扩大以及某些国家和地区的边缘化,甚至也引起发达国家内部一些非优势产业

的反弹。因此,经济全球化进程必须有人文理念的指导,必须注意其发展中的平衡性和公正性问题。在"什么样的经济全球化"的课题前,建立公正合理的国际经济新秩序的任务更加迫切。

【案例点评】

第二次世界大战以后,西方发达资本主义国家改变了以往的暴力剥削方式,通过以"经济兼并"为基础的殖民主义对发展中国家实行经济剥削和控制。这种新的经济殖民主义,从本质上来看,反映了发达国家同发展中国家之间经济关系的实质是剥削与被剥削、控制与反控制的关系。资本主义列强推行的老殖民主义是发展中国家贫穷落后的历史根源。现如今发展中国家与发达国家贫富差距的进一步扩大,从根本上说,是由旧的、不合理的国际经济秩序造成的,是西方发达资本主义国家继续推行新殖民主义的结果。

【教学建议】

(1)得益于经济全球化,中国作为世界上最大的发展中国家,经济等各方面都获得了前所未有的发展。但是经济全球化发展也存在不足,主要体现在发展的不平衡及不公平上,比如,国际交换不平等、全球南北国家贫富差距进一步扩大。在实际教学过程中,教师需要借助大量案例和数据来呈现全球化带来的不平等。

(2)经济全球化可以促进各国经济的发展与进步,但是现行经济全球化方式下发展和进步是不平等和不公正的,为此我们需要寻找一种新的全球化经济发展方式,构建一个更加公正合理的经济秩序,这也是未来我们需要坚守和努力的方向。

教学案例 5:"逆全球化"乃至"反全球化"能救美国吗?

【案例呈现】

材料1:自"冷战"结束以来,全球贸易占 GDP 比重不断提高,并于 2008 年达到顶峰。根据世界银行数据,世界进出口贸易占 GDP 比重从 1990 年的 31% 上升至 2008 年的 51.86%,其中美国从 15.23% 上升至 23.49%,欧盟从 42.03% 上升至 64.10%,日本从 16.85% 上升至 31.84%,中国也从 32.16% 上升至 56.23%(最高点为 2006 年的 64.49%),在 1990—2006 年翻了一番,成为全球化的"最大受益者"。

——摘自《从"逆全球化"到"新全球化":中国角色与世界作用》,《学术界》,2017 年第 3 期

材料2:2008 年国际金融危机的爆发成为全球化逆转的"分水岭",随后出现了自"二战"以来持续时间最长的"逆全球化"。世界进出口贸易额占 GDP 比重从 2008 年的 51.86% 下降至 2015 年的 44.99%,下降了 6.87 个百分点,相当于倒退回 21 世纪初的水平。其中,美国、欧盟和日本分别下降了 2.24 个百分点、1.2 个百分点和 0.96 个百分点。根据世界贸易

组织最新预测,相比国内生产总值(GDP)2.5%的增长率,2016年全球贸易额增长率仅为1.7%,是近15年来全球贸易增长率首次显著低于GDP增长率。

——摘自《从"逆全球化"到"新全球化":中国角色与世界作用》,《学术界》,2017年第3期

材料3:面对经济复苏乏力、跨国贸易投资低迷的新形势,加之南方国家的迅速崛起,美国等北方国家出现了"逆全球化"乃至"反全球化"的思潮。长期以来,北方国家民众对战后由美国主导的威尔逊自由主义国际秩序的支持,正在被日益增长的孤立主义、民粹主义倾向所取代,抗议反对资本全球扩张的贸易保护主义重新抬头,曾经的自由贸易倡导者纷纷走上向内的道路,从强调释放市场力量的新自由主义范式向主张社会保护转变。

——摘自《从"逆全球化"到"新全球化":中国角色与世界作用》,《学术界》,2017年第3期

材料4:自2008年国际金融危机爆发以来,经过10年的调整,全球经济并未实现理想复苏,而是持续低迷,贸易保护主义不断加码,"逆全球化"思潮暗流涌动。2016年,以"英国脱欧"和特朗普当选美国总统为标志,"逆全球化"潮流进入了一个新的发展阶段。尤其是美国,从推行全球化和自由贸易的主导者开始转变为主张"逆全球化"和保护贸易的推动者,对经济全球化发展将带来负面冲击,也极大阻碍了全球贸易的自由化进程。

——摘自《马克思世界市场理论及其现实意义——兼论"逆全球化"思潮的谬误》,《经济研究》,2018年第5期

【案例点评】

开放带来进步,封闭必然落后,经济全球化发展具有不可逆转的历史必然性。面对经济全球化进程中出现的各种挑战与问题,想独善其身或以邻为壑,其结果都只能是四处碰壁。在世界经济的大海中,想人为切断各国技术、产品、人员等的自由流动,不仅不可能而且也不符合历史潮流。

【教学建议】

(1)2008年国际金融危机爆发以后,由于深陷危机难以复苏,西方社会中蔓延着严重的"逆全球化"思潮,尤其是美国。美国给世界人民造成一种经济全球化的"受害者"形象,好像全球化给美国造成了各方面的困扰,但实际真是如此吗?答案当然是否定的。在全球发动多场战争、金融虚拟化、产业空心化以及贫富两极分化才是美国国内社会矛盾的"真凶"。

(2)当前除了"逆全球化"思潮外,贸易保护主义以及排外情绪都有所抬头,给世界发展和前进带来了多重阻碍,但是根据马克思世界市场理论,全球化进程具有不可逆的历史性,我们需要根据当下新的历史条件,改造全球化的方式、方法。

四、题海游弋

(一)单项选择题

1.（　　），资本主义从自由竞争阶段发展到垄断阶段。
    A. 19 世纪中叶　　　　　　　　　　B. 19 世纪后半叶
    C. 19 世纪末 20 世纪初　　　　　　D. 20 世纪中叶

2.资本主义的发展经历了两个阶段：（　　）。
    A. 古典资本主义和现代资本主义　　B. 自由竞争资本主义和垄断资本主义
    C. 管制资本主义和新自由资本主义　D. 自由资本主义和保守资本主义

3.所谓垄断，是指少数资本主义大企业为了获得高额利润，通过（　　），对一个或几个部门商品的生产、销售和价格进行操纵和控制。
    A. 相互竞争　　　　　　　　　　　B. 相互协议或联合
    C. 竞相降低价格　　　　　　　　　D. 竞相扩大市场份额

4.下列四个选项中，（　　）不是垄断产生的原因。
    A. 当生产集中发展到相当高的程度时，极少数企业就会联合起来，操纵和控制本部门的生产和销售，实行垄断，以获得高额利润
    B. 企业规模巨大，形成对竞争的限制，也会产生垄断
    C. 激烈的竞争给竞争各方带来的损失越来越严重，为了避免两败俱伤，企业之间会达成妥协，联合起来，实行垄断
    D. 同一个资本同时雇佣人数较多的工人，因而劳动过程扩大了自己的规模并提供了较大量的产品

5.垄断并不能消除竞争，反而使竞争变得更加复杂和激烈。下列四个选项中，（　　）没有交代其中的原因。
    A. 工厂法通过它的各种强制性规定间接地加速了较小的工场向工厂的转化，从而间接地侵害了较小的资本家的所有权，并确保了大资本家的垄断权
    B. 垄断没有消除产生竞争的经济条件，竞争是商品经济的一般规律，垄断产生以后，不但没有改变生产资料的资本主义私有制，而且又促进商品经济继续发展，所以不可能消除竞争
    C. 垄断必须通过竞争来维持，各个垄断组织通过竞争发展壮大起来，在取得了一定的垄断地位后，由于存在攫取高额垄断利润的内在动力和面临更加强大的竞争对手的外在压力，垄断组织必须不断增强自己的竞争实力，巩固自己的垄断地位
    D. 社会生产是复杂多样的，任何垄断组织都不可能把包罗万象的社会生产都包下来

6.国家垄断资本主义的形成和发展不是偶然的，它是科技进步和生产社会化程度进一

步提高的产物,是( )进一步尖锐化的必然结果。

　　A. 工人阶级与资本家之间的矛盾

　　B. 资本主义基本矛盾

　　C. 帝国主义国家之间的矛盾

　　D. 发达国家与发展中国家之间的矛盾

7. 第二次世界大战后,在美国的主导下建立了国际货币体系,即( ),该体系对促进世界经济的恢复和发展发挥了重要作用,但也维护了美国的世界经济霸权地位。

　　A. 维也纳体系　　　　　　　　B. 凡尔赛—华盛顿体系

　　C. 布雷顿森林体系　　　　　　D. 雅尔塔体系

8. 垄断资本向世界范围的扩张是通过( )这一国际垄断组织形式实现的。

　　A. 跨国公司　　　　　　　　　B. 国际机构

　　C. 金融机构　　　　　　　　　D. 企业集团

9. 经济合作与发展组织 2015 年发布的报告显示,经合组织国家最富有的 10% 的人与最贫穷的 10% 的人的收入比从 20 世纪 80 年代的 7∶1 蹿升到了近年来的 9.6∶1。其中美国占总人口 10% 的最富有人群的税前收入占比从 1981 年的 34.7% 上升到了 2007 年的 45.8% 和 2014 年的 47.0%。这段材料显示( )。

　　A. 社会价值观分裂　　　　　　B. 社会矛盾激化

　　C. 社会极端思潮抬头　　　　　D. 社会流动性退化

10. 习近平总书记指出:"经济全球化是社会生产力发展的客观要求和科技进步的必然结果,不是哪些人、哪些国家人为造出来的。经济全球化为世界经济增长提供了强劲动力,促进了商品和资本流动、科技和文明进步、各国人民交往。"这段论述印证了( )。

　　A. 在经济全球化进程中,社会分工得以在更大的范围内进行,资金、技术等生产要素可以在国际社会流动和优化配置,由此带来巨大的分工利益,推动世界生产力的发展

　　B. 在经济全球化进程中,社会分工得以在更小的范围内进行,资金、技术等生产要素可以在国际社会流动和优化配置,由此带来巨大的分工利益,推动世界生产力的发展

　　C. 在经济全球化进程中,社会分工得以在更大的范围内进行,资金、技术等生产要素可以在国际社会流动和优化配置,由此带来巨大的分工利益,阻碍世界生产力的发展

　　D. 在经济全球化进程中,社会分工得以在更小的范围内进行,资金、技术等生产要素可以在国际社会流动和优化配置,由此带来巨大的分工利益,阻碍世界生产力的发展

11. 随着社会生产力的发展和工人阶级反抗力量的不断壮大,资本家及其代理人开始采取一些缓和劳资关系的激励制度,促使工人自觉地服从资本家的意志。这些制度不包括( )。

A. 职工参与决策　　　　　　　　B. 职工主导决策
C. 终身雇佣　　　　　　　　　　D. 职工持股

12. 当代资本主义发生新变化的原因是多方面的,其根本推动力量是(　　)。
   A. 科学技术革命和生产力的发展
   B. 工人阶级争取自身权利和利益的斗争
   C. 社会主义制度的优越性对资本主义的影响
   D. 改良主义政党对资本主义制度的改革

13. 马克思、恩格斯在《共产党宣言》中指出:"资产阶级在它的不到一百年的阶级统治中所创造的生产力,比过去一切世代创造的全部生产力还要多,还要大。自然力的征服,机器的采用,化学在工业和农业中的应用,轮船的行驶,铁路的通行,电报的使用,整个大陆的开垦,河川的通航,仿佛用法术从地下呼唤出来的大量人口——过去哪一个世纪料想到在社会劳动里蕴藏有这样的生产力呢?"这段材料的含义不包括(　　)。
   A. 资本主义将科学技术转变为强大的生产力
   B. 资本追求剩余价值的内在动力和竞争的外在压力推动了社会生产力的迅速发展
   C. 资本主义制度下财富占有两极分化,引发经济危机
   D. 资本主义的意识形态和政治制度作为上层建筑在战胜封建社会自给自足的小生产的生产方式,保护、促进和完善资本主义生产方式方面起着重要作用,从而推动了社会生产力的迅速发展,促进了社会进步

14. 资本主义的历史趋势是(　　)。
   A. 计划经济取代市场经济　　　　B. 市场经济取代计划经济
   C. 计划经济取代商品经济　　　　D. 社会主义取代资本主义

15. "资本主义必然灭亡,社会主义必然胜利"的主要依据是(　　)。
   A. 资本主义政治经济发展的不平衡
   B. 生产社会化与资本主义私人占有生产资料的矛盾不可调和
   C. 个别企业生产的有组织和社会生产的无政府状态之间的矛盾
   D. 无产阶级与资产阶级斗争的尖锐化

(二)多项选择题

1. 在资本主义发展的初期,占主导地位的所有制形式不包括(　　)。
   A. 个体资本所有制　　　　　　　B. 私人股份资本所有制
   C. 国家资本所有制　　　　　　　D. 法人资本所有制

2. 垄断价格的形成并没有否定价值规律,因为(　　)。
   A. 垄断价格不能完全脱离商品的价值
   B. 垄断价格围绕生产价格波动
   C. 全社会的商品价格总额和商品价值总额仍然一致

D. 垄断价格改变的只是价值规律作用的表现形式

3. 垄断利润的主要来源是（   ）。

    A. 本国工人阶级和其他劳动人民创造的价值和剩余价值

    B. 非垄断企业工人创造的一部分剩余价值

    C. 小生产者创造的一部分剩余价值

    D. 其他国家劳动人民创造的一部分价值

4. 在国家垄断资本主义条件下,国家对经济生活进行干预调节的实质是（   ）。

    A. 促进资本主义稳定增长

    B. 消除经济危机的爆发

    C. 加强垄断资本对广大劳动人民的剥削

    D. 维护垄断资产阶级的整体利益和长远利益控制

5. 第二次世界大战后,符合资本主义国家政治制度变化的选项是（   ）。

    A. 国家立法机构的权限不断加强　　B. 政治制度出现多元化的趋势

    C. 重视并加强法治建设　　　　　　D. 改良主义政党影响日益扩大

6. 在当代资本主义生产关系中,阶层、阶级结构发生的新的变化是（   ）。

    A. 拥有所有权的资本家一般不再直接经营和管理企业

    B. 资本家靠手中拥有和掌握的企业股票等有价证券的利息收入为生

    C. 高级职业经理成为大公司经营活动的实际控制者

    D. 知识型和服务型劳动者的数量不断增加

7. 当今世界,包括信息数字技术、人工智能技术、生物技术、空间工程技术、新材料和新能源在内的新一轮科技革命,极大地提高了劳动生产率,开辟了生产力发展新空间,加速了资本主义生产方式发生变化。这个变化主要体现在（   ）。

    A. 形成了以去工业化、经济虚拟化、金融化为主要特征的新的产业结构模式

    B. 数据在大数据、云计算、区块链等前沿技术驱动下成为一种新的生产要素

    C. 以数据的生产、管理、服务等在线化和智能化为主的数字劳动在生产中的地位越发突出

    D. 以数据资源为关键要素的数字经济、智能经济、共享经济等成为全球经济发展的新形态

8. 资本主义制度的历史进步性主要表现在（   ）。

    A. 促使科学技术转变为生产力

    B. 追求剩余价值的动力和竞争的压力推动了生产力发展

    C. 资本主义政治制度促进和完善了资本主义生产方式

    D. 资本主义意识形态促进和完善了资本主义生产方式

9. 当代资本主义的发展,还显示出生产关系对生产力容纳的空间,说明资本主义为社会

主义所代替尚需长期的过程。其具体表现包括(　　)。

　　A. 发达资本主义国家在科技、经济、军事等方面还具有显著的优势

　　B. 各主要垄断资本主义国家的经济和政治合作有所加强

　　C. 社会主义国家的经济发展水平还相对较低

　　D. 以跨国公司和垄断资本的国际联盟为代表的国际垄断资本势力不断扩大

10. 资本主义为社会主义所代替的历史必然性表现在(　　)。

　　A. 资本主义的内在矛盾决定了资本主义必然被社会主义所代替

　　B. 资本积累推动资本主义最终否定资本主义自身

　　C. 国家垄断资本主义为向社会主义过渡准备了条件

　　D. 资本主义生产关系的调整促进了生产力的发展

专题六　题海游弋答案

五、参考资料

1. 马克思:《资本论》(第一卷)(节选),第二十四章《所谓原始积累》,《马克思恩格斯选集》(第2卷),人民出版社2012年版。

2. 马克思:《资本论》(第三卷)(节选),第十五章《规律的内部矛盾的展开》,《马克思恩格斯选集》(第2卷),人民出版社2012年版。

3. 列宁:《帝国主义是资本主义的最高阶段》,《列宁选集》(第2卷),人民出版社2012年版。

4. 列宁:《国家与革命》,《列宁选集》(第1卷),人民出版社2012年版。

5. 习近平:《共建创新包容的开放型世界经济》,《习近平谈治国理政》(第三卷),外文出版社2020年版。

6. 习近平:《让开放的春风温暖世界》,《习近平谈治国理政》(第四卷),外文出版社2022年版。

7. 习近平:《坚持开放包容、合作共赢,践行真正的多边主义》,《习近平谈治国理政》(第四卷),外文出版社2022年版。

8. 习近平:《引导好经济全球化走向》,《习近平著作选读》(第一卷),线装书局、人民出版社2023年版。

9.《马克思主义基本原理》编写组:《马克思主义基本原理》,高等教育出版社2023年版。

专题七 社会主义论

一、学习目标

本部分内容主要在于学习和了解社会主义五百年的发展历程,把握科学社会主义基本原则,认识社会主义建设过程的长期性,明确社会主义发展道路的多样性,把握新时代中国特色社会主义在社会主义发展史上的里程碑意义,遵循社会主义在实践中开拓前进的发展规律,以昂扬奋进的姿态推进社会主义事业走向光明未来。

1. 知识目标:了解社会主义从空想到科学、从理论到实践的发展过程,分析社会主义从一国到多国的发展,掌握社会主义在中国焕发的生机,正确把握科学社会主义基本原则,理解经济、文化相对落后的国家建设社会主义的长期性,了解社会主义发展的多样性以及社会主义在实践中开拓前进。

2. 能力目标:运用科学社会主义一般原则分析我国社会主义发展情况,学会分析社会主义建设的长期性和多样性并用于解决实际问题。

3. 世界观目标:树立对马克思主义的信仰和对科学社会主义的信念,坚定社会主义代替资本主义是人类历史发展的必然趋势,遵循社会主义在实践中开拓前进的发展规律,以自信担当、开拓奋进的姿态献身社会主义事业,推进社会主义事业走向光明未来。

二、教师导航

500多年的社会主义发展史,从思想萌芽到理论成型,从理想蓝图到实践探索,历经风雨洗礼,既有高歌猛进,又有坎坷曲折,演绎了无数感天动地的故事,被寄予了无限美好的期望,是人类追求公平正义与美好社会的壮丽史诗,是人类文明几千年历史中最耀眼的光束、最动人的乐章。

第一讲 社会主义五百年的历史进程

社会主义经过300多年长期探索,实现了从空想到科学的飞跃,此后在科学社会主义的指引下,社会主义实现了从理想到现实的飞跃、从一国到多国的发展,极大地推进了20世纪的世界历史进程,而中国特色社会主义的成功实践使社会主义在21世纪焕发出新的蓬勃生机。

(一)社会主义从空想到科学

空想社会主义产生于16世纪初。作为一种批判、否定资本主义的思潮,空想社会主义是早期无产阶级意识和利益的先声,反映了早期无产阶级迫切要求改造现存社会、建立理想的新社会的愿望。与资本主义生产方式发展所经历的家庭手工业、手工工场和机器大工业三个阶段相适应,空想社会主义思潮也经历了三个历史发展阶段,即16—17世纪的早期空想社会主义、18世纪的空想平均共产主义、19世纪初期批判的空想社会主义。19世纪初期以圣西门、傅立叶、欧文为代表的空想社会主义是科学社会主义的直接思想来源,以三大空想社会主义者为代表的空想社会主义学说在理论上致力于分析社会制度。他们认为,资本主义社会制度是一种"历史谬误""人世间的祸害"。他们对资本主义旧制度的批判,包含着许多击中要害的见解;对社会主义新制度的描绘,闪烁着诸多天才的火花。空想社会主义者只看到了资本主义必然灭亡的命运,却未能揭示资本主义必然灭亡的经济根源;要求埋葬资本主义,却看不到埋葬资本主义的力量;憧憬取代资本主义的理想社会,却找不到通往理想社会的现实道路。

这种时代的局限性说明,空想社会主义的不成熟的理论是同当时不成熟的资本主义生产状况、不成熟的阶级状况相适应的。空想社会主义"提供了启发工人觉悟的极为宝贵的材料",但不是科学的思想体系。

(二)社会主义从理想到现实、从一国到多国的发展

1. 无产阶级革命与社会主义制度的建立

无产阶级革命有暴力的与和平的两种形式,其中,暴力革命是主要的、基本的形式。这是因为"一切革命的根本问题是国家政权问题",在资产阶级占统治地位的社会里,资产阶级掌握着国家政权以维护本阶级的利益,它是不会自愿让出政权的。在资产阶级的暴力镇压之下,无产阶级要想实现自己的革命任务,就不得不经过暴力革命。正如马克思所说:"暴力是每一个孕育着新社会的旧社会的助产婆。"对于以前的剥削制度的更替来说是如此,对于无产阶级革命来说更是如此。1871年3月18日的巴黎工人起义和由此建立起的巴黎公社,是无产阶级革命和无产阶级专政的第一次伟大尝试。马克思高度评价巴黎公社的意义,认为"公社的原则是永存的"。

马克思主义在强调暴力革命这一主要的基本形式的同时,也并不完全排除和平过渡到社会主义的可能性。马克思在19世纪70年代,曾经认为英、美有可能用和平方式实现社会主义。俄国二月革命后出现了两个政权并存的局面,当时列宁认为革命有和平发展的可能。但是,实践的发展正如列宁所说,马克思谈的是例外的情况,是作为"设想"讲的。当然,资本主义还在变化之中,世界格局的变化也是复杂的,未来的社会主义革命必将会遇到许多新情况、新课题,各国人民的革命究竟采取什么形式,只能由该国无产阶级政党和人民根据马克

思主义基本原理同本国实际情况相结合的原则作出决定。

19世纪末、20世纪初,自由资本主义发展到垄断资本主义阶段即帝国主义阶段,资本主义世界的政治经济情况发生了新的变化。资本主义各国经济政治发展不平衡的状况进一步加剧和尖锐化。列宁认真总结了当时变化了的新情况,集中了俄国布尔什维克党的智慧,立足于资本主义发展不平衡的规律,深刻论述了社会主义革命可以首先在一国或数国取得胜利的理论。1915年8月,列宁在《论欧洲联邦口号》中明确指出:"经济和政治发展的不平衡是资本主义的绝对规律。由此就应得出结论:社会主义可能首先在少数甚至在单独一个资本主义国家内获得胜利。"一年后,他在《无产阶级革命的军事纲领》中又写道:"资本主义的发展在各个国家是极不平衡的。而且在商品生产下也只能是这样。由此得出一个必然的结论:社会主义不能在所有国家内同时获得胜利。它将首先在一个或者几个国家内获得胜利,而其余的国家在一段时间内将仍然是资产阶级的或资产阶级以前的国家。"在列宁看来,帝国主义时代的无产阶级社会主义革命,将是由一国或数国首先胜利,然后波浪式地发展为全世界的胜利。列宁所提出的这个新论断,是以资本主义进入帝国主义阶段经济政治发展不平衡规律为依据的,也是符合当时的实际情况的。

在这一理论的基础上,列宁根据对俄国国内革命形势和国际状况的科学分析,进一步得出了社会主义可能在经济文化相对落后的俄国首先取得胜利的结论,并且将这一理论付诸实践,在革命形势成熟的条件下,领导了俄国十月革命。1917年11月7日(俄历10月25日),列宁和布尔什维克党领导彼得格勒工人和士兵群众,通过武装起义推翻了资产阶级临时政府,取得了十月社会主义革命的胜利。十月革命的胜利,显示了暴力革命的伟大历史作用,证实了列宁关于社会主义革命有可能在一国或几个国家内首先取得胜利的科学论断,也向全世界表明,经济文化相对落后的国家在特定的历史条件下,可以率先建立起先进的社会主义制度。这是列宁对马克思主义关于无产阶级革命学说的重大贡献。

2.列宁、斯大林领导下的苏维埃俄国对社会主义的探索

十月革命的胜利,开辟了人类历史的新纪元,苏维埃俄国成为世界上第一个社会主义国家。年轻的苏维埃政权建立之后,不仅面临着巩固政权的任务,而且还面临着在经济文化相对落后的条件下建设社会主义的任务,而这一切又毫无经验和先例可资借鉴。这些特殊的因素,决定了列宁、斯大林在领导人民走向社会主义道路时,不得不经历一个艰难曲折的探索过程。

(1)列宁领导下的苏维埃俄国对社会主义的探索

列宁领导下的苏维埃俄国对社会主义道路的探索,大体上经历了三个时期:进一步巩固苏维埃政权时期、外国武装干涉和国内战争时期即战时共产主义时期、由战时共产主义转变为新经济政策时期。

从1917年11月到1918年春天,苏维埃政权基本上完成了"剥夺剥夺者"的任务,银行和大工业的国有化使无产阶级掌握了国家的经济命脉。1918年3月,苏俄和德国签订了《布

列斯特和约》，战争暂时停止，从而获得了不到半年的极为短暂的喘息时机。列宁抓住这个来之不易的和平时机，拟订了向社会主义过渡的初步计划。在《苏维埃政权的当前任务》和《论"左派"幼稚性和小资产阶级性》等一系列著作中，列宁制订了苏维埃俄国向社会主义过渡的初步计划，提出了进行社会主义改造的方法和途径。

苏维埃政权的建立和巩固，引起了国内外敌对势力的恐惧、仇视和反抗。从1918年下半年起，帝国主义纠合14个国家发动了对苏维埃政权的武装干涉，同时俄国爆发了国内战争。为了打赢这场战争，捍卫年轻的苏维埃政权，建设社会主义新社会，从1918年夏天到1921年春天，列宁领导的苏维埃政权实行了以取消商品货币关系为主要特征的战时共产主义政策，在经济上采取一系列非常的、特殊的又带有强制性的措施。战时共产主义政策是战争环境和帝国主义武装干涉俄国迫使无产阶级采取的一种临时性政策。正如列宁后来所说："为了拯救国家、拯救军队、拯救工农政权，当时必须这样做。"[①]战时共产主义政策的实施，对于粉碎国际帝国主义的武装干涉和国内反革命叛乱，保卫新生的苏维埃政权，起了重要作用。

1920年底，苏维埃俄国击退外国武装干涉者，取得了国内战争的胜利，1921年初转入和平经济建设时期。这时，国民经济已濒临崩溃，国内发生严重的经济和政治危机。在这种形势下，列宁深感如不改变政策将会失去广大群众，丢掉阶级基础。1921年3月，俄共（布）召开十大，毅然决定从战时共产主义政策过渡到实行以发展商品经济为主要特征的新经济政策。这一决定表明，列宁社会主义建设思想发生了重大转变，对俄国这样一个小农占优势的国家走向社会主义的道路又有了新的认识，标志着列宁找到了一条符合俄国国情的建设社会主义的道路。新经济政策的实施，扭转了国家的严重危机，活跃了苏维埃的城乡经济，发展了生产，大大加强了苏维埃的社会主义经济基础，也改善了工人、农民和其他劳动者的物质文化生活。

在俄国社会主义革命取得胜利的初期，特别是实行新经济政策期间，列宁对苏维埃俄国如何建设社会主义进行了深刻的理论思考，提出了许多精辟的论述。首先，把建设社会主义作为一个长期探索、不断实践的过程。其次，把大力发展生产力、提高劳动生产率放在首要地位。再次，在多种经济成分并存的条件下，利用商品、货币和市场发展经济。最后，利用资本主义，建设社会主义。列宁还指出了马克思主义执政党建设的极端重要性，阐明了思想建设和文化建设的重要意义，提出了加强国家政权建设和发扬社会主义民主的一系列措施。列宁能够正视国情，面对一系列新情况和新问题，不拘泥于已有的结论，而是"根据经验来谈论社会主义"，一切从实际出发，尊重千百万群众的实践，勇于探索、大胆创新，努力把马克思主义基本原理同俄国的具体实际相结合，探索出一条适合俄国国情的社会主义道路。这是列宁对马克思主义的重大贡献，也是他留给后人的最宝贵的思想遗产。

[①] 列宁：《列宁全集》（第41卷），人民出版社2017年版，第10页。

列宁晚年虽然病魔缠身,但他仍然没有停止对社会主义事业的思考。他在口授的《日记摘录》《论合作社》《论我国革命》《宁肯少些,但要好些》等被人们称为"政治遗嘱"的文章和书信中,对自十月革命以来所走过的道路进行了深入思考,提出了建设社会主义的新构想。这些思想主要包括:用合作社的形式将农民引向社会主义道路;发展大工业,实现工业化和电气化;学习和利用资本主义一切有价值的东西;进行文化革命,大力发展文化教育事业;进行党和国家机构的改革,努力提高干部的素质和能力;必须反对官僚主义,健全社会主义民主和法制;维护党的团结,特别是党中央领导核心的团结等。这些构想具有重要意义。

(2)斯大林领导下的苏联对社会主义的探索

列宁逝世后,联共(布)党内及理论界在苏联社会主义发展道路问题上出现了严重分歧,争论的结果最终是斯大林的理论和政策主张占据了主导地位。1928年10月,苏联开始实行以优先发展重工业为中心建立社会主义大工业的第一个五年计划,1932年底完成。1933年,斯大林在总结第一个五年计划取得的成就时说:由于工业产值在国民经济中的比重已经增加到了70%,所以,苏联已经由一个农业国变成了一个工业国;由于消灭了工商业部门中的资本主义成分,社会主义经济体系已经成为工业中的唯一形式;由于击溃了富农阶级,社会主义经济体系也成为农业中的稳固的经济基础;集体农庄制度消灭了农村中的贫困现象,消灭了失业现象,社会主义在国民经济的一切部门都取得了胜利,消灭了"人剥削人"的现象。1936年12月,在苏维埃第八次非常代表大会上通过了新宪法,并宣布苏联已经建成了社会主义。

在这个过程中,苏联模式也得以形成并最终确立。苏联模式的基本特征,从经济方面来看,主要是由经济发展战略和经济体制两部分组成。在经济发展战略方面,主要是以高速发展国民经济为首要任务,以重工业为发展重点,实现从农业国到工业国的转变。与这种经济发展战略相适应,在经济体制方面,主要是在所有制结构上形成了单一的生产资料公有制形式,在经济运行中排斥市场机制,完全采用行政手段,形成了过度集中的指令性计划经济模式。从政治方面来看,主要表现为过度集权的党和国家领导体制、自上而下的干部任命制、软弱而低效的监督机制等。

苏联模式是在特定的历史条件下产生的,曾经促进了社会主义制度的巩固和发展,推动了社会生产力的高速发展,确保了重工业特别是国防工业的发展,为处在帝国主义包围中的苏联社会主义建设奠定了物质基础,人民的物质和文化生活水平也有了提高。这种模式在第二次世界大战中为苏联反法西斯战争的胜利提供了强有力的物质和人员保障。但是,随着经济社会的发展,这种模式的弊端逐步显现,主要是集中过多,管得过死,否定市场的作用,严重束缚企业和劳动者的积极性。社会主义发展的历史证明,苏联模式是特定历史条件下的产物,它并不是社会主义的唯一模式。

(三)社会主义发展到多个国家

俄国十月革命的胜利、殖民地半殖民地国家民族民主革命的蓬勃发展、帝国主义力量的削弱,极大地鼓舞了世界各国人民,促进了世界社会主义运动的发展。第二次世界大战结束后,社会主义在世界范围内获得大发展,在欧洲、亚洲、拉丁美洲,先后有一批国家走上社会主义道路,形成了一个强大的社会主义阵营。中国革命的胜利,是继俄国十月革命之后20世纪最重大的事件。毛泽东思想是马克思列宁主义基本原理与中国革命具体实际相结合的产物,丰富和发展了列宁关于经济文化相对落后的国家走上社会主义道路的理论和实践。社会主义从一国实践发展为多国实践,是社会主义发展进程中的又一次历史性飞跃。

20世纪是一个伟大的世纪,在这个世纪里,对人类历史产生深刻影响并且将继续影响21世纪进程的,莫过于社会主义革命的成功与社会主义制度的建立和发展。社会主义由理论变为现实,由一国发展到多国,是人类历史上的巨大飞跃。社会主义制度对人类社会历史的发展做出了巨大的历史贡献。

第一,社会主义开始作为一种新的社会制度发挥出历史作用。在世界社会主义取得重大发展的时期,社会主义国家的人口曾占世界人口的1/3,领土面积达世界陆地面积的1/4。社会主义国家相继开展了大规模的社会主义建设,推动了这些国家经济、政治、文化和社会各项事业的发展,加速了社会的工业化和现代化进程。与社会主义制度建立和发展形成呼应的是,作为无产阶级先锋队的共产党组织在世界上有了很大的发展。它改变着世界政治力量的对比,进一步削弱了资本主义的统治基础,鼓舞着世界人民争取进步事业的意志和信心。

第二,社会主义国家的存在及其在经济、政治、外交、军事上的影响,改变了世界的政治格局,在很大程度上遏制了资本主义和霸权主义在全世界的扩张。社会主义力量积极参与国际政治活动,从世界人民的根本利益出发,站在维护世界和平与人类进步的立场,发挥着积极作用,一次又一次地揭穿和挫败了资本主义企图奴役世界人民的图谋和野心。社会主义力量同世界人民一起取得反法西斯战争的胜利,就是有力证明。任何一项国际争端和涉及国际安全的重大政治活动,离开社会主义国家的参与,都不可能最终获得公正和圆满的解决。昔日资本主义独霸世界、一统天下的时代,已经一去不复返了。

第三,社会主义力量坚定地支持被压迫民族和被压迫人民,推动着世界和平与发展的时代潮流。社会主义的兴起,促进了亚、非、拉美民族解放运动的蓬勃发展,沉重地打击和瓦解了帝国主义的殖民体系,缩小了资本主义的势力范围。第二次世界大战以后,100多个殖民地国家先后获得了民族独立,开始寻求自己的发展道路。社会主义国家坚定地站在广大发展中国家一边,使之成为当今世界上不容忽视的新兴政治力量。广大发展中国家在警惕和抵制资本主义的新殖民主义的同时,力图学习和借鉴社会主义的经验,在民族复兴之路的选择中走出本民族的发展新路。

第四,社会主义在当代引导着世界人民的前进方向。社会主义的理想信念不仅在社会主义国家的实践中深深扎根于人民群众的心里,也为世界人民所向往。只要存在资本主义,作为批判武器的社会主义思想理论和运动就会被传承和延续。由于社会主义在推动世界和平与发展中的一贯立场,它已成为时代的一面旗帜,影响着世界历史的进程,并引导着世界人民的前进方向。

社会主义在20世纪取得了举世瞩目的辉煌成就,但是在发展中也遭受过严重挫折,特别是20世纪80年代末90年代初东欧剧变、苏联解体。东欧剧变、苏联解体最深刻的教训是:放弃了社会主义道路,放弃了无产阶级专政,放弃了共产党的领导地位,放弃了马克思列宁主义,使得经济、政治、社会、民族矛盾进一步激化,最终酿成了制度剧变、国家解体的历史悲剧。

(四)社会主义在中国焕发出蓬勃生机

1. 科学社会主义是如何在21世纪的中国焕发出强大生机与活力的

十月革命一声炮响,给中国送来了马克思列宁主义。在中国人民和中华民族的伟大觉醒中,在马克思列宁主义同中国工人运动的紧密结合中,1921年7月,中国共产党应运而生,这是开天辟地的大事变,深刻改变了中国人民和中华民族的前途与命运,深刻改变了世界发展的趋势和格局。中国共产党领导的社会主义事业经过了从夺取新民主主义革命伟大胜利到完成社会主义革命和推进社会主义建设、进行改革开放和社会主义现代化建设、开创中国特色社会主义新时代的发展过程,在百年奋斗中不断发展壮大,在21世纪焕发出蓬勃生机。

中国共产党领导人民经过28年艰苦卓绝的革命斗争,于1949年10月1日宣告成立中华人民共和国。党中央带领全国各族人民,在医治战争创伤、恢复国民经济的基础上,经过社会主义改造,建立起了社会主义基本制度。中国人民以极大的热情投身社会主义事业,掀起了一次次建设热潮。然而,如何在中国建设社会主义还是一个需要探索的崭新课题。新中国的社会主义建设从学习苏联起步是符合逻辑的,但中国共产党很快就察觉到了苏联在社会主义建设中的缺陷,认识到了苏联模式的局限。毛泽东提出要以苏联的经验教训为鉴戒,独立探索适合中国国情的社会主义建设道路。以《论十大关系》《关于正确处理人民内部矛盾的问题》为主要标志,党对怎样建设社会主义有了自己的新认识。

1978年12月,党的十一届三中全会重新确立了解放思想、实事求是的思想路线,以巨大的政治勇气和理论勇气作出了进行改革开放的重大决策,开启了改革开放和社会主义现代化建设新时期。邓小平明确提出必须搞清楚"什么是社会主义、怎样建设社会主义"这个重大理论和实践问题,并进一步提出:"把马克思主义的普遍真理同我国的具体实际结合起来,走自己的道路,建设有中国特色的社会主义,这就是我们总结长期历史经验得出的基本结论。"经过实践探索,我们党提出了社会主义初级阶段理论,确立了党在社会主义初级阶段的基本路线,第一次比较系统地初步回答了在中国这样一个经济文化比较落后的国家如何建设社会主义、如何巩固和发展社会主义的一系列基本问题,把对社会主义的认识提高到新的科学水平。

20世纪80年代末90年代初,东欧剧变、苏联解体使世界社会主义遭受严重挫折,在严峻的国际国内形势和空前的压力与挑战面前,中国共产党从容应对,经受住了重大考验,成功捍卫了中国的社会主义事业。1992年,新一轮思想解放和改革开放的高潮兴起,在邓小平南方谈话和党的十四大精神指引下,我国开始建立社会主义市场经济体制。

党的十三届四中全会以后,以江泽民同志为主要代表的中国共产党人,团结带领全党全国各族人民,在国内外形势十分复杂、世界社会主义出现严重曲折的严峻考验面前捍卫了中国特色社会主义,开创了我国改革开放的新局面,成功把中国特色社会主义推向21世纪。党的十六大以后,以胡锦涛同志为主要代表的中国共产党人,团结带领全党全国各族人民,抓住重要战略机遇期,聚精会神搞建设,一心一意谋发展,坚持以人为本,树立全面、协调、可持续的发展观,着力保障和改善民生,促进社会公平正义,推进党的执政能力建设和先进性建设,成功在新形势下坚持和发展了中国特色社会主义。

党的十八大以来,中国特色社会主义进入新时代。以习近平同志为核心的党中央统筹把握中华民族伟大复兴战略全局和世界百年未有之大变局,强调中国特色社会主义新时代是承前启后、继往开来、在新的历史条件下继续夺取中国特色社会主义伟大胜利的时代,是决胜全面建成小康社会、进而全面建设社会主义现代化强国的时代,是全国各族人民团结奋斗、不断创造美好生活、逐步实现全体人民共同富裕的时代,是全体中华儿女勠力同心、奋力实现中华民族伟大复兴中国梦的时代,是我国不断为人类做出更大贡献的时代。

新时代以来,中国共产党人坚持马克思列宁主义、毛泽东思想、邓小平理论、"三个代表"重要思想、科学发展观,全面贯彻习近平新时代中国特色社会主义思想,全面贯彻党的基本路线、基本方略,采取一系列战略性举措,推进一系列变革性实践,实现一系列突破性进展,取得一系列标志性成果,经受住了来自政治、经济、意识形态、自然界等方面的风险挑战考验,党和国家事业取得历史性成就、发生历史性变革,推动我国迈上全面建设社会主义现代化国家新征程。新时代十年的伟大变革,在党史、新中国史、改革开放史、社会主义发展史、中华民族发展史上具有里程碑意义。新时代十年的伟大变革充分证明,党确立习近平同志党中央的核心、全党的核心地位,确立习近平新时代中国特色社会主义思想的指导地位,反映了全党全军全国各族人民的共同心愿,对新时代党和国家事业发展、对推进中华民族伟大复兴历史进程具有决定性意义。

科学社会主义在中国的成功实践和理论发展,使世界范围内社会主义和资本主义两种社会制度、两种意识形态的历史演进及其较量,发生了有利于社会主义的重大转变。中国特色社会主义高高举起科学社会主义旗帜,向世界表明科学社会主义在21世纪的中国焕发出新的蓬勃生机,突出展现了社会主义的优越性。

2. 中国特色社会主义对世界社会主义发展的贡献和影响

中国特色社会主义创造的国家发展奇迹,既是对中国人民和中华民族的伟大贡献,也是对世界社会主义和当今世界发展进步的贡献。深刻认识中国特色社会主义的成功对世界的贡献和影响,尤其是深刻认识中国特色社会主义成功的原因,对于世界社会主义发展具有重要意义。至少可以从以下三个方面来观察:

第一,中国特色社会主义的成功表明,一个发展相对落后的东方大国,可以用不太长的时间改变面貌,走向民富国强、民族振兴。这条道路展现在世界面前,有力打破了长期以来把西方发达资本主义国家所走的道路视为谋求国家发展唯一正确道路的迷信,为广大发展中国家、为希望找到一条可以在独立自主的情况下用较短的时间实现较快发展之路的国家提供了一种看得见、摸得着、借鉴得了的新道路选择。

第二,中国特色社会主义的成功,明显壮大了促进世界持久和平与均衡发展的进步力量。打破了美国"一国独大"的世界格局,便于有效应对正在抬头的贸易保护主义和逆全球化思潮,为建设新型国际关系、促进全球治理体系变革、合力共建人类命运共同体、有效解决全球性地区性热点难点问题,从物质和精神等方面提供可靠的支撑。

第三,中国特色社会主义的成功,本质上是马克思主义、科学社会主义在中国的成功。世界上对中国共产党治国理政的思想和能力、管党治党的思想和能力,关注越来越多、研究越来越多,赞扬声也不断增多。其实,这就是对中国特色社会主义优越性的关注和赞扬。我们不输出自己的发展模式,但不会拒绝在对外交往中相互交流彼此的经验。这就从理论和实践上为马克思主义、科学社会主义在当今世界不断发展提供了中国智慧、中国精神、中国方案、中国力量。

第二讲　科学社会主义基本原则

(一)科学社会主义一般原则

科学社会主义一般原则是社会主义事业发展规律的集中体现,是马克思主义政党领导人民进行社会主义革命、建设、改革的基本遵循。马克思、恩格斯在深刻揭示人类社会发展一般规律的基础上,深入阐发资本主义的基本矛盾及其发展趋势,并在指导国际工人运动的过程中不断总结经验,逐步形成了科学社会主义一般原则。这些原则在后来的社会主义革命和建设中得到了证实、丰富和发展,具体包括以下十个方面:

第一,资本主义必然灭亡、社会主义必然胜利。

第二,无产阶级是最先进、最革命的阶级,肩负着推翻资本主义旧世界、建立社会主义和共产主义新世界的历史使命。

第三,无产阶级革命是无产阶级进行斗争的最高形式,以建立无产阶级专政的国家为目的。

第四,要在生产资料公有制基础上组织生产,以满足全体社会成员的需要为生产的根本目的。

第五,要对社会生产进行有计划的指导和调节,实行按劳分配原则。

第六,要合乎自然规律地改造和利用自然,努力实现人与自然的和谐共生。

第七,必须坚持科学的理论指导,大力发展社会主义先进文化。

第八,无产阶级政党是无产阶级的先锋队,社会主义事业必须始终坚持无产阶级政党的领导。

第九,社会主义社会要大力解放和发展生产力,逐步消灭剥削和消除两极分化,实现共同富裕和社会全面进步,并最终向共产主义社会过渡。

第十,共产主义是人类最美好的社会,实现共产主义是共产党人的最高理想。

对科学社会主义一般原则的正确把握,必须以对科学社会主义一般原则的主要内容的掌握为基础。

马克思、恩格斯把社会主义从空想变成科学最为重要的一点,是其理论出发点与空想社会主义者不同。马克思、恩格斯从人类社会发展的一般规律,从生产社会化同生产资料资本主义私人占有之间的矛盾斗争和发展总趋势,来阐明社会主义取代资本主义的历史必然性,也正是在这一总趋势中,客观评价资本主义的历史地位和社会主义的理想性。所以,马克思主义的社会主义有价值性,更有科学性。

另外,马克思、恩格斯第一次对科学社会主义进行了界定。由于他们没有社会主义的具体实践,所以不是从社会主义本身发展规律的角度来论述社会主义,而是从社会主义与资本主义的比较中,从资本主义发展的内在逻辑中,从人类社会发展的趋势中来论述社会主义。恩格斯说:"我们对未来非资本主义社会区别于现代社会的特征的看法,是从历史事实和发展过程中得出的确切结论;不结合这些事实和过程去加以阐明,就没有任何理论价值和实际价值。"[1]他们认为,既然社会主义是代替资本主义的制度,那么,与资本主义制度的私有制、无政府生产、按资本分配相反,社会主义制度应当是公有制、计划生产、按劳分配。当然,马克思、恩格斯强调社会主义是不断变化的社会。

最后,在现实的社会主义实践中,包括社会主义革命、建设与改革,马克思、恩格斯所奠定的一般原则也在不断证实、丰富和发展。

正是基于这些考虑,我们才把这十条内容作为科学社会主义的一般原则,它们是无产阶级政党领导无产阶级和人民群众推进社会主义事业的基本准则和要求。

我们可以把科学社会主义的十条一般原则分三个层次来理解:一是社会主义必然胜利的内在原则;二是社会主义革命的原则;三是社会主义建设的原则。

从社会主义必然胜利的内在原则来看,人类社会发展规律和资本主义基本矛盾是"资本主义必然灭亡、社会主义必然胜利"的根本依据。"两个必然"的根本依据是人类社会发展规律。马克思、恩格斯揭示了人类社会发展的一般规律和资本主义发展的特殊规律,把科学社会主义建立在现实的可靠基础上。他们深刻指出,资本主义生产方式的基本矛盾,即生产社会化和生产资料资本主义私人占有之间的矛盾,是资本主义不可克服的内在矛盾。这一基本矛盾的固有性、不可克服性、不可抗拒性,决定了资本主义制度必然要被更加先进的社会主义和共产主义制度所代替。当然,"两个必然"的实现需要相应的历史条件。马克思指出:

---

[1] 《马克思恩格斯文集》(第10卷),人民出版社2009年版,第548页。

"无论哪一个社会形态,在它所能容纳的全部生产力发挥出来以前,是决不会灭亡的;而新的更高的生产关系,在它的物质存在条件在旧社会的胎胞里成熟以前,是决不会出现的。"①这就是人们通常所说的"两个决不会",它深刻揭示了社会形态更替的条件性。因此,要把"两个必然"和"两个决不会"联系起来全面把握。

在社会主义革命上,必须充分认识到无产阶级是革命的主体,认识到无产阶级革命是无产阶级斗争的最高形式,并要以建立无产阶级专政的国家为目的。马克思、恩格斯分析了资本主义社会的阶级对立,指明了无产阶级的历史使命,得出了无产阶级是资本主义"掘墓人"和共产主义建设者的结论。无产阶级的斗争以革命为最高形式,通过革命斗争从资产阶级手中夺取国家政权,使自己成为统治阶级,并打碎资产阶级的国家机器,建立无产阶级专政的国家政权。

在社会主义建设上,要充分考虑到社会主义社会在经济建设、文化建设、领导核心建设与最终建设目标上的相关原则。在经济建设上,社会主义社会要在生产资料公有制基础上组织生产,以满足全体社会成员的需要为生产的根本目的;社会主义社会要对社会生产进行有计划的指导和调节,实行按劳分配原则;社会主义社会在物质财富的获取上,要注意合乎自然规律地利用和改造自然,努力实现人与自然的和谐共生。在文化建设上,社会主义社会必须坚持科学理论的指导,大力发展社会主义先进文化。在领导核心建设上,无产阶级政党是无产阶级的先锋队,社会主义事业必须始终坚持无产阶级政党的领导。在建设目标上,社会主义社会要大力解放和发展生产力,逐步消灭剥削和消除两极分化,实现共同富裕和社会全面进步,并最终向共产主义社会过渡。共产主义是人类最美好的社会制度,实现共产主义是共产党人的最高理想和不懈追求。

(二)正确把握科学社会主义一般原则

马克思、恩格斯创立了科学社会主义理论,并提出了正确对待科学社会主义基本原则的科学态度。他们一方面强调这些原则的正确性,另一方面又反对将这些原则的实际运用教条化。1872年,他们在《共产党宣言》德文版序言中指出:"不管最近25年来的情况发生了多大的变化,这个《宣言》中所阐述的一般原理整个说来直到现在还是完全正确的。……这些原理的实际运用,正如《宣言》中所说的,随时随地都要以当时的历史条件为转移。"这一论述为无产阶级政党正确认识和对待科学社会主义基本原则提供了科学的方法指导。

首先,必须始终坚持科学社会主义一般原则,反对任何背离科学社会主义一般原则的错误倾向。科学社会主义基本原则揭示了资本主义生产方式的基本矛盾,阐明了社会主义代替资本主义的历史必然性,为社会主义事业的发展指明了方向。必须始终不渝地坚持科学社会主义基本原则,不能因为遇到一时的困难和挑战而放弃这些原则;否则,就是背离了社会主义运动的目的和无产阶级政党的宗旨,就会走向邪路。19世纪末20世纪初,在世界社

---

① 《马克思恩格斯选集》(第2卷),人民出版社2012年版,第3页。

会主义运动遇到新情况、新挑战的情况下,伯恩斯坦打着"发展马克思主义"的旗号,否定科学社会主义基本原则,走上了修正主义道路。列宁深刻揭示了这种修正主义的实质:"临时应付,迁就眼前的事变,迁就微小的政治变动,忘记无产阶级的根本利益,忘记整个资本主义制度、整个资本主义演进的基本特点,为了实际的或假想的一时的利益而牺牲无产阶级的根本利益——这就是修正主义的政策。"[1]他还强调指出,马克思主义必须随着时代的发展而发展,但发展必须以坚持基本原则为前提,否则就会投入资产阶级的怀抱。

其次,我们正确把握科学社会主义一般原则,还必须善于把科学社会主义一般原则与本国实际相结合,创造性地回答和解决革命、建设、改革中的重大问题。马克思、恩格斯多次指出,他们的理论不是教条,而是行动的指南。因此,共产党人必须将科学社会主义一般原则运用于社会主义革命、建设、改革的实践,发挥这些原则指导实践的巨大威力。也只有在理论与实践相结合的过程中,我们才能真正认识和把握社会主义的真谛。而在运用科学社会主义一般原则的过程中,必须正确认识和处理原则的一般性与具体实际的特殊性之间的辩证关系。中国共产党人正是把握了这个原则,才坚持把科学社会主义普遍真理与中国具体实际结合起来,在推进马克思主义中国化的进程中不断取得革命、建设、改革的新胜利。

最后,正确把握科学社会主义一般原则,还必须紧跟时代和实践的发展,在不断总结新鲜经验中进一步丰富和发展科学社会主义一般原则。理论来源于实践,又随着实践的发展而发展。科学社会主义一般原则不是一成不变的教条,而是随着社会主义实践而不断丰富和发展的学说。马克思、恩格斯在19世纪中期创立了科学社会主义,并在实践中不断加以完善。列宁在20世纪初领导俄国社会主义革命和建设的过程中,突出强调了在新的实践中推进科学社会主义的重要性。他指出,"现在一切都在于实践,现在已经到了这样一个历史关头:理论在变为实践,理论由实践赋予活力,由实践来修正,由实践来检验"[2],不能"为死教条而牺牲活的马克思主义"[3]。正是这种科学的态度,为推进社会主义事业并丰富和发展科学社会主义开辟了广阔空间。邓小平指出:"绝不能要求马克思为解决他去世之后上百年、几百年所产生的问题提供现成答案。列宁同样也不能承担为他去世以后五十年、一百年所产生的问题提供现成答案的任务。"[4]当前,中国特色社会主义进入新时代,中国共产党人更要根据时代变化和实践发展,不断深化认识、总结经验,在理论创新和实践中推进21世纪中国的马克思主义。

(三)科学社会主义基本原则与中国特色社会主义

中国特色社会主义是根植于中国大地、反映中国人民意愿、适应中国和时代发展进步要求的科学社会主义,它既坚持了科学社会主义基本原则,又根据时代条件赋予其鲜明的中国

---

[1] 列宁:《列宁选集》(第2卷),人民出版社2012年版,第7页。
[2] 列宁:《列宁选集》(第3卷),人民出版社2012年版,第381页。
[3] 列宁:《列宁选集》(第3卷),人民出版社2012年版,第27页。
[4] 邓小平:《邓小平文选》(第三卷),人民出版社1993年版,第291页。

特色,是科学社会主义在中国的运用和发展,是扎根中国大地的科学社会主义。

中国特色社会主义始终坚持科学社会主义基本原则。中国人民在中国共产党的领导下,历史性地选择了马克思主义、选择了社会主义,创造性地走出了一条符合中国特点的社会主义道路。中国特色社会主义之所以是社会主义而不是别的什么主义,就是因为中国特色社会主义始终坚持科学社会主义基本原则不动摇,始终没有背离科学社会主义基本原则。中国特色社会主义道路、理论、制度、文化无疑具有鲜明的中国特色,但都体现着科学社会主义基本原则,不仅没有丢掉"老祖宗",而且以新的独创性观点丰富和发展了"老祖宗",使科学社会主义在中国这块土地上焕发出蓬勃生机。

中国特色社会主义既坚持了科学社会主义基本原则,又具有鲜明的民族特色和时代特色。中国共产党坚持"两个结合",一方面,坚持将马克思主义基本原理同中国具体实际相结合。运用马克思主义科学的世界观和方法论解决中国的问题,坚持解放思想、实事求是、与时俱进、求真务实,一切从实际出发,着力解决中国特色社会主义建设的实际问题,不断回答中国之问、世界之问、人民之问、时代之问,作出符合中国实际和时代要求的正确回答,得出符合客观规律的科学认识,形成与时俱进的理论成果。另一方面,坚持将马克思主义基本原理同中华优秀传统文化相结合。中华优秀传统文化是中华文明的智慧结晶和精华所在,是中国人民在世界文化激荡中站稳脚跟的根基。其中蕴含的天下为公、民为邦本、为政以德、革故鼎新、任人唯贤、天人合一、自强不息、厚德载物、讲信修睦、亲仁善邻等,是中国人民在长期生产生活中积累的宇宙观、天下观、社会观、道德观的重要体现,同科学社会主义价值观主张具有高度契合性。中国共产党人坚定历史自信、文化自信,坚持古为今用、推陈出新,把马克思主义思想精髓同中华优秀传统文化精华贯通起来、同人民群众日用而不觉的共同价值观念融通起来,不断赋予科学理论鲜明的中国特色,不断夯实马克思主义中国化时代化的历史基础和群众基础,让马克思主义在中国牢牢扎根。

新时代中国特色社会主义在坚持科学社会主义基本原则的基础上,在与中国具体实际和中华优秀传统文化结合中,做出了一系列重大创新。中国共产党坚定"两个必然"的信念,始终牢记和践行党的初心使命。中国共产党是为中国人民谋幸福、为中华民族谋复兴的党,始终牢记江山就是人民,人民就是江山,坚持一切为了人民、一切依靠人民,坚持为人民执政、依靠人民执政,坚持发展为了人民、发展依靠人民、发展成果由人民共享,坚定不移走全体人民共同富裕道路。坚持无产阶级历史使命,充分发挥中国工人阶级领导作用,并提出知识分子是工人阶级的一部分。坚持无产阶级革命和无产阶级专政理论,开创中国特色的新民主主义革命和社会主义革命道路,建立人民民主专政的国家政权。坚持生产资料公有制和社会主义社会以满足全体社会成员需要为生产的根本目的,贯彻以人民为中心的发展思想,形成以公有制为主体、多种所有制经济共同发展,以按劳分配为主体、多种分配方式并存,社会主义市场经济体制等基本经济制度,强调充分发挥市场在资源配置中的决定性作用和更好发挥政府作用。坚持走中国特色社会主义政治发展道路,强调人民民主是社会主义的生命,全面发展全过程人民民主,社会主义民主政治制度化、规范化、程序化全面推进,社会主义协商民主广泛开展。坚持马克思主义在意识形态领域指导地位的根本制度,大力发展社会主义先进文化,加强理想信念教育,弘扬革命文化,传承中华优秀传统文化。坚持在发展中保障和改善民生,实现好、维护好、发展好最广大人民的根本利益,不断实现人民对美好生活的向往。坚持人与自然和谐共生,不断取得社会主义生态文明建设新成就。坚持无产阶级政党领导作用的原则,坚持和加强中国共产党的全面领导,发挥党总揽全局、协调各方的领导核心作用。坚持斗争精神,以党的自我革命推进社会革命,找到了跳出治乱兴衰历史周期率的第二个答案。坚持为共产主义而奋斗的原则,在中国特色社会主义实践中把坚持共产主义远大理想与坚持中国特色社会主义共同理想结合起来。

习近平新时代中国特色社会主义思想,是在中国特色社会主义进入新时代、当今世界经历新变局、我们党面临执政新考验的历史条件下形成和发展起来的,标志着我们党在自觉把科学社会主义基本原则与当代中国实际和时代特征相结合上达到了新的境界。在新时代新征程上将中国特色社会主义继续推向前进,要以全面建设社会主义现代化国家和实现中华民族伟大复兴的事业为中心,着眼于科学社会主义基本原则的新运用,着眼于中国特色社会主义建设新经验对科学社会主义的新贡献,在坚持和发展中国特色社会主义事业中实现实践创新与理论创新的良性互动,引领和保障中国特色社会主义巍巍巨轮乘风破浪、行稳致远,不断推动科学社会主义事业蓬勃发展。

第三讲 在实践中探索社会主义的发展规律

马克思、恩格斯曾预测社会主义将首先在发达的资本主义国家实现。然而,由于历史的复杂性,社会主义革命却首先在经济文化相对落后的国家取得了胜利。对走上社会主义道路的国家来说,社会主义建设是前无古人的事业,必须在实践中探索和掌握社会主义的发展规律。

(一)社会主义建设过程的长期性

社会主义是一项崭新的事业,其建设必然是一个不断探索的长期过程。在经济文化相对落后的国家建设社会主义,更具有历史长期性。

第一,生产力发展状况的制约。社会主义建设过程是一个相当长的历史阶段,这是由社会生产力发展水平的客观规律决定的。在一个相当长的历史时期内,社会主义国家在经济上落后于发达资本主义国家,有的甚至落后很远。这就决定了在社会主义制度下必须把大力发展生产力作为根本任务,努力完成别的国家在资本主义条件下实现的工业化和生产社会化、商品化、现代化的艰巨任务。完成这个任务,赶上和超过发达资本主义国家,无疑需要经过很长时间的努力,进行艰苦的探索和奋斗。

第二,经济基础和上层建筑发展状况的制约。由于社会主义首先在经济文化相对落后的国家取得胜利,发展公有经济,改造小农经济,建立、巩固和完善社会主义的经济基础,就成为无产阶级政权的一项十分艰巨的任务。同时,经济文化的相对落后也必然会影响社会主义民主政治建设的进程。社会主义消灭了剥削阶级,就意味着实现了人类历史上最高类型的民主,但是,这并不是说这种民主一开始就达到了尽善尽美的地步。社会主义民主政治建设受到这些国家的经济、政治、文化条件的严重制约,面临许多现实问题和困难,将是一个长期的过程。在这一过程中,还要进一步消灭阶级和阶级差别,改变传统观念。建设社会主义的先进文化,实现真正的社会公正和平等,从而为人类的崇高理想——共产主义社会——准备充分的物质条件和精神条件,同样需要经过长期艰苦的努力才能实现。

第三,国际环境的严峻挑战。一国或几国的社会主义革命取得胜利以后,社会主义国家尚处于强大的资本主义世界的包围之中,受到资本主义列强的遏制和扼杀,面临异常严峻的国际环境。即便是经过数十年的艰苦奋斗,社会主义国家的建设和发展取得了举世瞩目的成就,落后面貌显著改变,综合国力明显增强,但从总体实力来看,发达资本主义国家仍然比发展中的社会主义国家要强大。社会主义建设与发展将是长期、艰巨的任务。

第四,马克思主义执政党对社会主义发展道路的探索和对社会主义建设规律的认识,需要一个长期的过程。不断深化对社会主义发展道路的探索和对社会主义建设规律的认识,是马克思主义执政党理论自觉和理论自信的表现,也是建设社会主义、实现共产主义的需要。社会主义制度的优越性为创造出比资本主义更高的生产率提供了可能,然而,要使这种可能变为现实并非易事。实践已经表明,经济文化相对落后的国家建设社会主义,试图一蹴而就是不现实的,也是有害的,执政的共产党对社会主义发展道路的探索和对社会主义建设规律的认识必然是一个长期的过程。

对于经济文化相对落后的国家社会主义建设的艰巨性和长期性,必须有充分的估计。社会主义制度的出现虽然已有100多年的时间,但在人类历史的长河中不过是短暂的一瞬间。人类历史上其他社会制度的更替,都经历了曲折而漫长的过程。在经济文化相对落后的国家建立起社会主义制度,是社会制度的根本变革。与资产阶级革命不同,无产阶级取得政权只是万里长征走完了第一步,任重而道远。

(二)社会主义发展道路的多样性

社会主义国家根据本国基本国情和所处的时代背景选择相适合的社会主义发展道路。国际共产主义运动的实践表明,在无产阶级如何进行社会主义革命、夺取政权、建立社会主义制度的问题上,一些国家已经找到了自己的道路,积累了相应的经验。但是,在取得革命胜利以后,选择什么样的发展道路、如何建设社会主义,应由各国人民根据实际情况做出选择。

1. 社会主义发展道路多样性的原因

社会主义的发展道路不是单一性的,而是多样性的。列宁在谈到向社会主义的转变时指出:"一切民族都将走向社会主义,这是不可避免的,但是一切民族的走法不会完全一样,在民主的这种或那种形式上,在无产阶级专政的这种或那种形态上,在社会生活各方面的社会主义改造的速度上,每个民族都会有自己的特点。"①这一论述,从历史唯物主义的高度揭示了各民族发展道路的多样性、特殊性的深刻内涵,对我们正确认识社会主义建设和发展道路的多样性具有重要指导意义。

社会主义在发展过程中,由于各国国情的特殊性,即经济、政治、思想文化的差异性,生产力发展水平的不同,无产阶级政党自身成熟程度的不同,阶级基础与群众基础的构成状况的不同,革命传统的不同,以及历史和现实、国内和国际的各种因素的交互作用,社会主义的发展道路必然呈现出多样性的特点。

第一,各个国家的生产力发展状况和社会发展阶段决定了社会主义发展道路具有不同的特点。实践表明,虽然已经取得胜利的社会主义国家,作为社会主义建设起点的生产力状况都比较落后,但是,各国之间也存在着较大的差别。这就决定了各个国家必须根据自己的生产力发展状况和所处的社会发展阶段,制定与之相适应的发展战略,探索出一条适合本国实际的发展道路,采取不同的方式进行社会主义建设。

第二,历史文化传统的差异性是造成社会主义发展道路多样性的重要条件。马克思指出:"人们自己创造自己的历史,但是他们并不是随心所欲地创造,并不是在他们自己选定的条件下创造,而是在直接碰到的、既定的、从过去承继下来的条件下创造。"②各个国家或民族的历史文化传统,是其进行活动的既定前提和基础。各个国家从历史上继承下来的经济、政治、文化条件的不同,决定了每个国家都必须从自己的实际出发,按照自己国家的特点进行社会主义建设;只有把马克思主义基本原理与本国的具体实际相结合,将社会主义根植于本国的土壤之中,才能正确回答时代和实践提出的重大问题,才能取得成功。

第三,时代和实践的不断发展是造成社会主义发展道路多样性的现实原因。时代是不断前进的,实践是不断发展的。社会主义也必须随着时代和实践的不断发展而发展。从世界范围来说,各个社会主义国家都应该根据时代和实践发展的要求,选择适合本国国情的社会主义发展道路。从具体的国家来说,同一个社会主义国家在不同的时期,也应该根据时代和实践发展的要求,适时地改革和选择适合本国国情的社会主义发展道路。这是社会主义制度保持生机活力、永远立于不败之地的根本保证。

总之,坚持社会主义发展道路的多样性,是一个客观真理,但是在认识这一真理的过程中,付出的代价是沉重的。实践证明,坚持社会主义,不等于坚持某种单一的社会主义模式;改革或抛弃某种社会主义模式,不等于改掉或抛弃社会主义;某种社会主义模式的失败,也不等于整个社会主义事业的失败。在当代世界社会主义的发展中,多样化的趋势日益突出。这种多样化的趋势,既是科学社会主义与本国实际相结合的产物,又是时代发展的必然要求,它从世界历史的走向方面反映了社会主义的生机和活力。

---

① 列宁:《列宁选集》(第2卷),人民出版社2012年版,第777页。
② 《马克思恩格斯选集》(第1卷),人民出版社2012年版,第669页。

2. 探索适合本国国情的社会主义发展道路

既然社会主义发展道路具有多样性,那么努力探索适合本国国情的社会主义发展道路,就是无产阶级执政党必须领导全国人民为之奋斗的神圣使命和光荣任务。

第一,探索社会主义发展道路,必须坚持马克思主义的科学态度。马克思主义经典作家并没有给我们提供各国社会主义发展道路的现成方案。恩格斯在《资本论》第一卷出版时的书评里说:"一些读者可能会以为他将从这本书里得知共产主义的千年王国到底是什么样子,谁指望得到这种乐趣,谁就大错特错了。"马克思、恩格斯对未来新社会的设想所采取的科学态度和研究新社会制度的思想方法,对于在新的历史条件下探索社会主义发展道路具有重要的指导意义。以科学的态度对待马克思主义,是要运用其科学的世界观和方法论解决现实的问题,而不是要背诵和重复其具体结论和词句,更不是把马克思主义当作一成不变的教条。坚持以马克思主义为指导,最重要的是坚持马克思主义对于研究未来社会制度的科学方法。

第二,探索社会主义发展道路,必须以当时当地的历史条件为转移,坚持"走自己的路"。立足本国国情,走自己的路,是社会主义建设历史经验的总结。各国的国情不同,情况又在不断地变化,因此,马克思主义基本原理在不同时间、不同国家的实际运用也应该不同。"什么是社会主义、怎样建设社会主义",是社会主义国家的执政党和当代马克思主义者面临的一个根本问题。对这一根本问题,只有坚持从本国实际出发、走自己的路,才能作出正确的回答,才能推动世界社会主义运动不断前进。

第三,探索社会主义发展道路,必须充分吸收人类一切文明成果。社会主义事业是一项前无古人的、空前伟大的创造性事业。社会主义要赢得与资本主义相比较的优势,就必须大胆吸收和借鉴人类社会创造的一切文明成果,吸收和借鉴当今世界各国包括资本主义发达国家的一切反映现代化生产规律的先进经营方式、管理方法。现在的世界是开放的世界,社会的开放性是社会进步和人类文明发展的重要标志。任何一个国家要发展,孤立起来、闭关自守是不可能的。封闭只能导致落后,这也是被实践反复证明了的客观真理。但借鉴不能脱离本国国情照抄照搬。实践证明,不同国家试图用"一条道路"、一种模式发展社会主义是行不通的。

(三) 社会主义在实践探索中开拓前进

越是伟大的事业,越充满艰难险阻,越需要艰苦奋斗,越需要开拓创新。纵观社会主义的发展历程,可以看到一个突出特点,即社会主义是在实践中开拓前进、不断发展的。深刻认识这一特点,不仅有助于我们从理论上把握社会主义的发展规律,而且有助于我们在当今时代正确看待世界社会主义的发展态势,正确看待中国特色社会主义实践探索对于世界社会主义事业的深远意义,并有助于我们以开拓奋进的精神开辟社会主义事业发展的新未来。

1. 在实践中开拓前进是社会主义事业发展的必然要求

习近平指出:"社会主义从来都是在开拓中前进的。"这是对社会主义历史进程的全面总结,也是对社会主义事业发展的深刻启示。

首先,社会主义是亿万人民群众的伟大实践。社会主义是一种思想理论,也是一种理想目标,但更重要的是,它是一种社会实践,是人民群众投身其中的历史运动。离开了改造社会、创造美好生活的社会实践,离开了亿万人民的实际行动,就无法把握社会主义的真谛。因此,我们要深刻认识社会主义的实践属性,不能把社会主义仅仅看作一种思想理论和精神价值,同时还要深刻认识社会主义实践的群众性,要尊重人民创造,集中人民智慧。

其次,社会主义实践是一个不断探索的过程。社会主义是崭新的事业,没有现成的路可走,必须在实践中不断探索前进。科学社会主义一般原则无疑具有实践指导意义,但它只是指明一般的规律和主要的原则,并不能为具体问题提供现成答案。任何一个国家的社会主义者,都不能简单套用书本上的结论,也不能简单照搬他国的经验,而必须从自身国情和需要出发去进行探索。探索不是盲目摸索,不是无目的寻找,而是探索规律,力求掌握规律,不断提高实践的自觉性,只有通过不断地探索,才能一步步掌握社会主义建设与发展的规律,更好地把社会主义事业推向前进。

再次,实践探索中出现某种曲折并不会改变社会主义的前进趋势。人类社会是从低级向高级发展的,但这种发展又不是直线式的,有时会出现某种程度的曲折甚至倒退,这也是符合历史规律的现象。列宁指出:"设想世界历史会一帆风顺、按部就班地向前发展,不会有时出现大幅度的跃退,那是不辩证的、不科学的,在理论上是不正确的。"[①]历史进程是这样,社会主义的历史进程也是这样。我们要对社会主义发展过程中的曲折性有正确的认识,既要认识到一定曲折的不可避免性,又要尽可能地避免某些曲折,使社会主义顺利发展;既要能够直面曲折、承认曲折,又要不因曲折而改变初衷和失去信念,还要从曲折中吸取历史教训,不为任何风险所惧,不为任何干扰所惑,努力战胜和走出曲折,使社会主义不断发展。

最后,推进社会主义实践发展必须有开拓奋进的精神状态。社会主义事业是马克思主义政党领导人民群众创造历史伟业的实践过程,是一个不断迎接挑战、克服困难而奋勇前进的过程。要想不断推进社会主义的实践发展,就必须有马克思主义改变世界的实践品格,必须有共产党人的高度组织性和先锋模范作用,必须有人民群众的历史主动性和首创精神。在革命时期,就要有不怕牺牲、冲锋陷阵的斗争意志和英勇精神,以不屈不挠、可歌可泣的斗争去争取革命的胜利;在建设时期,就要有高度的建设热情和创业精神,积极投身社会主义建设事业,以忘我的劳动和奉献精神,把社会主义大厦一砖一瓦地建设起来;在改革时期,就要有勇于开拓创新、勇于自我革命的精神,改变一切不合时宜的体制机制和思想观念,实现社会主义制度的自我更新、自我完善。

2.社会主义在实践中开拓前进必须遵循客观规律

社会主义在实践中开拓前进必须遵循人类社会发展规律。社会主义是人类历史发展到

---

① 列宁:《列宁选集》(第2卷),人民出版社2012年版,第294页。

一定阶段的产物,是推动人类历史向更高发展阶段迈进的重要力量。对历史进程的认识越全面,对历史规律的把握就越深刻。要把社会主义事业放到全部人类历史进程中来考察,放到人类历史进步发展的大趋势中来把握。

在实践中把社会主义事业推向前进,就必须遵循人类社会的发展规律。马克思主义揭示了人类社会发展和社会形态更替的一般规律,指明了人类社会从资本主义转变为社会主义并最终走向共产主义的必然趋势,为人类指明了实现自由和解放的道路,为社会主义事业指明了前进的方向。社会主义国家在推进本国社会主义事业发展的过程中,要自觉坚持历史唯物主义关于社会历史发展的基本原理,在遵循人类社会发展一般规律的基础上,进一步探寻社会主义建设与发展的规律,准确把握自身事业所处的历史方位和发展阶段,制定正确的路线、方针和政策。特别是要坚持社会基本矛盾分析方法,根据实际需要自觉调整生产关系和上层建筑,不断解放和发展生产力,推动社会主义事业不断发展。

社会主义在实践中开拓前进必须遵循社会主义建设规律。在社会主义革命取得胜利并建立起人民政权和社会主义基本制度之后,社会主义建设全面提上日程。社会主义革命和建设有共同规律,但也有各自不同的特殊规律。社会主义国家的共产党人要在实践中探索和遵循社会主义建设规律,回答什么是社会主义、怎样建设社会主义的根本性问题。执政的共产党必须正确认识和把握社会主义建设规律,按照社会主义建设的客观规律办事,否则就会使社会主义事业遭受挫折。中国共产党在领导全国人民实行改革开放和进行社会主义现代化建设的伟大实践中,不断深化对社会主义建设规律的认识,制定了被实践证明正确的基本路线、发展战略和一系列方针政策,使中国特色社会主义取得巨大成就。自觉把握和遵循社会主义建设规律是一个历史过程,要把中国特色社会主义伟大实践推向前进,就要不断深化对这一规律的认识,提高遵循规律的自觉性。

社会主义在实践中开拓前进必须遵循共产党执政规律。共产党从一个为夺取政权而斗争的党转变为全面执掌政权和领导本国社会主义建设事业的党,是一个重大的历史转变,也是一个重大的考验。执政的共产党人必须自觉学习和积累执政经验,探索和遵循执政规律,要解决好建设什么样的长期执政的马克思主义政党、怎样建设长期执政的马克思主义政党的时代课题。历史证明,遵循共产党执政规律,社会主义事业就会发展壮大;违背共产党执政规律,社会主义事业就会遭受挫折。中国共产党在长期执政实践过程中,在全面总结历史经验以及深刻分析当代世情、国情、党情的基础上,对共产党执政规律作出了深刻揭示,反映了中国共产党对共产党执政规律认识的深化,创造性地丰富和发展了共产党执政理论,这对于夯实党的执政基础、凝聚执政力量、破解执政难题、实现中华民族伟大复兴具有重要意义。

共产党执政规律具有丰富的理论内涵和实践要求。执政最根本的是人心向背。江山就是人民,人民就是江山,人心向背关系党的生死存亡。中国共产党抓住"人心是最大的政治"这个根本执政规律,把根深深扎在人民的沃土中,始终站在人民大众的立场上,始终"代表中国最广大人民根本利益,没有任何自己特殊的利益,从来不代表任何利益集团、任何权势团体、任何特权阶层的利益,这是党立于不败之地的根本所在。坚持以人民为中心,始终把人民放在心中最高位置,坚持一切为了人民、一切依靠人民,把人民对美好生活的向往作为奋斗目标,诚心诚意为人民谋幸福、为民族谋复兴。共产党执政首要的是坚持党中央权威和集中统一领导。党是最高政治领导力量,党的领导是全面的、系统的、整体的。共产党在执政过程中要不断加强自身建设,突出政治建设是根本性建设,强调把党的政治建设摆在首位。中国共产党历经千锤百炼而朝气蓬勃,一个很重要的原因就是我们始终坚持党要管党、全面从严治党,不断应对好自身在各个历史时期面临的风险考验,确保我们党在世界形势深刻变化的历史进程中始终走在时代前列,在应对国内外各种风险挑战的历史进程中始终成为全国人民的主心骨。勇于自我革命是中国共产党区别于其他政党的显著标志,在伟大的社会革命中要勇于自我革命,坚持全面从严治党,坚定不移惩治和预防腐败,构建起一套行之有效的权力监督制度和执纪执法体系,实现党内监督和外部监督相结合,夯实全面从严治党、实现自我革命的制度基础,探索出一条长期执政条件下解决自身问题、跳出治乱兴衰历史周期率的成功道路。坚持科学执政、民主执政、依法执政,推动中国特色社会主义制度更加成熟、更加定型,为党和国家事业发展、人民幸福安康、社会和谐稳定、国家长治久安提供一整套更完备、更稳定、更管用的制度体系。

3. 以自信担当、开拓奋进的姿态走向社会主义光明未来

首先,正确认识21世纪世界社会主义的形势。东欧剧变、苏联解体使世界社会主义进入低潮时期。但苏联、东欧社会主义的失败,只是苏联模式的失败,而不是社会主义本身的失败。社会主义具有强大生命力,这种生命力归根结底是真理的力量,也是道义的力量。社会主义制度能够从根本上克服生产资料的资本主义私有制对生产力发展的束缚,为生产力的发展提供广阔的前景;社会主义制度能够从根本上消除资本主义导致的两极分化和不公平、不公正现象,为人的发展提供可靠的保障。这是我们对社会主义保持必胜信念的坚实根据。社会主义不仅在低潮中坚持了下来,而且不断积聚力量,实现了新的发展。当前,世界资本主义在其发展的长周期中开始进入一轮规模较大的衰退期,而世界社会主义总体上仍然处于东欧剧变、苏联解体之后的调整变革期,以中国特色社会主义发展取得的巨大成就为主要依托和标志,开始进入世界社会主义发展长周期的上升期。

其次,充分认识中国特色社会主义的成功实践对世界社会主义发展的意义。经过几十年的实践探索,中国特色社会主义取得了举世瞩目的辉煌成就。中国特色社会主义进入新时代,是社会主义实践探索的新境界,在社会主义发展史上具有重要地位,不仅对中国的社会主义事业具有重大现实意义,而且对世界社会主义的发展具有广泛影响。当今中国在世界大变局中开创新局,国际影响力、感召力、塑造力显著提升。中国特色社会主义的历史性成就,必将对世界社会主义的发展态势产生重大影响。中国特色社会主义的成功,特别是中国特色社会主义进入新时代,使世界人民看到了社会主义的强大活力,极大地鼓舞了人们对社会主义的信心。

党的二十大擘画了中国特色社会主义事业发展的崭新蓝图,强调以中国式现代化全面推进中华民族伟大复兴。中国式现代化,是中国共产党领导的社会主义现代化,既有各国现代化的共同特征,也有基于自己国情的中国特色。中国式现代化是人口规模巨大的现代化,是全体人民共同富裕的现代化,是物质文明和精神文明相协调的现代化,是人与自然和谐共生的现代化,是走和平发展道路的现代化。中国式现代化不仅改变了中国的面貌,而且具有重大的世界意义。其一,中国式现代化为人类实现现代化提供了新的选择。中国式现代化用事实表明,世界上既不存在唯一的现代化模式,也不存在完全统一的现代化标准。中国式现代化彻底打破了只有遵循资本主义发展模式才能实现现代化的神话,给世界上那些既希望加快发展又希望保持自身独立性的国家和民族提供了宝贵经验与全新选择。其二,中国式现代化充分证明了科学社会主义的真理性。中国共产党带领中国人民走出了中国式现代化道路,实现了人类现代化史上经济快速发展和社会长期稳定两大奇迹,充分展示了社会主义的巨大优越性,充分证明了科学社会主义的真理性,必将引领世界社会主义走向振兴和辉煌。

最后,坚定信心、振奋精神,以开拓奋进的姿态走向社会主义光明未来。展望未来,社会主义的前进道路上还会有困难和挑战,但只要共产党人和人民群众坚定社会主义信念,勇于在实践中开拓前进,世界社会主义就一定能够走向复兴。社会主义五百年的历史进程已经雄辩地证明,任何力量都阻挡不了社会主义前进的步伐。社会主义在中国走过了"雄关漫道真如铁"的昨天,走到了"人间正道是沧桑"的今天,正在走向"长风破浪会有时"的美好明天。中国人民在中国共产党的领导下,全面贯彻习近平新时代中国特色社会主义思想,以自信担当的精神状态,以开拓奋进的奋斗姿态,全力战胜前进道路上的各种困难和挑战,依靠顽强斗争打开事业发展新天地,把中国发展进步的命运牢牢掌握在自己手中,把符合社会发展规律的社会主义事业不断推向前进,走向社会主义的光明未来。

三、教学案例

 教学案例1:社会主义发展史五百年起点莫尔的《乌托邦》

【案例呈现】

2013年1月5日,在新进中央委员会的委员、候补委员学习贯彻党的十八大精神研讨班上,习近平总书记指出,"从提出社会主义思想到现在,差不多有500年时间",并强调广大党员干部要学习社会主义发展史。根据中央要求,中宣部理论局组织编写了《世界社会主义五百年(党员干部读本)》。

社会主义发展史500年从何时算起?1516年,托马斯·莫尔出版的《乌托邦》一书,标志着空想社会主义的诞生。社会主义发展史 500 年,从这一年算起。

1478 年,托马斯·莫尔出生在英国伦敦一个富有家庭,从小受到非常好的教育。莫尔的父亲是一位勤俭、正直的法官,莫尔一生也保持了父亲的品格。13 岁时,莫尔寄宿在坎特布雷大主教莫顿家中做少年侍卫,莫顿是当时很有影响力的政治家,曾担任过英国大法官,谈吐优雅、聪慧过人,对社会有很深刻的观察,莫尔在《乌托邦》中曾描述过莫顿。1492 年,14 岁的莫尔进入牛津大学,他阅读了大量古希腊智者们的作品,与当时著名的人文主义者有很深的交往,莫尔尤其感兴趣的是柏拉图的思想。莫尔的父亲认为从事古典文学没有前途,莫尔在 16 岁时改学法律,毕业后成为一名律师,并很快在政坛崭露头角,26 岁就当选为议员。律师从业经历使莫尔接触了大量下层社会的讼案,目睹了广大人民群众所遭受的苦难。

莫尔对宗教的笃信导致了他与英王的合与分。随着资本主义萌芽的出现和发展,自 14 世纪欧洲文艺复兴以来,宗教势力下降,世俗王权势力相对上升。当时,欧洲大陆的宗教改革运动风起云涌,自然也波及英国。莫尔反对宗教改革,这与英王亨利八世早期的观点相吻合,因此莫尔受到了亨利八世的器重。1534 年,亨利八世摇身一变,自己成了宗教改革家,自立英国国教,自任英国的国教领袖。莫尔拒绝宣誓承认亨利八世为英国国教领袖,因此,莫尔被关进伦敦塔,随后被斩首。

莫尔终生都保持着对文学的热爱。约在 1513—1518 年,莫尔写了《国王理查三世本纪》,这是英国历史学先驱性的名著,莎士比亚以此书为蓝本,写出了戏剧《理查三世》。当然,莫尔最著名的著作还是《乌托邦》,《乌托邦》描述了最完美的国家制度。

1516 年,莫尔出版了《乌托邦》,这部书的全名是《关于最完美的国家制度和乌托邦新岛的既有益又有趣的金书》,从此"乌托邦"(Utopia)成为"空想社会主义"的代名词。乌托邦,是莫尔发明的词,本意是"没有的地方",延伸为难以实现的理想、"空想的国家"。古希腊哲学家柏拉图也曾提出过类似的概念。

《乌托邦》仿照柏拉图的《理想国》,同样采用了对话的形式,后世有人干脆将《乌托邦》称为柏拉图《理想国》的续篇。《乌托邦》记述了莫尔和一位航海家的对话。这位航海家叫希斯拉德,希腊语的意思接近于汉语"大忽悠",是虚构人物。希斯拉德讲述了他周游世界之所见,借航海家之口,莫尔表达了自己对英国社会的观察与批判。

第一,揭露了资本主义原始积累的罪恶。从 15 世纪开始,英国毛纺织业兴起,养羊比种庄稼赚得更多利润,于是资产阶级和新贵族发起了圈地运动,农民失去土地,生活非常悲惨。对此,希斯拉德感叹:"你们的绵羊本来是那么驯服,吃一点就满足,现在据说变得很贪婪、很凶蛮,甚至要把人吃掉,把你们的田地、家园、城市要蹂躏完啊。"

第二,探索了社会不公正的根源。社会为什么如此不公正?莫尔认为,归根到底是由于私有制。他说:"任何地方私有制存在,所有的人凭现金价值衡量所有的事物,那么,一个国家就难以有正义和繁荣。"因此,莫尔主张消除私有制,建立公有制。

第三,描绘了理想的国度。"乌托邦"是南半球的一个新月形岛国。那里生产力十分发达,科技比其他任何地方都领先。那里官吏由选举产生,职位不得世袭,每年选举一次。那里实行财产公有制,人人平等,按需分配,乌托邦没有乞丐。那里没有商品货币关系,金银被用来制造便桶溺器。那里的人们听到喇叭声,到食堂用餐,晚餐时要放音乐。那里无论男女,穿统一的服装,只是男女有别,已婚和未婚有别,人们奉行一夫一妻制和宗教自由政策。

《乌托邦》产生了深远的影响。莫尔对资本主义原始积累的罪恶进行了批判,对未来的理想社会进行了天才的设想,为马克思、恩格斯创立科学社会主义提供了思想素材。在莫尔生活的时代,欧洲正经历着剧烈的社会变迁:此时正值封建社会末期,资本主义萌芽在封建社会内部迅速发展,工农劳动者承受着封建主义和资本主义的双重压迫和剥削,生存状况非常悲惨。空想社会主义反映了他们对美好生活的向往。但是,此时资本主义制度还没有确立,莫尔还不可能理解资本主义的历史地位,也无法指出实现理想社会制度的途径,他的乌托邦只能是一个美丽的空想。

"乌托邦"在19—20世纪之交传入中国,对中国知识界产生了重要影响。"乌托邦"一词最早在中国出现是1898年,近代启蒙思想家、翻译家严复在用文言文翻译赫胥黎的《天演论》时借用了莫尔的"乌托邦"思想,从而创造了这个中文新名词。1902年,严复进一步对"Utopia"一词做了解释,指明该词出自《乌托邦》一书,"乌托邦,岛国名,犹言无此国矣。故后人言有甚高之论,而不可施行,难以企至者,皆曰此乌托邦制也"。到1920年前后,随着社会主义理论在我国广泛传播,"乌托邦"这个新名词日渐被我国知识界广泛使用。

2016年,在中国共产党成立95周年时,同时也是莫尔的《乌托邦》出版500周年,7月1日,习近平总书记发表讲话:中国共产党领导中国人民取得的伟大胜利,使具有500年历史的社会主义主张在世界上人口最多的国家成功开辟出具有高度现实性和可行性的正确道路,让科学社会主义在21世纪焕发出新的蓬勃生机。在"七一"讲话中,习近平总书记说明了世界社会主义的理论源头,并揭示了500年来世界社会主义发展在中国取得的巨大成就。今天,毫不动摇地坚持和发展中国特色社会主义,需要厘清世界社会主义的理论源头。

——摘自《社会主义发展史五百年起点莫尔的〈乌托邦〉》,澎湃新闻,2020年8月14日

【案例点评】

本案例可从以下方面理解:其一,托马斯·莫尔是空想社会主义的鼻祖,标志是其作品《乌托邦》;其二,《乌托邦》对理想生活的描述——人人快乐、人人劳动、产品共有;其三,《乌托邦》对现实社会罪恶的批判,尤其是英国赤裸裸的资本主义原始积累;其四,《乌托邦》毕竟是空想,这是由那个时代所决定的。

【教学建议】

(1)本案例适用于"社会主义五百年的历史进程"部分的教学参考。

(2)托马斯·莫尔之所以名传千古,在于《乌托邦》著作,更在于资本主义时代的到来以及农业社会向工业社会转型带来的巨大痛苦,促使其探索。教师要认真分析社会历史条件的客观背景与杰出人物的主观努力的相互呼应关系,使学生认识到任何一个杰出人物和伟大思想的出现,都是内外因相互作用的结果。

 教学案例2:走自己的路是党的全部理论和实践的立足点

【案例呈现】

"像中国这样大的国家,应该'标新立异'。"

新中国成立之初,对于即将进行的社会主义建设,我们缺乏思想、理论、经验准备,在这种情况下,我们照着苏联模式建立了高度集中的计划经济模式。苏联模式帮助我们很快恢复和发展了国民经济,保证了重点建设,但也不是没有问题。

"基本照搬"能应一时之急,但不能建一世之功。随着各项建设的推进,其他国家行之有效的模式必然会与本国特有的国情和现实产生龃龉。毛泽东警醒地提出:"像中国这样大的国家,应该'标新立异'。"他说,现在我们有了自己的初步实践,又有了苏联的经验和教训,应当更加强调从中国的国情出发,强调开动脑筋,强调创造性,在结合上下功夫,努力找出在中国这块大地上建设社会主义的具体道路。走自己的路,成为此时中国共产党最庄严的宣示。

"走自己的道路,建设有中国特色的社会主义。"

从革命和建设中走来的邓小平,深知走什么路的重要性。走错路,必将葬送中国;固守成规,按照老路走,就会是一潭死水。中国的希望在于用崭新的思维探索崭新的道路。以史为鉴,邓小平指出:"过去搞民主革命,要适合中国情况,走毛泽东同志开辟的农村包围城市的道路。现在搞建设,也要适合中国情况,走出一条中国式的现代化道路。"在走自己的路的自觉意识之下,邓小平在党的十二大开幕词中正式提出了"走自己的道路,建设有中国特色的社会主义"的重要思想。在此思想引导下,党领导人民开始探索中国特色社会主义道路。

从中国处于初级阶段最大实际出发,中国共产党领导中国人民走出了一条自己的路。这条路必须是社会主义道路,而非资本主义道路。学习、借鉴、利用一切有利于社会主义建设的人类文明成果,必须以坚持走社会主义道路为前提,这条路还必须是中国"自己"的路。通向社会主义的道路各式各样,建设社会主义的道路没有固定模式。不同国家有着不同的社会历史条件,照搬别国经验和模式,注定不能成功。因此,中国的社会主义道路,不是亦步亦趋,而是要坚持自己的特色、自己独有的模式。

"现代化道路并没有固定模式,适合自己的才是最好的。"

习近平总书记指出:"中国共产党和中国人民将在自己选择的道路上昂首阔步走下去,把中国发展进步的命运牢牢掌握在自己手中!"思想自信转化为实践自觉。在以习近平同志为核心的党中央坚强领导下,全党全国各族人民持续奋斗,在中华大地上全面建成了小康社会,创造了中国式现代化新道路,创造了人类文明新形态。

中国式现代化新道路既兼容并包,具有各国现代化的共同特征,又独具特色,有基于国情的中国特点。中国式现代化新道路是以共同富裕为重要目标的现代化;是物质财富要极大丰富,精神财富也要极大丰富的现代化;是人与自然和谐共生的现代化;是既发展自身,又造福世界的现代化。中国式现代化新道路是中国共产党从中国国情出发进行探索的结果,是中国共产党领导全国各族人民"走自己的路"的表征,也是对"走自己的路"的最好回馈。

——摘自《走自己的路为什么会成功》,《学习时报》,2022 年 3 月 2 日

【案例点评】

坚持走自己的路,是党的全部理论和实践的立足点,更是党百年奋斗得出的历史结论。从毛泽东指出"像中国这样大的国家,应该'标新立异'",到邓小平的"走自己的道路,建设有中国特色的社会主义",再到习近平强调的"现代化道路并没有固定模式,适合自己的才是最好的",一百多年来,中国共产党人始终坚持从我国国情出发,把马克思主义基本原理同中国具体实际相结合、同中华优秀传统文化相结合,探索并形成了符合中国实际的新民主主义革命道路、社会主义改造和社会主义建设道路、中国特色社会主义道路。正是因为始终坚持走自己的路,所以我们才能更好地把握历史机遇、赢得战略主动,为建设社会主义注入强大活力和动力,创造出更多令人刮目相看的新奇迹。这说明,社会主义的发展道路不是单一性的,而是多样性的。不能把马克思主义当成一成不变的教条,而要以科学的态度对待马克思主义,要根据时代和实践发展的要求选择适合本国国情的社会主义发展道路。

【教学建议】

(1)本案例适合讲解"社会主义发展道路的多样性"部分内容的课堂教学。

(2)通过本案例,学生可以理解"努力探索适合本国国情的社会主义发展道路"的重要意义和实践要求。马克思主义不是一成不变的教条,试图用同样的"一条道路""一种模式"来发展社会主义是行不通的。通过讲清楚"走自己的路",使学生从历史唯物主义的高度理解社会主义发展道路多样性、特殊性的深刻内涵。

教学案例3:进一步全面深化改革,谱写中国式现代化新篇章

【案例呈现】

1978 年 12 月,党的十一届三中全会召开,拉开了改革开放大幕。中国共产党人和中国人民以一往无前的进取精神和波澜壮阔的创新实践,不断战胜前进道路上各种世所罕见的

艰难险阻,推动中国经济实力、综合国力、人民生活水平不断跨上新台阶。

一个时代有一个时代的问题,一代人有一代人的使命。中国特色社会主义进入新时代,改革之路如何接续？我们不仅要坚定不移走下去,而且要有新举措、上新水平。果敢的抉择,源自对时代脉搏的准确把握。彼时,国内外环境发生极为广泛而深刻的变化,我国发展面临一系列突出矛盾和挑战,前进道路上还有不少困难和问题。改革进入攻坚期和深水区,遇到的阻力越来越大,面对的暗礁、潜流、漩涡越来越多。诺贝尔经济学奖得主斯蒂格利茨曾形象地比喻:"中国已经走出改革初期的浅滩阶段,正站在大河中央,选择彼岸的到岸位置。"

关键时刻,习近平总书记深刻把握我国发展新的历史方位、深邃洞察新的使命任务,将改革开放伟大旗帜高高举起,没有改革开放,就没有中国的今天,也就没有中国的明天。改革开放中的矛盾只能用改革开放的办法来解决。2013年11月,党的十八届三中全会召开,习近平总书记向全党全国发出了新时代全面深化改革开放的总动员令:"改革开放是我们党在新的时代条件下带领全国各族人民进行的新的伟大革命,是当代中国最鲜明的特色。"习近平总书记指出:"面对未来,要破解发展面临的各种难题,化解来自各方面的风险和挑战,更好发挥中国特色社会主义制度优势,推动经济社会持续健康发展,除了深化改革开放,别无他途。"

——摘自《改革开放是"重要法宝"》,求是网,2024年7月9日

【案例点评】

社会主义作为人类解放的历史过程,不可能是一成不变的,正如恩格斯在致奥托·冯·伯尼克的信中所指出的:"所谓'社会主义社会'不是一种一成不变的东西,而应当和任何其他社会制度一样,把它看成经常变化和改革的社会。"习近平总书记也指出:"科学社会主义和空想社会主义的一大区别,就在于它不是一成不变的教条,而是把社会主义看作一个不断完善和发展的实践过程。"只有通过不断地全面深化改革,才能破解深层次体制机制障碍和结构性矛盾,实现社会主义制度的自我完善和发展。

【教学建议】

(1)本案例可用于"社会主义在实践中开拓前进"部分内容的辅助教学。

(2)在讲清全面深化改革的重要性和必要性后,结合我国社会主义建设实际,让学生们讨论:为什么社会主义从来都是在开拓中前进的？改革开放过程中必须坚持的原则是什么？中国改革开放的成功实践有哪些世界意义？

四、题海游弋

(一)单项选择题

1. 马克思、恩格斯在新的历史条件下创立了唯物史观和剩余价值学说，揭示了人类历史发展的规律和资本主义剥削的秘密，论证了无产阶级的历史使命，把争取无产阶级和全人类解放的斗争建立在社会发展客观规律的基础上，从而超越了空想社会主义，创立了科学社会主义。标志着科学社会主义创立的著作是（　　）。

　　A.《共产党宣言》

　　B.《德意志意识形态》

　　C.《社会主义从空想到科学的发展》

　　D.《资本论》

2. "资本主义必然灭亡，社会主义必然胜利"是科学社会主义的（　　）。

　　A. 主要内容　　　　　　　　B. 核心命题

　　C. 主流思想　　　　　　　　D. 理想表述

3. "资产阶级的生产关系和交换关系，资产阶级的所有制关系，这个曾经仿佛用法术创造了如此庞大的生产资料和交换手段的现代资产阶级社会，现在像一个魔法师一样不能再支配自己用法术呼唤出来的魔鬼了。"《共产党宣言》的这一段文字主要蕴含了（　　）。

　　A. 社会发展学说　　　　　　B. 阶级斗争学说

　　C. 资产阶级革命学说　　　　D. 无产阶级斗争学说

4. 无产阶级夺取政权的第一次伟大尝试是（　　）。

　　A. 1848 年欧洲革命

　　B. 1864 年国际工人协会（第一国际）的成立

　　C. 1871 年爆发的巴黎公社革命

　　D. 1889 年第二国际的诞生

5. （　　）是反抗资产阶级斗争的最高形式。

　　A. 资产阶级革命　　　　　　B. 无产阶级革命

　　C. 社会主义革命　　　　　　D. 共产主义革命

6. 20 世纪的社会主义制度对人类社会历史的发展做出了巨大的历史贡献，社会主义开始作为一种新的社会制度发挥历史作用。主要表现在社会主义国家的存在及其在经济、政治、外交、军事上的影响，改变了世界的政治格局，在很大程度上遏制了资本主义和霸权主义在全世界的扩张；还表现在（　　）。

　　A. 社会主义力量坚定地支持被压迫民族的民族解放运动

　　B. 经济全球化对社会主义的发展既是机遇又是挑战

C. 社会主义的发展出现了曲折甚至是暂时的倒退

D. 各国的社会主义发展道路具有多样性

7. 社会主义可能在一国或数国首先取得胜利的理论的科学依据是(　　)。

　　A. 生产关系适应生产力发展的规律

　　B. 上层建筑适应经济基础的规律

　　C. 资本主义经济政治发展不平衡规律

　　D. 剩余价值规律

8. 资本主义必然被社会主义所代替的主要依据是(　　)。

　　A. 无产阶级日益壮大和觉醒

　　B. 个别企业有组织的生产与整个社会生产无政府状态之间的矛盾

　　C. 无产阶级和资产阶级斗争的尖锐化

　　D. 生产的社会化与资本主义私人占有制之间的矛盾

9. 马克思说:"暴力是每一个孕育着新社会的旧社会的助产婆。"这说明(　　)。

　　A. 暴力革命是无产阶级革命的唯一形式

　　B. 暴力革命是无产阶级革命的基本形式

　　C. 暴力革命与和平发展互相排斥

　　D. 暴力革命与和平发展可以相互取代

10. 恩格斯指出:"我认为,所谓社会主义社会不是一种一成不变的东西,而应当和任何其他社会制度一样,把它看成经常变化和改革的社会。"社会主义改革的根源是(　　)。

　　A. 改革是社会主义社会发展的动力

　　B. 社会生产力发展水平不够高

　　C. 社会主义制度没有根本克服资本主义制度下生产力与生产关系的对抗性矛盾

　　D. 社会主义社会的基本矛盾

11. 社会主义生产关系与一切旧的生产关系的本质区别是(　　)。

　　A. 劳动者共同占有生产资料

　　B. 对个人消费品实行按劳分配原则

　　C. 彻底消灭了私有制

　　D. 人们在生产过程中相互协作

12. 马克思、恩格斯在创立科学社会主义理论并用以指导国际工人运动的过程中,逐步形成了科学社会主义基本原则。这些原则在后来的社会主义革命和建设中得到了证实、丰富和发展。科学社会主义的核心命题是(　　)。

　　A. 无产阶级是最先进、最革命的阶级,肩负着推翻旧世界、建设新世界的历史使命

　　B. 无产阶级政党是无产阶级的先锋队,社会主义事业必须始终坚持无产阶级政党的
　　　　领导

C. 共产主义是人类最美好的社会制度，实现共产主义是共产党人的最高理想

D. 资本主义必然灭亡，社会主义必然胜利

13. 1985年9月，邓小平在中国共产党全国代表会议上指出："在改革中我们始终坚持两条根本原则，一是以社会主义公有制经济为主体，一是共同富裕。"这是因为科学社会主义的基本原则要求（　　）。

A. 无产阶级是最先进、最革命的阶级，肩负着推翻资本主义的历史使命

B. 无产阶级革命是无产阶级进行斗争的最高形式

C. 社会主义社会要在生产资料公有制的基础上组织生产

D. 无产阶级政党是无产阶级的先锋队，领导社会主义事业

14. 邓小平指出："没有民主就没有社会主义，就没有社会主义现代化。"这一命题的含义是（　　）。

A. 民主是社会主义现代化建设的重要内容

B. 民主是社会主义的本质要求和内在属性

C. 民主建设是社会主义现代化建设的重要目标

D. 民主是社会主义现代化的政治保证

15. 列宁指出，不能"为死教条而牺牲活的马克思主义"。习近平全面总结社会主义历史进程，得出"社会主义从来都是在开拓中前进的"。上述话语对我们的深刻启示是（　　）。

A. 必须始终坚持科学社会主义基本原则

B. 要把科学社会主义基本原则与本国实际相结合

C. 科学社会主义基本原则要紧跟时代和实践的发展而发展

D. 时代和实践的不断发展使社会主义发展道路具有多样性

(二)多项选择题

1. 在俄国社会主义革命取得胜利的初期，特别是实行新经济政策期间，列宁对苏维埃俄国如何建设社会主义进行了深刻的理论思考，提出了许多精辟的论述。这些论述包括（　　）。

A. 把建设社会主义作为一个长期探索、不断实践的过程

B. 把大力发展生产力、提高劳动生产率放在首要地位

C. 在多种经济成分并存的条件下，利用商品、货币和市场发展经济

D. 利用资本主义建设社会主义

2. 要探索符合本国国情的社会主义发展道路，就要（　　）。

A. 以马克思主义理论为指导

B. 从本国国情出发

C. 吸收一切人类文明成果

D. 以发达国家为样板

3. 空想社会主义的历史功绩是（　　）。

　　A. 对资本主义的弊病进行了深刻的揭露和猛烈的抨击

　　B. 揭示了资本主义灭亡、社会主义胜利的客观规律

　　C. 对未来社会做出了天才的设想

　　D. 找到了变革社会的革命力量

4. 1917年11月7日（俄历10月25日），列宁和布尔什维克党领导彼得格勒工人以及士兵群众，通过武装起义推翻了资产阶级临时政府，取得了十月社会主义革命的胜利。十月革命是世界历史上划时代的重大事件，产生了深远的历史影响，主要体现在（　　）。

　　A. 将马克思主义关于无产阶级革命的理论变为现实，建立了世界上第一个社会主义国家

　　B. 激励了殖民地半殖民地的民族民主革命，掀起了被压迫民族解放斗争的新高潮

　　C. 沉重打击了帝国主义的统治，鼓舞了资本主义国家的革命运动

　　D. 促进了马克思列宁主义的传播，推进了无产阶级政党的建立

5. 习近平总书记指出："我们要坚定信念，坚信它是具有科学性的。如果觉得心里不踏实，就去钻研经典著作，《共产党宣言》多看几遍。"由此可见，重温《共产党宣言》可以（　　）。

　　A. 科学地把握社会历史发展规律

　　B. 深切体会马克思主义的真理力量

　　C. 进一步证实马克思主义为什么行

　　D. 找到科学社会主义的思想来源

6. 习近平总书记指出，对于我们这样一个世界上最大的马克思主义执政党来说，理论强才能方向明、人心齐、底气足。拥有马克思主义科学理论指导是我们党坚定信念、把握历史主动的根本所在。马克思主义科学理论之所以能够使中国共产党坚定信念、把握历史主动，是因为（　　）。

　　A. 马克思主义是人民的理论，站在人民立场探究人类自由解放

　　B. 马克思主义是科学的理论，创造性地揭示了人类社会发展规律

　　C. 马克思主义是实践的理论，为不同时代问题的解决提供了具体方案

　　D. 马克思主义是开放的理论，以其真理的绝对性始终站在时代前沿

7. "由于历史进程的曲折而不得不开始社会主义革命的那个国家愈落后，它由旧的资本主义关系过渡到社会主义关系就愈困难。"列宁的这段话说明，无产阶级及其政党可以在经济文化相对落后的国家取得政权，建立起崭新的社会主义制度，但是，在这样的国家建设社会主义必然具有长期性。其原因主要有（　　）。

　　A. 生产力发展状况的制约

　　B. 经济基础和上层建筑发展状况的制约

　　C. 国际环境的严峻挑战

　　D. 改良主义政党在政治舞台上的影响日益扩大

8. 恩格斯说,社会主义从成为科学以来,就要求人们把它当作科学看待,就是说,要求人们去研究它。与空想社会主义相比,科学社会主义的科学性表现在(　　)。

　　A. 对资本主义进行了深刻批判
　　B. 全面表达了对未来理想社会的诉求
　　C. 看到了变革资本主义社会的坚定力量
　　D. 指明了人类走向自由和解放的现实道路

9. 世界上没有放之四海而皆准的发展道路和发展模式,也没有一成不变的发展道路和发展模式。30多年前,印有五角星和镰刀锤头的红旗在克里姆林宫上空悄然滑落,社会主义阵营"老大哥"消失,西亚北非地区陷入动荡。如今,中国共产党已然走过了100多个春秋,中国特色社会主义比任何时期都要焕发生机与活力,社会主义发展的生机悄然而至。历史证明,社会主义之所以在曲折中发展,是因为(　　)。

　　A. 社会主义作为新生事物,其成长不会一帆风顺
　　B. 经济全球化对于社会主义的发展既有机遇又有挑战
　　C. 社会主义社会的基本矛盾推动社会发展,是作为一个过程而展开的
　　D. 各国历史文化传统的差异性决定社会主义发展方向

专题七　题海游弋答案

五、参考资料

1. 恩格斯:《社会主义从空想到科学的发展》,《马克思恩格斯选集》(第3卷),人民出版社2012年版。

2. 列宁:《国家与革命》,《列宁选集》(第3卷),人民出版社1995年版。

3. 毛泽东:《论十大关系》,《毛泽东文集》(第七卷),人民出版社1999年版。

4. 邓小平:《在武昌、深圳、珠海、上海等地的谈话要点》,《邓小平文选》(第三卷),人民出版社1993年版。

5. 习近平:《在庆祝改革开放40周年大会上的讲话》,人民出版社2018年版。

6. 习近平:《毫不动摇坚持和发展中国特色社会主义》,《习近平谈治国理政》(第一卷),外文出版社2018年版。

7.《马克思主义基本原理》编写组:《马克思主义基本原理》,高等教育出版社2023年版。

专题八 共产主义论

一、学习目标

学习和掌握预见未来社会的方法论原则,把握共产主义社会的基本特征,深刻认识实现共产主义的历史必然性和长期性,把握共产主义远大理想与中国特色社会主义共同理想的辩证关系,坚定理想信念,积极投身新时代中国特色社会主义事业。

1. 知识目标:把握关于共产主义社会基本特征的主要观点,深刻认识共产主义实现的历史必然性和长期性。

2. 能力目标:掌握预见未来社会的科学立场和方法。

3. 世界观目标:帮助学生正确处理理想与现实、个人理想与社会理想、远大理想与共同理想的关系;树立和坚定共产主义远大理想,为投身新时代中国特色社会主义事业而努力奋斗。

二、教师导航

社会主义经过长期发展,在高度发达的基础上,最终将走向共产主义。对共产主义的展望不能像空想社会主义者那样,建立在猜测和想象的基础上,那么,马克思主义是基于什么方法论原则来展望未来共产主义社会的呢? 共产主义不仅是一种科学的理论和这种理论指导下的现实的运动,而且是一种未来的社会制度和社会形态,是历史发展的必然趋势。那么,共产主义社会有什么样的特征? 如何理解共产主义实现的必然性、长期性? 作为当代中国青年,我们又应该如何看待共产主义远大理想与中国特色社会主义共同理想的关系? 又应该坚持怎样的理想信念?

根据以上问题,本专题的主要内容包括四个方面:一是回答了预见未来社会的方法论原则;二是回答了共产主义社会的基本特征;三是回答了这样美好的社会是否能够实现;四是回答了我们应该怎样为实现共产主义而奋斗。就逻辑而言,首先说明了共产主义社会理想不同于乌托邦。这既体现在马克思主义展望未来社会的立场和方法是唯物辩证的、科学的,又体现在通过对资本主义社会的剖析,揭示了共产主义社会的基本特征,明确了共产党人的奋斗目标,是实事求是的结晶。其次说明了共产主义社会作为最美好的人类社会必然能够实现以及实现过程的长期性的理由。最后明确了作为中国共产党人要为实现共产主义而奋斗,就必须坚持和发展中国特色社会主义。

第一讲　马克思主义如何展望未来社会?

在讲共产主义理想之前,我们先来看看马克思有什么样的信仰。早在1835年,就读于特里尔中学的马克思只有17岁,他在中学毕业考试作文《青年在选择职业时的考虑》中写道:"在选择职业时,我们应该遵循的主要指针是人类的幸福和我们自身的完美。不应认为,这两种利益是敌对的、互相冲突的,一种利益必须消灭另一种的。人类的天性本来就是这样的:人们只有为同时代人的完美、为他们的幸福而工作,才能使自己也达到完美……""如果一个人只为自己劳动,他也许能够成为著名的学者、伟大的哲人、卓越的诗人,然而他永远不能成为完美的、真正伟大的人物……如果我们选择了最能为人类福祉而献身的职业,那么,我们就不会被它的重负所压倒,因为这是为人类而献身;那时我们所感到的就不是可怜的、有限的、自私的乐趣,我们的幸福将属于千百万人。"马克思在这样一个充满梦想和希望的年纪,就已经树立了为大多数人的幸福而工作的坚定信念,他所要追求的,不单单是自己的完美,而是把自己的完美放在为人类幸福而奋斗的过程当中。这一情怀也成为他一生学习和奋斗的内在源泉和强大动力。

这种为全人类奋斗的信念与马克思的生平有紧密联系。英国哲学家罗素曾这样评价马克思,他说马克思拥有一种异常国际性的修养。罗素在《西方哲学史》中写道:"马克思1818年出生于德国小镇特里尔,特里尔在法国大革命和拿破仑时代曾受到法国人很深的影响,在见解方面世界主义色彩比大部分地区浓厚得多。他的祖辈们原是犹太教的法律博士,但是在他幼年时代他的父母成了基督教徒。他娶了一个非犹太系的贵族女子,一生始终对她真挚热爱。在大学时,他受到了当时还风行的黑格尔哲学的影响,也受到了费尔巴哈反抗黑格尔而倒向唯物主义的影响。他试办过新闻事业,在1843年,他到法国去研究社会主义。他在法国结识了恩格斯,通过恩格斯得以了解到英国的劳工状况和英国的经济学。1848年的法国革命和德国革命他都参加了,但是反动势力迫使他不得不在1849年到英国避难。除几个短暂期间之外,他在伦敦度过了余生,遭受到穷困、疾病、丧子的苦恼,但他仍旧孜孜不倦地著述和累积知识。激励他从事工作的力量是长期以来对社会革命所抱的希望,即便不是他生前的社会革命,也是不很遥远的未来的社会革命。"马克思的一生,是胸怀崇高理想、为人类解放不懈奋斗的一生。他忠于自己的理想和信仰,用自己一生的精力,揭露资产阶级剥削的秘密,批判资本主义的自由、民主和人权,追求全人类的解放。1847年,马克思参加共产主义同盟并为同盟撰写《共产党宣言》。《共产党宣言》以警句式的美文阐述了马克思主义的基本原理,揭示了人类社会特别是资本主义社会产生、发展、灭亡的历史规律,探讨了未来社会的基本特征。

按照马克思的设想,社会革命将帮助人类进入理想的未来社会。在理想的未来社会中,全人类能够实现解放,每个人能够实现自由而全面的发展。这个对未来社会的设想也就形成了马克思和恩格斯共同创建的共产主义社会的理论。

在马克思、恩格斯之前,人类对美好生活的向往就始终没有停止过,也提出过各式各样关于理想社会的构想。不论是中国古代的"大同"社会还是"桃花源",也不论是西方古代社会的"理想国"还是近代各种空想社会主义的"乌托邦",都不仅表达了人们对光明未来的憧憬,而且展现了展望和描述未来理想社会的能力。那么,马克思对未来社会的理想同这些憧憬和向往有什么不同呢?马克思和恩格斯的未来社会从何种意义上超越了它们呢?

马克思对理想社会必然到来的预见之所以不同于之前的种种设想,并且超越了这些设想,是因为马克思和恩格斯的预见不仅仅是一种预言,而且是建立在科学的方法论之上的预测。这表现在以下四个方面:

第一,他们是在揭示人类社会一般发展规律的基础上指明社会发展的方向。历史唯物主义揭示了人类社会的发展是一个自然历史过程,人类社会发展的一般规律——生产力和生产关系矛盾运动的规律以及经济基础和上层建筑矛盾运动的规律——决定了社会形态的更替和历史发展的基本趋势。原始社会、奴隶社会、封建社会、资本主义社会、共产主义社会依次更替,社会形态不断从低级迈向高级。资本主义基本矛盾以及由此而来的周期性经济危机,决定了社会化大生产和生产资料资本主义私人占有具有"不相容性",最终将敲响资本主义私有制的丧钟;源于剩余价值剥削而产生的劳资对立,最终将走向"两个必然",即资本主义必然灭亡,社会主义、共产主义必然胜利,就成为不以人的意志为转移的客观规律。因此,共产主义社会是从人类社会发展一般规律和资本主义社会发展特殊规律出发得出的结论。

第二,他们是在剖析资本主义旧社会的过程中阐发未来新世界的特点。我们在现实生活中,之所以会流露出"希望""期待"等情绪,往往源自当下的感受。同样的道理,人类对未来社会的设想,也往往起因于对现实问题的思考与批判。希望生活富足,源于贫困的折磨;希望公平正义,源于来自等级、阶级的不平等所造成的苦难;希望资本主义被更加美好的社会形态所取代,源于资本主义社会仍存在剥削和压迫。马克思和恩格斯在看到资本主义社会弊端的同时,进一步揭示出弊端的根源所在,揭示出资本主义发展中自我否定的力量,从资本主义的矛盾运动中发现孕育着的新社会因素,并作为预见未来社会特点的依据。

第三,马克思主义在社会主义社会发展中不断深化对未来共产主义社会的认识。马克思、恩格斯受到时空条件限制,只能通过解剖资本主义社会来预见、展望未来社会。十月革命后,科学社会主义实现了从理论到实践的飞跃,现实中的社会主义社会是共产主义的第一阶段。自社会主义制度在我国确立以来,我们党都满怀热情地领导人民进行社会主义建设的探索。在这个过程中,我们既有经验,也有教训,对共产主义社会的长期性有了新的认识。

第四,他们立足于揭示未来世界的一般特征,而不对各种细节作具体描述。马克思、恩格斯在展望未来社会时,总是只限于指出未来社会发展的方向、原则和根本特征,他们的构想和论述主要出于以下几种情形:一是揭示资本主义的社会矛盾和规律,分析当时生产力状况及可能的发展,在同资本主义进行对比分析中推论出历史发展的必然趋势和必然结果。二是从当时阶级斗争的实践经验中作出一般性预测。三是批判包括空想社会主义在内的非科学社会主义流派,批判一些工人政党的错误纲领,以及在同资产阶级、小资产阶级思想家和代言人论战时,对未来社会的性质和大致面貌加以设想和论及。除此之外,马克思、恩格斯拒绝就未来社会的一切方面和细节作详尽描绘,在他们看来,具体情形只有后来的实践才能回答。

从 17 岁时想要为了全人类的幸福而奋斗,到后来在科学的方法论基础之上建立了科学社会主义理论,我们可以看到,马克思不仅胸怀崇高理想,还将理想融入追求真理、揭示人类社会规律的事业当中。在马克思诞辰 200 多年的今天,人类社会发生了翻天覆地的变化,但马克思主义为人类求解放的精神实质没有改变,学习马克思的奋斗精神是对马克思最好的纪念方式。

第二讲 共产主义究竟是什么样的?

在这一讲中,我们一起来谈谈共产主义是什么的问题。世人对共产主义是什么往往有以下三种误解:一是误认为共产主义就是"一大二公""禁欲主义"。一些人认为共产主义社会财产公有,人就不再有私利和私欲,人人过着清心寡欲的生活。二是将共产主义误解为桃花源、乌托邦。在共产主义社会,没有对抗、私利、占有、竞争或不平等。共产主义社会没有社会矛盾,人们可以不受任何约束地"上午打猎、下午捕鱼",想干什么就干什么。三是误认为共产主义社会不再需要工作,这就带来了共产主义的技术性问题,在共产主义社会,那些最苦最累的活谁来干呢?接下来,我们来澄清这些误解,并且回答共产主义究竟是什么的问题。

对这些问题的探讨,自 19 世纪以来绵延不断,其中最核心的莫过于共产主义的基本特征。

马克思、恩格斯在《共产党宣言》中探讨了历史上曾经出现的社会主义和共产主义文献,其中特别探讨了"批判的空想的社会主义和共产主义"。1824 年,欧文在美国印第安纳州进行的关于"新和谐公社"的共产主义新村试验,在当时引起了美国和西欧的广泛关注,由于欧文对未来社会的畅想脱离实际,"新和谐公社"最终失败了。1832 年,傅立叶在法国的一个农场里进行了创建"法郎吉"的试验,作为他实现理想社会的示范,他特别富于浪漫主义幻想,甚至别出心裁地在报纸上刊登广告,呼吁百万富翁或王公贵族出钱支持他进行"法郎吉"试验,他每天中午 12 点在家中恭候。结果,数年之内无人问津。欧文和傅立叶建设美好社会的努力为什么会归于失败?空想社会主义的局限性是什么?马克思将此精炼地概括为"三个没有找到"。一是空想社会主义者没有找到阶级对立的经济根源;二是他们没有找到实现理想社会的现实道路或具体路径;三是他们没有找到实现理想社会所能依靠的阶级力量。这是空想社会主义者无法避免的历史局限,他们对资本主义的批判、对未来社会的畅想,都没有深入经济层面,而仅仅停留于道德层面或天才的预见和浪漫的想象,所谓批判,也流于畅快的诅咒和谩骂,因此过于肤浅和抽象。而马克思主义经典作家与他们不同,马克思、恩格斯力求站在科学的立场上展望未来社会,用科学的方法来看待和处理未来社会的问题。

马克思、恩格斯认为,人类社会的发展是一个自然历史过程,而不是源自单个人的意志和愿望,所以要依据规律预测未来,而不是寄托于某种历史的偶然;人类社会的发展是一个必然性逐步展开、规律性不断实现的过程,而不是偶然事件的堆积,所以要在旧世界中发现新世界,从生活逻辑出发,而不是沉湎于概念自身的逻辑之中;人类社会的历史主体是人民群众,而人民群众创造历史的活动都是在十分确定的条件下进行的,所以强调只讲一般特征,不做详尽描绘。马克思、恩格斯对未来社会的设想和预测根植于实践,不是凭空的猜测,不是虚妄的幻想,所以他们只致力于对未来社会的发展方向、原则和一般特征的揭示,强调未来的事情留给未来的实践去回答。正是由于他们展望未来社会时坚持了科学的原则和方法,才找到了实现理想社会的现实路径和所依靠的阶级力量。

马克思、恩格斯在对人类社会特别是资本主义社会深入研究的基础上,第一次揭示了社会发展的一般规律和资本主义社会发展的特殊规律,从而对共产主义社会做出了科学的展望。关于什么是共产主义,马克思、恩格斯在《1844年经济学哲学手稿》《德意志意识形态》《共产党宣言》《资本论》《哥达纲领批判》《反杜林论》等经典文献中做过不同的表述和论证。共产主义(Communism)本身至少有以下几方面的含义:第一,共产主义是一种科学的理论和思想体系,作为一种理论体系,共产主义是由马克思、恩格斯创立的,从这个意义上说,科学社会主义就是共产主义。第二,共产主义是一种未来的社会制度和社会形态,作为一种社会制度和社会形态,共产主义是人类最崇高的社会理想,是一种崭新的社会状态。第三,共产主义是在科学理论指导下,以建立共产主义制度为最终目标的实际运动,即共产主义实践。作为一种社会运动,共产主义实现了从空想到科学的发展、从理论到实践的发展。不仅如此,马克思、恩格斯还用不同的表述来阐明他们的未来社会发展理论,如共产主义是人类从必然王国向自由王国飞跃的观点,在他们看来,共产主义是人类解放的实现。

作为一种社会制度和社会形态,马克思、恩格斯是从最一般意义的层面,即基本特征的角度来对共产主义进行构想的。马克思指出,未来的具体情形应该留给后来的实践去回答。理解共产主义社会的基本特征应避免直接感官化、庸俗化的思维。我们不应沉溺于对未来共产主义社会的细节描绘,但可以根据我们对社会结构的认识,从生产力状况、生产关系状况、社会生活和精神生活等方面去把握共产主义社会的基本特征,可以根据历史规律和历史趋势不断加深对其轮廓和基本特征的认识。

马克思主义经典作家揭示的共产主义社会的基本特征主要包括:第一,物质财富极大丰富,消费资料按需分配。共产主义社会的社会生产力高度发展,产品极大丰富;共产主义社会将实现普遍的生产资料公有制;个人消费品的分配方式是"各尽所能,按需分配",从而实现分配的真正平等。《共产党宣言》中有一句名言:"共产党人可以把自己的理论概括为一句话:消灭私有制。"生产资料将实现社会直接占有,共产主义社会将按照自然资源的情况和社会成员的需要,对生产进行有计划的组织和管理。恩格斯在《共产主义信条草案》中明确指出:"'财产公有'制度不是任何时候都可以实现的,它必须建立在因发展工业、农业、贸易等而产生的大量的生产力和生活资料的基础之上,建立在因使用机器、化学方法和其他辅助手段而使生产力和生活资料无限增长的可能性的基础之上。"在《哥达纲领批判》中马克思进一步指出,只有在生产力增长起来、在集体财富的一切源泉都充分涌流之后,才能实行共产主义"各尽所能,按需分配"的分配原则。

第二,社会关系高度和谐,人们精神境界极大提高。马克思主义的理论主旨蕴含着积极进取、不断克服"狭隘眼界"与贪欲,进而达到自由、全面、和谐发展的人生状态。到了共产主义社会,由于生产力的高度发展已经使所有人的物质利益都得到了保障,分工不再具有经济利益划分的性质,全体社会成员根本利益一致,社会已不再因为经济利益的不同而划分为不同的社会集团并进行相互间的斗争。于是阶级将会消亡,国家也将消亡,作为阶级压迫工具的军队、警察、监狱等将失去作用,战争也将不复存在,从此人们真正过上和平安宁的日子。由于社会生产力的巨大发展,过去所说的"三大差别",即工业与农业、城市与乡村、脑力劳动与体力劳动的差别,必将归于消失。在共产主义社会,人们的精神境界也将得到极大提高。人们自觉地为他人、为社会服务和奉献。到了共产主义社会,人们不仅具有多方面的才能,而且具有高度的觉悟和高尚的道德品质,乐意为社会公共事业做出贡献。

第三,实现每个人自由而全面的发展,人类从必然王国向自由王国飞跃。《共产党宣言》指出:"代替那存在着阶级和阶级对立的资产阶级旧社会的,将是这样一个联合体,在那里,每个人的自由发展是一切人的自由发展的条件。"可以说,实现人的自由而全面的发展,是马克思主义追求的根本价值目标,也是共产主义社会的根本特征。人的自由而全面的发展,一方面是在多样化的生产劳动过程中实现的,另一方面又是在生产劳动之外的大量自由时间中实现的。在共产主义社会,劳动不再是单纯的谋生手段,而成为"生活的第一需要",是人生的快乐源泉。

总而言之,共产主义是人类解放的实现,那时人类将最终从支配他们生活和命运的异己力量中解放出来,实现从必然王国向自由王国的飞跃,开始自觉地创造自己的历史。

第三讲　共产主义离我们有多远?

前文,我们学习了什么是共产主义。共产主义究竟有多远呢?过去很长一段时间,人们对共产主义有一种误解,认为共产主义的实现是一个非常短暂的过程。对共产主义实现过程的长期性和复杂性缺乏正确的认识和足够的心理准备,因而导致在实践中出现了违背国情、超越社会发展阶段的问题。如果对共产主义实现的必然性、实现过程的长期性和曲折性没有正确的认识,就容易走向共产主义渺茫论。我们可以从以下几个方面具体来说明。

第一,驳"共产主义渺茫论"。

我们先来看看共产主义渺茫论错在何处。首先,应把握这一论点的实质。"渺茫"一词的主要内涵为:一是模糊不清;二是虚妄无凭;三是难以预期,没有把握。把共产主义与"渺茫"一词放在一起,即共产主义渺茫论的主要观点也有三层:一是共产主义距离我们很遥远,几十代后,人类社会到底发展成什么样,恐怕谁也说不清楚;二是马克思、恩格斯对未来社会共产主义的描述十分美好,但这可能只是他们的想象;三是人们朝着共产主义奋斗的结果是难以预料的。共产主义渺茫论的实质,是对人类社会有无规律以及对已揭示的社会基本规律的怀疑或者否定,是对工人阶级及其政党带领劳动人民推动社会进步的能力和力量的怀疑,是资本主义永恒论的另一种表述。

其次,共产主义渺茫论的推论是错误的。共产主义作为一种未来的社会形态,因有理论的和现实的依据,其特征是清晰的,并具有现实性。一是马克思在揭示人类社会发展一般规律的基础上指明社会发展的方向。共产主义是合规律的。正如列宁所说:"马克思丝毫不想制造乌托邦,不想凭空猜测无法知道的事情。马克思提出共产主义的问题,正像一个自然科学家已经知道某一新的生物变种是怎样产生以及朝着哪个方向演变才提出该生物变种的发展问题一样。"① 二是马克思在剖析资本主义旧世界中阐发未来新世界的特点。特点是通过比较获得的,共产主义是比资本主义高级的社会形态,正如资本主义是比封建社会高级的社会形态一样。共产主义的特征是鲜明的。"马克思的全部理论,就是运用最彻底、最完整、最周密、内容最丰富的发展论去考察现代资本主义。自然,他也就要运用这个理论去考察资本主义的即将到来的崩溃和未来共产主义的未来的发展。"② 资本主义生产力的大发展暴露了社会规律。马克思主义正是通过对资本主义社会的具体剖析,对实现共产主义的必然性进行了具体实证,揭示了资本主义剥削的秘密,证明了资本主义的非正义性,论证了工人阶级推翻旧世界、建设新世界的历史使命。三是马克思立足于揭示未来社会的一般特征,而不做空想的详尽描绘。共产主义不仅是清晰的,而且是一定能够实现的,这是由人类社会的发展规律决定的。人类社会是物质世界的组成部分,和自然界一样是有规律的,规律是事物变化过程中必然的、稳定的、本质的联系,任何规律都是事物的内在根据和本质联系。规律是事物的必然联系,任何规律都是事物必定如此、确定不移的趋势。规律是事物的稳定联系,任何规律都会在条件具备的情况下,重复起作用。客观性是规律,包括社会规律的根本特点。规律的存在不依赖于人的意识,虽然社会规律由人的实践活动形成,但同样是客观的。相反,人的意识活动要受规律的支配,不管人们是否认识到、承认不承认,它都客观存在着,并

---

① 列宁:《国家与革命》,人民出版社 2015 年版,第 87 页。
② 列宁:《国家与革命》,人民出版社 2015 年版,第 86 页。

以一定的方式起作用。认识规律主要是预见未来,进而明确实践目标,指导实践。现实中的社会主义是共产主义社会的初级阶段,它与共产主义社会具有根本性质上的一致性,揭示了工人阶级和资产阶级斗争的发展规律和趋势。现实中的社会主义国家还在继续发展中,这种发展持续的时间越长,取得的成就越大,就为共产主义高级阶段的到来提供着更充分的条件,也提供着更充分的实践证明。

再次,共产主义作为一种新的社会制度,的确离我们还很远,但绝非虚无缥缈,工人阶级及其政党正在带领人民为实现这一美好的社会制度而奋斗。马克思主义政党是工人阶级的先锋队,由工人阶级中的先进分子组成。工人阶级是新生产力的代表,肩负着推翻资产阶级统治、建设社会主义制度并最终实现共产主义的伟大使命。工人阶级的解放与全人类的解放是完全一致的。工人阶级特殊的社会地位和历史使命,决定了它只有解放全人类才能使自己最后得到彻底解放。马克思、恩格斯一直在寻找没有剥削、没有压迫、没有私有制的人类社会的原生形态,即原始社会,但是因为历史和考古资料限制,一直没有找到。直到晚年,摩尔根发表的《古代社会》以不可辩驳的事实证明了真正意义上的原始社会的存在,也证明了马克思对社会形态演进序列预测的科学性,当然也就证明了包括资本主义在内的一切私有制社会不是从来就有的,也不是永恒的,而是有一个产生、发展和灭亡的过程,取而代之的必然是一个更加美好的、没有阶级的、没有剥削的公有制社会,且不是原始的公有制,而是更高层次上的公有制,即共产主义社会。

最后,共产主义渺茫论的思想方法是错误的。持有这种观点的人,将共产主义的完整内容加以形而上学的肢解、割裂和片面化,即仅仅把共产主义作为一种未来的社会制度。按照科学共产主义创始人的观点,在共产主义作为运动、学说、制度、理想、信仰的统一中,强调的是共产主义运动。共产主义不应该只是一种未来意义上的、距今仍还遥远的社会形态或社会制度,它还是一种现实运动。这就是说,从现实运动的意义上来理解共产主义,或许更能够把握共产主义理论的实质。共产主义是一种理想、一种学说、一种制度,更是一种实践,需要千百万人共同努力。个人理想与共同理想、共同理想与远大理想是统一的,其统一点就在于建设社会主义实践之中,在于现实的运动之中。马克思、恩格斯说:"共产主义对我们来说不是应当确立的状况,不是现实应当与之相适应的理想。我们所称为共产主义的是那种消灭现存状况的现实的运动。这个运动的条件是由现有的前提产生的。"① 中国特色社会主义就是共产主义运动的第一阶段或低级阶段,是走向高级阶段的必要准备,是整个共产主义运动过程的组成部分。共产主义作为一种崭新的社会制度,是人类社会发展的必然,是人类历史上最美好、最进步、最合理的社会制度。习近平总书记在《关于坚持和发展中国特色社会主义的几个问题》中说:"一些人认为共产主义是可望而不可及的,甚至认为是望都望不到、看都看不见的,是虚无缥缈的。这就涉及是唯物史观还是唯心史观的世界观问题。我们一

---

① 《马克思恩格斯选集》(第2卷),人民出版社2012年版,第3页。

些同志之所以理想渺茫、信仰动摇,根本的就是历史唯物主义观点不牢固。"

第二,正确理解共产主义的必然性。

事实上,实现共产主义是历史发展的必然和总趋势,体现了人类社会发展的规律。关于共产主义历史必然性的论述,马克思主义经典作家主要集中在马克思主义关于"两个必然"和"两个决不会"的科学阐述中。在《共产党宣言》中,马克思、恩格斯指出:"资产阶级的灭亡和无产阶级的胜利是同样不可避免的。"这个观点在《资本论》中得到了进一步强化,马克思认为,资本积累的历史趋势是资本主义必然灭亡和共产主义必然胜利。对此,有人可能会质疑:既然共产主义的实现是历史的必然,那为什么还要人们去追求、去奋斗?而且既然共产主义的实现是历史的必然,那为什么在经济文化相对落后的国家建设社会主义会在探索中出现问题和挫折?

其实,产生这样的质疑是因为误解了共产主义的必然性。一些人认为,马克思相信历史有特定的铁律,这些铁律的强大力量推动着历史前行,这是任何人类行为都无法抗拒的;封建主义注定将孕育出资本主义,而资本主义将不可避免地让位于共产主义。因此,马克思的共产主义不过是世俗化的天意论或宿命论。这显然不是我们所说的必然。

事实上,我们所说的共产主义的历史必然性问题,讲的是趋势和规律性。共产主义理想一定会实现,是以人类社会发展规律以及资本主义社会的基本矛盾发展为依据的。马克思深入研究资本主义社会,特别是研究资本主义的经济运动,揭示了资本主义生产方式的特点,论证了资本主义发展自我否定的趋势;揭示了生产社会化与生产资料资本主义私人占有之间的基本矛盾,论证了资本主义的历史暂时性;揭示了资本主义剥削的秘密与资本主义的非正义性,论证了工人阶级推翻旧世界、建设新世界的历史使命;揭示了工人阶级和资产阶级斗争的发展规律和趋势,论证了工人阶级解放斗争胜利的必然性。

因此,与前文所讲的必然性不同,共产主义的趋势、必然性和规律性不会自发实现,而必须通过历史主体的自觉活动去实现。

共产主义是一种崇高的社会理想、一种科学的理论体系、一种社会制度和社会形态,更重要的是,共产主义还是一种实践、一种运动。理想的实现、制度的建设、理论的创新都离不开人民群众的实践。

马克思指出:"无论哪一个社会形态,在它所能容纳的全部生产力发挥出来以前,是决不会灭亡的;而新的更高的生产关系,在它的物质存在条件在旧社会的胎胞里成熟以前,是决不会出现的。"[①]"两个决不会"理论说明,"两个必然"的实现,需要相应的客观条件,而在这个条件具备之前,决不会轻易成为现实。

第三,正确理解实现共产主义的长期性和曲折性。

有一种观点试图用共产主义实现的长期性、曲折性去否定马克思主义"两个必然"结论

---

① 《马克思恩格斯选集》(第2卷),人民出版社2012年版,第3页。

的科学性,认为东欧剧变证伪了马克思主义经典作家关于未来社会发展趋势的预见,共产主义是不可能实现的"乌托邦",渲染"共产主义失败论""共产主义渺茫论"。其实,共产主义实现的必然性和共产主义实现的长期性与艰巨性,是两个层次的问题,历史必然性讲的是历史发展的前进性,艰巨性讲的是历史发展的曲折性,两者并不冲突。不能将历史发展中的曲折和暂时的失败,看作对共产主义历史必然性的否定,东欧剧变只是一种模式的失败,是一种探索中的曲折,而不是整个社会主义事业的失败。

我们说,共产主义的实现是一个长期的、漫长的历史过程,主要有以下原因:

一是资本主义的灭亡和向社会主义的转变是一个长期的过程。当我们从理论上把握资本主义社会的历史暂时性时,可以看到资本主义灭亡的结局,但从历史的实际进程和具体步骤来看,这个结局的最终呈现则需要经历一个长期的历史过程。

在资本主义何时走向灭亡的问题上,没有人能够未卜先知。在19世纪后半期和20世纪前期,资本主义国家经历过严重的经济和社会危机。但资本主义并没有退出历史舞台,而是仍然有一定的发展空间。第二次世界大战后,资本主义世界得到恢复和发展,一度呈现出繁荣的景象。进入21世纪,特别是2008年以来,资本主义世界又出现了严重的金融危机和社会危机,呈现出许多矛盾和冲突的景象。我们可以从中看到这些危机背后的资本主义本质和衰败的必然趋势,但至于现存资本主义何时走到尽头,谁也无法作出准确判断。

首先,由资本主义向共产主义的过渡是一个由量变到质变的过程。在资本主义和社会主义阶段,共产主义因素是在不断积累的,共产主义只能逐步实现。第二次世界大战后,形成了北约和华约两大阵营。随着两大阵营对抗的深化,东欧剧变、苏联解体,一些国家共产党丧失了执政地位,共产主义运动似乎进入了低潮,人们开始怀疑社会主义和共产主义理论的正确性。实际上,这恰恰说明在生产力不发达的条件下,即在物质文明和精神文明都比较落后的情况下,坚持走社会主义道路,不但在实践上会出现反复,而且在认识上也会出现反复,这是人类社会发展进步从量变到质变必须经历的特殊阶段。共产主义运动的每一次发展,总是为共产主义的最终实现开辟着道路,总是在创造、增添、积累着共产主义的因素。

其次,由资本主义向共产主义的过渡是由个别国家逐渐向更多国家扩展的过程,由于资本主义经济、政治、文化发展的不平衡性,这个过渡过程会显得尤为复杂和艰巨。马克思主义认为,人类社会从低级阶段向高级阶段发展,将经历原始社会、奴隶社会、封建社会、资本主义社会、社会主义社会,最终到达共产主义社会,揭示的是人类社会发展规律的普遍性,也是大多数国家要经历的发展历程。进入21世纪以来,世界多极化、经济全球化深入发展,整个世界已经变成你中有我、我中有你的命运共同体,人类离共产主义社会越来越近。

最后,当代资本主义社会的基本矛盾远未达到根本不相容的程度,资本主义生产关系还有自我调整、自我修复和自我扬弃的空间。从国际范围来看,在相当长的历史时期内,资本主义制度还有发展余地,社会主义与资本主义将长期共存、长期竞争。目前,发达资本主义国家还处于科技发达、经济相对繁荣的时期,当代资本主义的发展还显示出生产关系对生产力容纳的空间。

二是社会主义社会的充分发展和最终向共产主义过渡需要很长的历史时期。在全世界实现共产主义,首先取决于社会主义国家的巩固和发展,取决于这些国家所经历的社会主义建设的历史进程。共产主义只有在社会主义充分发展和高度发达的基础上才能实现。社会物质财富的充分涌流、人的精神境界和道德品质的不断提高、共产主义新人的培养和成长等,都需要很长的历史时期。因此,社会主义社会的充分发展和共产主义的实现将是一个漫长的历史过程。邓小平指出:"社会主义是共产主义第一阶段,当然这是一个很长很长的历史阶段。"[1]社会主义是共产主义的初级阶段,也是实现共产主义的必由之路。可以说,坚持社会主义道路,坚持社会主义制度,是我们在当代世界为共产主义事业做出的重要贡献。

尽管向共产主义过渡还有漫长的历史时期,但现实的社会主义事业所带来的社会进步每向前推进一步,都是往共产主义走近一步。以当今中国为例,在诸多方面深刻体现了共产主义因素的增长。经过长期努力,中国特色社会主义进入了新时代,这既是我国发展新的历史方位,也是我们向共产主义更进一步的体现。新时代不是一个简单的新概念表述,而是经济社会发展到一定阶段发生的必然历史飞跃,在人类社会发展史上具有重大意义。比如,在经济方面,解放和发展生产力,坚持公有制和按劳分配的主体地位;在政治方面,坚持人民民主专政,发展人民民主,保障人民当家作主的权利,尊重和保障人权;在文化方面,发展教育科学文化事业,培育德智体美劳全面发展的社会主义建设者和接班人,努力促进人的全面发展;在社会方面,大规模脱贫,积极改善民生,不断朝着共同富裕的目标迈进,不断增进人民群众的获得感、幸福感、安全感;在生态方面,尊重自然、顺应自然、保护自然,促进人与自然的和谐共生;在外交方面,积极推动构建人类命运共同体;等等。中国特色社会主义事业的全面进步,有力地推进了社会主义的发展进程,也推进了共产主义的发展进程。

共产主义的实现没有固定的时间表,也没有固定的道路和模式。在迈进的过程中,我们不能超越历史阶段,不能急于求成,更不能跑步进入共产主义社会。共产主义的终极价值目标就是马克思说的"每个人的全面而自由的发展"。习近平在纪念马克思诞辰 200 周年大会上的讲话中指出:"马克思、恩格斯坚信,未来社会'将是这样一个联合体,在那里,每个人的自由发展是一切人的自由发展的条件','无产者在这个革命中失去的只是锁链。他们获得的将是整个世界。'马克思坚信历史潮流奔腾向前,只要人民成为自己的主人、社会的主人、人类社会发展的主人,共产主义理想就一定能够在不断改变现存状况的现实运动中一步一步实现。"

第四讲　共产主义信仰究竟魅力几何?

大家可能熟悉邓小平和女儿毛毛的一段对话。毛毛问父亲:"长征的时候你做什么?"父

---

[1] 邓小平:《邓小平文选》(第三卷),人民出版社 1993 年版,第 171 页。

亲回答:"跟着走!"毛毛接着问:"跟谁走?"父亲回答:"跟着共产主义信仰走。"这段对话看似平常,却道出了邓小平那一代人深入骨髓的真实信仰。

英国哲学家罗素在他的《自由之路》中说道:"在漫漫的黑夜中,人们渴望一座光明灯塔的指引,这就是明确的信仰、基础稳固的希望以及由此产生的能够超越一切险阻的沉稳的勇气。"古今中外的理想主义者,都在为自己的信仰而不懈奋斗。古希腊哲学家柏拉图有《理想国》,中国孔子提出了"大同社会",这都是对世俗世界或现实社会的美好设想。文艺复兴时期,欧洲的人文主义者在黑死病与饥饿面前觉醒,认识到只为灵魂寻找出路是不够的,必须解决现实世界的人的基本需要,于是有了启蒙思想家们从不同角度设计的现实世界,比如托马斯·莫尔的《乌托邦》。近现代中国,既有康有为的《大同书》,也有孙中山重提"大同社会"。这些伟大的哲学家和社会思想家所梦想和描述的完美社会被称为"乌托邦":它意味着"好地方"和"不存在"。然而,与这些理想社会不同,《共产党宣言》所宣扬的共产主义,则构成了全世界无产阶级运动的精神内核。与那些理想社会相比,共产主义信仰显然拥有着独特的魅力。

1848年2月,年仅28岁的恩格斯和30岁的马克思撰写的《共产党宣言》在英国伦敦首版。虽然它只是一本封面简单朴素、只有23页的德文小册子,但它的出版开启了改变世界历史进程的序幕,成了人类发展史上具有划时代意义的标志性文献之一。马克思和恩格斯向世界宣告了共产主义理想,他们坚信,为了共产主义理想的实现,全世界无产者应该联合起来。72年后的1920年,中国千千万万的进步青年,激情勃发,却又踌躇迷茫。他们渴望改变,想要有所作为,又不知路在何方。就在此时,年仅29岁的陈望道,在义乌把《共产党宣言》一字一句变成了方块文字。随着《共产党宣言》首个中译本的出现,共产主义思想很快征服了中国一批年轻的知识精英。1920年夏天,毛泽东从湖南来到上海拜访陈独秀时,看到了陈独秀正在校对的陈望道译的《共产党宣言》,这是毛泽东第一次接受完整的马克思主义。

上海共产主义小组成立后,在上海创办了一所干部学校,对外宣称外国语学社,任弼时、罗亦农、萧劲光等都是这里的学员。那时,每个学员都发一本《共产党宣言》,并由文化教员陈望道给他们做讲解。

邓小平早年去法国留学,他深刻意识到西方现代化国家与当时落后的中国的差距,通过读《共产党宣言》,他成为一名马克思主义者,他深信马克思主义将真正改变和拯救自己的祖国,从而走上了革命道路。

为什么说共产主义理想改变了中国?首先,《共产党宣言》揭示的共产主义世界观,极大地激发了中国人的历史主动性,打开了中国人认识和掌握世界的视野。大家都知道,自1840年鸦片战争以后,中国的大门被西方列强的坚船利炮轰开。中国人民既盼望能够赶上世界潮流,又不能忍受西方列强的侵略,中国人民在求索、抗争,但更多的是彷徨、无奈。在这种情况下,是《共产党宣言》所揭示的资本主义必然灭亡和社会主义必然胜利的科学真理,为中国指明了一条跨越资本主义卡夫丁峡谷的社会主义光明大道。《共产党宣言》深刻揭示了无产阶级的历史使命,指出:无产阶级是将剥削阶级送进历史博物馆的"真正革命的阶级";他们的运动区别于过去一切运动,他们在这个革命运动中"失去的只是锁链","获得的将是整个世界"。回溯近100年波澜壮阔的中国发展史可以看出,共产主义学说建构了中国人的精神世界,为中国革命、建设和改革提供了强大而又不竭的力量源泉。其次,《共产党宣言》催生了中国共产党。在《共产党宣言》中,马克思、恩格斯指出,共产党人"没有任何同整个无产阶级的利益不同的利益",其最近目的是"使无产阶级形成为阶级,推翻资产阶级的统治,由无产阶级夺取政权",消灭剥削,消灭阶级对立和阶级本身,建立共产主义社会,使每个人获得自由而全面的发展。中国共产党一经成立,就把实现共产主义作为党的最高理想和最终目标,就义无反顾肩负起实现中华民族伟大复兴的历史使命。在共产主义旗帜下,亿万中国人民紧紧地凝聚在中国共产党的周围,朝着共同的奋斗目标,历经千难万险,付出巨大牺牲,攻克了一个又一个难关,创造了一个又一个彪炳史册的人间奇迹。

共产主义思想的力量到底在哪里?在于它学习借鉴资本主义的同时超越资本主义,在于它继承精神传统的基础上超越传统,在于它建构一个现代组织而目的是超越集团利益,在于它高扬伟大的理想却又不离开脚踏实地的行动。它的魅力就在于它的真理力量、价值力量和现实力量。

习近平在庆祝改革开放40周年大会上指出:"信仰、信念、信心,任何时候都至关重要。小到一个人、一个集体,大到一个政党、一个民族、一个国家,只要有信仰、信念、信心,就会愈挫愈奋、愈战愈勇,否则就会不战自败、不打自垮。无论过去、现在还是将来,对马克思主义的信仰,对中国特色社会主义的信念,对实现中华民族伟大复兴中国梦的信心,都是指引和支撑中国人民站起来、富起来、强起来的强大精神力量。"理想信念就是共产党人精神上的"钙",没有理想信念,理想信念不坚定,精神上就会"缺钙"。

那么,如何补足"精神之钙"呢?

一是要坚持远大理想与共同理想的辩证统一。理想是指引人们奋斗方向的航标,也是推动人们前进的强大精神动力。在坚持和发展中国特色社会主义的实践中,我们不但要坚定中国特色社会主义共同理想,而且要进一步树立共产主义远大理想。我们需要正确认识和把握共产主义远大理想与中国特色社会主义共同理想的关系。首先,从时间上看,实现共产主义远大理想的过程就像万里长征,应该一步一个脚印、踏踏实实地向着未来迈进。中国特色社会主义共同理想,就是我们在追求和实现共产主义远大理想过程中的一个阶段性理想,是当前正在着力追求的阶段性理想或近期理想。经过几十年的努力,这个理想正在逐步转化为现实。其次,从层次上看,远大理想与共同理想的关系是最高纲领与最低纲领的关系。坚定中国特色社会主义共同理想,进一步推进中国特色社会主义事业,就是我们党的最低纲领在当前的要求。最后,从范围来看,共产主义理想是面向全人类的更大的共同理想。而中国特色社会主义共同理想,主要是面向中国人民和中华民族成员的"共同理想"。当我们讲要坚定中国特色社会主义共同理想的时候,不仅是指中国人民对社会主义理想的向往和追求,而且也包含着对"中国道路"的认同,即我们是通过中国自己的道路来追求社会主义理想和共产主义远大理想。

"中国梦",是习近平总书记提出的重要指导思想和执政理念,正式提出于2012年11月29日。习近平总书记把"中国梦"定义为"实现中华民族伟大复兴,就是中华民族近代以来最伟大的梦想",并坚信这是一个"一定能实现"的理想。"中国梦"的核心目标就是"两个一百年"奋斗目标:到2021年中国共产党成立100周年和2049年中华人民共和国成立100周年时,逐步并最终实现中华民族伟大复兴。

中国共产党一经成立,就把实现共产主义作为党的最高理想和最终目标,义无反顾肩负起实现中华民族伟大复兴的历史使命,团结带领人民进行了艰苦卓绝的斗争,谱写了气吞山河的壮丽史诗。习近平指出,我们党团结带领人民找到了一条以农村包围城市、武装夺取政权的正确革命道路,进行了28年浴血奋战,完成了新民主主义革命,1949年建立了中华人民共和国,实现了中国从几千年封建专制政治向人民民主的伟大飞跃。我们党团结带领人民完成社会主义革命,确立社会主义基本制度,推进社会主义建设,完成了中华民族有史以来最为广泛而深刻的社会变革,为当代中国一切发展进步奠定了根本政治前提和制度基础,实现了中华民族由近代不断衰落到根本扭转命运、持续走向繁荣富强的伟大飞跃。

实现中国梦为共产主义理想的实现奠定基础。共产主义社会是一个社会物质财富极大丰富、消费资料按需分配,社会关系高度和谐、人们精神境界极大提高,每个人自由而全面发展的社会。要在全世界实现这样的社会,关键取决于社会主义国家的巩固和发展,共产主义只有在社会主义社会充分发展和高度发达的基础上才能实现。中国梦的实现要以中国特色社会主义制度作为基础和可靠保障。中国特色社会主义制度具有三大能力:集中力量办大事、成熟定型成大事、融合发展干大事。

中国梦是共产主义不断中国化的具体体现。中国梦解决的是马克思主义如何中国化的实质性问题。每一个民族、每一个国家都有梦想,梦想是所有国家共同的理想追求,但各个国家的梦想的内涵是不一样的。中国梦是中国共产党在改革开放这个伟大历史转折时期的思想制高点,是中国共产党在顶层设计上的宣言,是马克思主义中国化的又一次历史性飞跃。中国梦的本质内涵就是实现国家富强、民族振兴、人民幸福。只有坚持马克思主义、共产主义,中国梦才能实现,因为中国梦的一切历史前提就是在马克思主义中国化的现实条件中进行的,离开马克思主义基本原理,就没有中国梦的历史前提。共产主义的思想观念源于马克思主义,是中国共产党的最高追求。在马克思主义中国化的历史征程和理论探索中,中国共产党使马克思主义不断中国化,并与中国具体实际相结合,不断为马克思主义赋予新的历史内涵,不断用马克思主义的基本原理解决社会矛盾,得出新的科学发展结论。

中国梦必须在中国共产党的领导下才能变成现实,这是由中国共产党的理想和宗旨决定的。为人民服务、实现人的自由而全面发展是中国共产党的宗旨,也是中国共产党的崇高理想,党的一切工作准绳和所有立足点,都以人民为根本。中国共产党始终代表中国先进生产力的发展要求、始终代表中国先进文化的前进方向、始终代表中国最广大人民的根本利益,并从这种历史高度上,形成复兴中华民族、实现中国梦的宏伟蓝图。

二是要坚定理想信念,投身新时代中国特色社会主义伟大事业。邓小平指出:"我们一定要经常教育我们的人民,尤其是我们的青年,要有理想。为什么我们过去能在非常困难的情况下奋斗出来,战胜千难万险使革命胜利呢?就是因为我们有理想,有马克思主义信念,有共产主义信念。我们干的是社会主义事业,最终目的是实现共产主义。"[①]习近平指出:"青年是标志时代的最灵敏的晴雨表,时代的责任赋予青年,时代的光荣属于青年。"[②]青年兴则国家兴,青年强则国家强。实现中华民族伟大复兴的中国梦,夺取新时代中国特色社会主义的伟大胜利,需要一代又一代有志青年接续奋斗。当前,中国特色社会主义进入新时代,这个新时代,为当代青年特别是当代大学生提供了施展人生才华的极为有利的历史机遇。当代大学生要坚定理想信念,自觉做中国特色社会主义共同理想的坚定信仰者、忠诚实践者。

三、教学案例

教学案例1:马克思为人类解放事业不懈奋斗的一生

【案例呈现】

习近平总书记在纪念马克思诞辰200周年大会上的讲话中说道:"马克思是全世界无产阶级和劳动人民的革命导师,是马克思主义的主要创始人,是马克思主义政党的缔造者和国际共产主义的开创者,是近代以来最伟大的思想家。两个世纪过去了,人类社会发生了巨大而深刻的变化,但马克思的名字依然在世界各地受到人们的尊敬,马克思的学说依然闪烁着耀眼的真理光芒!

"1818年5月5日,马克思诞生在德国特里尔城的一个律师家庭。早在中学时代,他就树立了为人类幸福而工作的志向。大学时代,马克思广泛钻研哲学、历史学、法学等知识,探寻人类社会发展的奥秘。在《莱茵报》工作期间,马克思犀利抨击普鲁士政府的专制统治,维护人民权利。1843年移居巴黎后,马克思积极参与工人运动,在革命实践和理论探索的结合中完成了从唯心主义到唯物主义、从革命民主主义到共产主义的转变。1845年,马克思、恩格斯合作撰写了《德意志意识形态》,第一次比较系统地阐述了历史唯物主义基本原理。1848年,马克思、恩格斯合作撰写了《共产党宣言》,一经问世就震动了世界。恩格斯说,《共产党宣言》是'全部社会主义文献中传播最广和最具有国际性的著作,是从西伯利亚到加利福尼亚的千百万工人公认的共同纲领'。

---

① 邓小平:《邓小平文选》(第三卷),人民出版社1993年版,第110页。
② 习近平:《习近平关于青少年和共青团工作论述摘编》,中央文献出版社2017年版,第4页。

"1848年,席卷欧洲的资产阶级民主革命爆发,马克思积极投入并指导这场革命斗争。革命失败后,马克思深刻总结革命教训,力求通过系统研究政治经济学,揭示资本主义的本质和规律。1867年问世的《资本论》是马克思主义最厚重、最丰富的著作,被誉为'工人阶级的圣经'。晚年,马克思依然密切关注世界发展新趋势和工人运动新情况,努力从更宏大的视野思考人类社会发展问题。"

【案例点评】

正如习近平总书记所评价的,马克思的一生,是胸怀崇高理想、为人类解放不懈奋斗的一生,是不畏艰难险阻、为追求真理而勇攀思想高峰的一生,是为推翻旧世界、建立新世界而不息战斗的一生。马克思一生饱尝颠沛流离的艰辛,但他矢志不渝,为人类解放的崇高理想而不懈奋斗,成就了伟大的人生。他忠于自己的理想和信仰,用自己一生的精力,深入研究资本主义社会,揭示了资本主义生产方式的特点,论证了资本主义发展自我否定的趋势,揭示了生产社会化与生产资料资本主义私人占有之间的基本矛盾,揭露了资产阶级剥削的秘密,批判资本主义的自由、民主和人权,追求全人类的解放。他始终胸怀无产阶级的命运,胸怀人类解放的事业,才能在贫困、疾病的打击下坚持写作、深入社会研究,并亲身投入工人运动中。最终给我们留下了最有价值、最具影响力的精神财富——马克思主义,这一理论照亮了人类探索历史规律和寻求自身解放的道路,为人类从"必然王国"走向"自由王国"指明了方向。

【教学建议】

此案例通过马克思为人类解放事业不懈奋斗的一生,让学生明白不畏艰难、将理想付诸实践的重要性。阅读案例后,请学生思考这样的问题:

(1)你认为马克思为什么能够在颠沛流离、贫病交加的条件下创作出如此多的精神财富?

(2)你在生活和学习中面对困难和挫折时应该怎么做?

 教学案例2:《共产党宣言》的中文翻译与早期传播

【案例呈现】

1920年早春,一个清瘦的年轻人,在分水塘村一间柴房中,正拿着一本英文版《共产党宣言》和一本日文版《共产党宣言》不停地思索、推敲,他就是陈望道,正在把《共产党宣言》翻译成中文。《共产党宣言》于1848年2月发表,第一次完整、系统地阐述了马克思主义关于科学社会主义的基本理论和基本思想。它的发表,标志着马克思主义的诞生。

柴房简陋,冷风吹进屋内,陈望道冻得手脚发麻,即使在艰苦的环境里,陈望道依然聚精会神地进行着翻译工作,以至于把母亲送来的粽子蘸着墨汁吃了都浑然不觉。

当时社会各种思潮蜂拥而至,中国的进步人士在思考,到底哪一种能救中国?在此之前,梁启超、李大钊、张闻天等都摘译、引用过《共产党宣言》片段,但国内一直没有全文的翻译。人们迫切地想要看到这本书的全貌,经过新文化运动洗礼的陈望道,担负起了这一历史使命。

经过近一个月的翻译研究,1920年4月下旬,陈望道终于完成了《共产党宣言》第一本中文全译本的翻译工作。信仰支撑着他,陈望道翻译的《共产党宣言》,是中国共产党成立前后在中国传播最早、影响最大的马克思主义著作,为中国共产党的建立和党的早期理论建设做了重要的思想准备。

1920年4月底,陈望道带着《共产党宣言》翻译手稿到上海,准备在《星期评论》连载,但因《星期评论》被迫停刊未能按原计划刊发。陈独秀与共产国际代表维经斯基商议,决定建立"又新印刷所",以"社会主义研究社"的名义出版此书。经李汉俊、陈独秀校稿,1920年8月,《共产党宣言》被上海社会主义研究社列为"社会主义研究小丛书"的第一种,首次刊行问世。

《共产党宣言》中译本的面世,加速了马克思主义在中国的传播,推动了中国共产党建党的进程。1920年5月,"马克思主义研究会"成立,主要成员有陈独秀、李汉俊、陈望道等人。同年8月,上海社会主义青年团正式成立,陈望道成为早期创建人之一。

陈望道和他的《共产党宣言》直接影响了一批中共早期领导人。1936年,在延安窑洞里,毛泽东对美国记者斯诺说:"有三本书特别深地铭刻在我的心中,建立起我对马克思主义的信仰。我一旦接受了马克思主义是对历史的正确解释以后,我对马克思主义的信仰就没有动摇过。"三本书其中一本,便是陈望道翻译的《共产党宣言》。1920年10月,周恩来赴法国留学,与蔡和森等人一起学习《共产党宣言》,最终成为共产主义者。他曾在1949年第一次全国文代会上说:"陈望道先生,我们都是您教育出来的。"邓小平于1992年在武昌、深圳等地的谈话中曾说过:"我的入门老师是《共产党宣言》和《共产主义ABC》。""真理的味道非常甜。"习近平总书记多次讲述陈望道在翻译《共产党宣言》时"蘸着墨汁吃粽子,还说味道很甜"的故事。

【案例点评】

理想信念是人生的精神动力和精神支柱,确立崇高而科学的理想信念十分必要。马克思和恩格斯把人类历史上自发形成的共产主义信仰建立在科学的基础上,使其成为科学的共产主义信仰,即马克思主义信仰。自马克思主义产生以来,特别是从它被人们所接受并成为人们的信仰力量以来,深刻改变了人类社会的面貌,极大地促进了社会进步和发展。中国共产党人作为马克思主义信仰者,把马克思主义基本原理与中国革命实际相结合,夺取了新民主主义革命的胜利,建立了人民当家作主的新中国。新中国成立后,中国共产党人又领导人民进行了社会主义革命,建立了社会主义基本制度,并不断探索社会主义建设的道路。特别是改革开放以来,我们党带领中国人民取得了社会主义现代化建设举世瞩目的伟大成就,并带领人民进入中国特色社会主义新时代,中华民族展现出前所未有的光明前景。所有这些,都表明马克思主义信仰具有鲜明的实践属性和突出的实践价值,表明马克思主义信仰的实践优势。正如邓小平曾指出的:"为什么我们过去能在非常困难的情况下奋斗出来,战胜千难万险使革命胜利呢?就是因为我们有理想,有马克思主义信念,有共产主义信念。我们干的是社会主义事业,最终目的是实现共产主义。"正是因为有着马克思主义和共产主义信念,共产党人才能不惧千辛万苦,取得社会主义革命和建设的伟大成就。

【教学建议】

此案例展现的是通过《共产党宣言》在中国早期的传播,促进了中国共产党的建立以及党的早期思想理论的建立。阅读案例后,请学生思考下列问题:

(1)为什么习近平总书记说"真理的味道非常甜"?

(2)你能举出一些社会主义革命和建设过程中的案例,说明马克思主义和共产主义信念的重要作用吗?

 教学案例 3:从每天工作 16 小时到实行 8 小时工作制再到双休日

【案例呈现】

18 世纪末,在美国,工人们每天要劳动 14—16 个小时,有的甚至长达 18 个小时,但工资很低。马萨诸塞州一个鞋厂的监工曾经说过这样的话:"让一个身强力壮、体格健全的 18 岁小伙子,在这里的任何一架机器旁边工作,我能够使他在 22 岁时头发变成灰白。"哪里有压迫,哪里就有反抗。1877 年,美国历史上第一次全国罢工开始了。工人阶级走向街头游行示威,向政府提出改善劳动与生活条件,要求缩短工时,实行 8 小时工作制。在工人运动的强大压力下,美国国会虽然被迫制定了 8 小时工作制的法律,但是,某些资本家根本不予理睬,残酷的剥削和压迫还在继续。1884 年 10 月,美国和加拿大的 8 个国际性和全国性工人团体在美国芝加哥举行集会,决定于 1886 年 5 月 1 日举行总罢工,那天,芝加哥的 216 000 余名工人为争取实行 8 小时工作制而举行大罢工,经过艰苦的流血斗争,终于获得了胜利。为纪念这次伟大的工人运动,1889 年 7 月第二国际宣布将每年的 5 月 1 日定为国际劳动节。

美国在 20 世纪 40—50 年代曾经爆发大规模的罢工,要求改善工人待遇,实行每星期 40 小时工作制,罢工成功,美国实行了双休日,之后欧洲等大多数国家也实行了。中国从 1995 年 5 月 1 日起也实行了每周 5 天工作制。

【案例点评】

这一变化至少说明两方面的问题：一是无产阶级和人类自身的解放，必须由工人阶级和劳动群众通过斗争去获得。共产主义是在社会发展中逐步实现的。共产主义是一种理想，也是一种追求理想的行动，体现为目标与过程的统一。二是生产力的发展，客观上延长了人们的自由时间，而自由时间的延长为人的自由而全面的发展提供了必要条件，共产主义具有现实性。共产主义社会的目标就是最终实现每个人自由而全面的发展，人类从"必然王国"向"自由王国"飞跃。自由时间的延长为人的自由而全面的发展提供了广阔的前景。人的自由而全面的发展，一方面是在多样化的生产劳动过程中实现的，另一方面又是在生产劳动之外的大量自由时间里实现的。只有人们获得了大量的自由和闲暇时间，才能够有充分的时间来从事科学、艺术等活动，从事自己感兴趣的活动，从而提高自己的素质。因此，自由时间的增加从客观上来说，是向着共产主义接近的过程。

【教学建议】

此案例说明实现共产主义是一个需要斗争的过程，并坚信共产主义一定能实现。结合案例，请学生思考下列问题：

(1)在社会基本矛盾的作用下，共产主义会自然而然地实现，这一说法正确吗？理由何在？

(2)从每天工作16小时到实行8小时工作制再到双休日，工人自由时间的延长说明了什么？

四、题海游弋

(一)单项选择题

1. 马克思主义与空想社会主义的根本区别是(　　)。
   A. 是否坚持以人民为中心的发展思想
   B. 是否坚持科学的立场、观点、方法
   C. 是否以推翻资本主义制度为目的
   D. 是否掌握预见未来的科学方法

2. "马克思提出共产主义的问题，正像一个自然科学家已经知道某一新的生物变种是怎样产生以及朝着哪个方向演变才提出该生物变种的发展问题一样"，这句话表明(　　)。
   A. 马克思是在揭示人类社会发展一般规律的基础上指明社会发展的方向
   B. 马克思揭示了未来社会的一般特征，而不对各种细节作具体描绘
   C. 马克思在社会主义社会发展中不断深化对未来共产主义的认识

D. 共产主义不是教义,而是运动。

3. 马克思、恩格斯关于未来的预测,是在(　　)的过程中作出的。

　　A. 抽象地、随意地谈论未来社会

　　B. 教条地描绘理想社会的图景

　　C. 科学地批判和剖析资本主义社会

　　D. 从哲学家们的书桌里寻找谜底

4. 现实中的社会主义社会是共产主义社会的(　　)。

　　A. 初级阶段　　　　B. 中级阶段　　　　C. 高级阶段　　　　D. 最终阶段

5. 马克思认为,共产主义社会中个人消费品的分配方式是(　　)。

　　A. 各尽所能,按需分配　　　　B. 各尽所能,按才能分配

　　C. 各尽所能,按劳分配　　　　D. 各尽所能,按地位分配

6. 马克思主义认为,阶级消失、国家消亡以及战争消除的实现是在(　　)。

　　A. 社会主义革命中　　　　B. 社会主义初级阶段

　　C. 社会主义高级阶段　　　　D. 共产主义社会

7. 马克思主义认为,"三大差别"中,(　　)的消失是共产主义的重要特征。

　　A. 工业与农业的差别　　　　B. 城市和乡村的差别

　　C. 脑力劳动和体力劳动的差别　　　　D. 不同阶级间的利益差别

8. 共产主义社会的根本特征是(　　)。

　　A. 物质财富极大丰富

　　B. 消费资料按需分配

　　C. 社会关系高度和谐

　　D. 实现人的自由而全面的发展

9. 在共产主义社会,人摆脱了自然经济条件下对"人的依赖关系",指的是(　　)。

　　A. 资本主义社会以前的人与人之间的关系

　　B. 资本主义社会中的人与人之间的关系

　　C. 社会主义社会中的人与人之间的关系

　　D. 共产主义社会中的人与人之间的关系

10. 共产主义社会实现了从"必然王国"向"自由王国"的飞跃,其中"自由王国"指人们(　　)。

　　A. 绝对处于自由的原始社会状态

　　B. 不再受自然规律和社会规律支配的状态

　　C. 允许自由竞争的资本主义状态

　　D. 摆脱了自然和社会关系的奴役,成为自己社会关系主人的状态

11. 社会主义的根本和首要任务是(　　)。

A. 实现共产主义理想　　　　　　　B. 解放和发展生产力

C. 消灭三大差别　　　　　　　　　D. 实现全人类的彻底解放

12. 劳动不再是单纯的谋生手段,而成为"生活的第一需要"的社会是(　　)。

　　A. 封建社会　　　　　　　　　　B. 社会主义社会

　　C. 共产主义社会　　　　　　　　D. 资本主义社会

13. 无产阶级的解放与全人类的解放是完全一致的,这句话的内涵是(　　)。

　　A. 无产阶级和其他阶级本质上是同一阶级

　　B. 无产阶级和其他阶级的利益完全相同

　　C. 无产阶级只有使整个社会彻底摆脱压迫、剥削以及阶级差别和斗争,才能解放自己

　　D. 无产阶级解放的基础是全人类的解放

14. 社会主义社会是一个长期的历史时期,在马克思主义看来,这一阶段是(　　)。

　　A. 资本主义社会的高级阶段

　　B. 共产主义社会的初级阶段

　　C. 资本主义社会向共产主义社会过渡过程中可以跨越的阶段

　　D. 资本主义社会向共产主义社会过渡过程中独立的社会形态

15. "两个必然"和"两个决不会"的关系是(　　)。

　　A. 矛盾关系　　　　　　　　　　B. 对立关系

　　C. 具有内在联系的关系　　　　　D. 相互独立的关系

(二)多项选择题

1. "共产主义"的含义包括(　　)。

　　A. 共产主义思想体系　　　　　　B. 共产主义社会

　　C. 共产主义分配方式　　　　　　D. 共产主义运动

2. 共产主义社会的基本特征是(　　)。

　　A. 物质财富极大丰富　　　　　　B. 人民精神境界极大提高

　　C. 个人消费品按劳分配　　　　　D. 每个人自由而全面发展

3. 共产主义一定会实现的依据是(　　)。

　　A. 人类社会发展规律

　　B. 神秘的力量或奇迹

　　C. 资本主义社会的基本矛盾

　　D. 对共产主义的细节描绘

4. 全人类彻底解放包含的内容有(　　)。

　　A. 人类从自然界奴役下解放出来

　　B. 人类从旧的社会关系束缚下解放出来

C. 人类从剥削阶级的思想观念下解放出来

D. 人类从私有制的压迫中解放出来

5. 关于共同理想与远大理想之间的关系,说法正确的有(　　)。

    A. 实现了共同理想就一定能实现远大理想

    B. 实现共同理想是实现远大理想的必经阶段

    C. 实现远大理想是实现共同理想的必然趋势和最终目的

    D. 实现共同理想和实现远大理想是辩证统一的

6. 马克思主义经典作家与其他思想家预见未来社会的方法区别在于(　　)。

    A. 前者从客观规律出发,后者从理性出发

    B. 前者侧重于一般特征的揭示,后者侧重于详尽细节的描绘

    C. 前者通过批判旧世界发现新世界,后者凭空猜测无法知道的事情

    D. 前者是乐观主义的态度,后者是悲观主义的态度

7. 共产主义社会,阶级和阶级斗争消灭的经济根源是(　　)。

    A. 生产的高度发展已经使所有人的物质利益都得到了保障

    B. 生产的高度发展已经使社会分工得以完全消除

    C. 全体社会成员根本利益的一致

    D. 社会不再因为经济利益的不同而划分为不同的集团

8. 到共产主义社会,国家将会消亡,下列说法正确的是(　　)。

    A. 国家的消亡是指政治国家的消亡,是作为阶级压迫工具的国家机器的消亡,它并不是社会组织管理机构的消亡

    B. 随着国家的消亡,人类第一次作为统一的社会而存在和发展,各民族和国家的历史发展为统一的世界历史

    C. 在没有阶级和国家的情况下,仍然需要有一定的社会机构来对社会进行组织和管理

    D. 这种社会组织管理机构只具有人们自我管理的性质,而不再具有政治压迫和暴力镇压的功能

9. 作为社会历史范畴,自由王国是指(　　)。

    A. 人们不受任何制约的自由状态

    B. 人们完全认识了自然和社会历史的必然性

    C. 人们摆脱了盲目必然性的奴役而成为自己和社会关系的主人

    D. 共产主义的社会状态

10. 共产主义的实现是一个很长的甚至是充满曲折的历史过程,因为(　　)。

    A. 社会主义国家的巩固和发展是一个漫长的历史过程

    B. 社会主义社会向共产主义社会过渡需要很长的历史时期

C. 现存资本主义国家直接到达共产主义也需要一个很长的时期

D. 在完成资本主义向社会主义的转变以后,需要经历一个很长的社会主义发展阶段

专题八 题海游弋答案

五、参考资料

1. 马克思:《青年在选择职业时的考虑》,《马克思恩格斯全集》(第40卷),人民出版社1982年版。

2. 马克思、恩格斯:《共产党宣言》,《马克思恩格斯选集》(第1卷),人民出版社2012年版。

3. 马克思:《哥达纲领批判》,《马克思恩格斯选集》(第3卷),人民出版社2012年版。

4. 列宁:《国家与革命》,《列宁选集》(第3卷),人民出版社2012年版。

5. 习近平:《在实现中国梦的生动实践中放飞青春梦想》,《习近平谈治国理政》(第一卷),外文出版社2018年版。

6. 习近平:《在纪念马克思诞辰200周年大会上的讲话》,人民出版社2018年版。

7.《马克思主义基本原理》编写组:《马克思主义基本原理》,高等教育出版社2023年版。